Joe Weingarten
Staatliche Wirtschaftsaufsicht in Deutschland

Beiträge zur sozialwissenschaftlichen Forschung

Band 106

Verwaltung in Deutschland
Historische und sozialwissenschaftliche Untersuchungen
Herausgegeben von Thomas Ellwein

An der Universität Konstanz besteht seit ihrer Errichtung ein verwaltungswissenschaftlicher Schwerpunkt. Er ist 1985 durch einen von der Deutschen Forschungsgemeinschaft und dem Land Baden-Württemberg geförderten Sonderforschungsbereich ‚Verwaltung im Wandel' erweitert worden. Im SFB werden international und national, historisch und systematisch vergleichend oder in begrenzten empirischen Studien anhand einzelner Arbeitsfelder der öffentlichen Verwaltung deren Organisation, Verfahren und Wirkungsweise untersucht. In den Teilprojekten, aus denen die Arbeiten zum Thema ‚Verwaltung in Deutschland' hervorgehen, sind zunächst die Gewerbeaufsicht und die Gewerbeförderung ausgewählt worden; im zweiten Schritt wurde dies auf die Ortspolizei und die Straßenbauverwaltung sowie schließlich auf die Steuerverwaltung ausgedehnt. Solche Verwaltungen lassen sich nur bedingt generell untersuchen; sobald historische Detailforschung oder sozialwissenschaftliche Analysen und Fallstudien ins Spiel kommen, muß eine regionale Begrenzung erfolgen. Für den genannten Arbeitskomplex bildet dafür im Zweifel der heutige Regierungsbezirk Detmold die Untersuchungsregion. Ergänzt werden die Arbeiten durch Untersuchungen über die Entwicklung des Haushaltsrechts, der Haushaltsprinzipien und der tatsächlichen Haushalte von Staat (Reich und Ländern) und Gemeinden im 19. Jahrhundert, denn ohne genauere Kenntnis der Haushaltswirklichkeit kann die Aufgabenteilung zwischen Staat und Gemeinden und überhaupt die Aufgabenentwicklung der öffentlichen Verwaltung nicht zureichend dargestellt und erklärt werden.
Die Arbeiten folgen teils einem genetischen Ansatz und teils der systematischen Frage nach dem Verhältnis zwischen Recht (Rechtsentwicklung) und Verwaltung. Die historischen Beiträge (zusammengefaßt in einer Verwaltungsgeschichte des Regierungsbezirks Detmold) sollen die Faktoren herausarbeiten, welche das Wachstum und die Veränderungsschübe in der öffentlichen Verwaltung (in Deutschland) bedingen. Systematisch richtet sich das Erkenntnisinteresse auf die Position der Verwaltung im demokratischen Prozeß, auf die Wirkungsweise der Führungsinstrumentarien, vor allem des Gesetzes, und auf die Selbststeuerungsmöglichkeiten der Verwaltung.

Springer Fachmedien Wiesbaden GmbH

Joe Weingarten

Staatliche Wirtschaftsaufsicht in Deutschland

Die Entwicklung der Apothekenaufsicht Preußens und Nordrhein-Westfalens von ihrer Gründung bis zur Gegenwart

Springer Fachmedien Wiesbaden GmbH

CIP-Titelaufnahme der Deutschen Bibliothek

Weingarten, Joe:
Staatliche Wirtschaftsaufsicht in Deutschland:
d, Entwicklung d. Apothekenaufsicht Preussens
u. Nordrhein-Westfalens von ihrer Gründung bis
zur Gegenwart / Joe Weingarten. – Opladen:
Westdt. Verl., 1989
(Beiträge zur sozialwissenschaftlichen
Forschung; Bd. 106)
(Verwaltung in Deutschland)

NE: 1. GT

ISBN 978-3-531-11916-8 ISBN 978-3-663-14308-6 (eBook)
DOI 10.1007/978-3-663-14308-6

Umschlaggestaltung: Hanswerner Klein, Opladen

Inhaltsverzeichnis

Abkürzungsverzeichnis

(vgl. auch Literaturverzeichnis)

a) Textkürzel

a.a.O.	am angegebenen Ort
Anm.	Anmerkung
Bearb.	Bearbeitung
betr.	betreffend
bzw.	beziehungsweise
dass.	dasselbe
ders.	derselbe
d.h.	das heißt
d.i.	das ist
dies.	dieselbe
Diss.	Dissertation
ebd.	ebenda
etc.	et cetera
f	folgende
ff	fortfolgende
Hg.	Herausgeber
Kap.	Kapitel
S.	Seite
s.o.	siehe oben
u.a.	unter anderen (bei Literaturstellen: und andere)
u.ä.	und ähnliches (und ähnliche)
v.	von
Verf.	Verfasser
vgl.	vergleiche
z.B.	zum Beispiel
zit.	zitiert
z.T.	zum Teil
§	Paragraph
§§	Paragraphen

b) Fachkürzel

ABO	Apothekenbetriebsordnung von 1968
ABO 1987	Neufassung der Apothekenbetriebsordnung von 1987
ALR	Allgemeines Landrecht für die Preußischen Staaten von 1794
AMG 61	Arzneimittelgesetz von 1961
AMG	Arzneimittelgesetz von 1976
ApoG	Apothekengesetz von 1960
ApPrO	Prüfungsordnung für Apotheker von 1934
ABDA	Bundesvereinigung Deutscher Apothekerverbände (früher: Arbeitsgemeinschaft der Berufsvertretungen Deutscher Apotheker)
BGW	Berufsgenossenschaft für Gesundheitsdienst und Wohlfahrtspflege
DABn	Deutsches Arzneibuch (in der n. Ausgabe)
DAT	Deutsche Arzneitaxe
DAV	Deutscher Apotheker-Verein
EG	Europäische Gemeinschaft
GG	Grundgesetz für die Bundesrepublik Deutschland
GVG	Gesetz zur Vereinheitlichung des Gesundheitswesens von 1935
HABn	Homöopathisches Arzneibuch (in der n. Ausgabe)
PTAG	Gesetz über den Beruf des Pharmazeutisch-technischen Assistenten
Kgl.	Königlich(e)
LVG	Preußisches Landesverwaltungsgesetz von 1883
Min.	Ministerium
RApO	Reichsapothekerordnung von 1937
RGO	Reichsgewerbeordnung von 1900
RP	Regierungspräsident
RuPrMdI	Der Reichs- und Preußische Minister des Innern

Einleitung

Warum Staatsaufsicht?

Obwohl die Tätigkeiten der verschiedenen Aufsichtsbehörden weite Bereiche der Wirtschaft der Bundesrepublik beeinflussen und durch Aufsichtsmaßnahmen möglicherweise mehr wirtschaftliche Transaktionen geregelt werden als durch direkte staatliche Eingriffe, spielt das Thema 'Wirtschaftsaufsicht' im Gegensatz zur **innerstaatlichen** Aufsicht (Dienst- und Fachaufsicht) auch in der Fachliteratur kaum eine Rolle. Einige verwaltungswissenschaftliche bzw. verwaltungsrechtliche Werke gehen auf die Wirtschaftsaufsicht (im Gegensatz zur Dienst- oder Fachaufsicht) gar nicht bzw. nicht gesondert ein (Ellwein 1983; Thieme 1984), andere beleuchten nur Einzelaspekte wie die Aufsicht über öffentliche bzw. gemischtwirtschaftliche Unternehmungen (Forsthoff 1973:514 bzw. 519) oder die Aufsicht über öffentlich-rechtliche Körperschaften (Maurer 1983:464).

Der Begriff der 'Aufsicht' war noch lange Zeit nach der Veröffentlichung detaillierter Arbeiten über einzelne Felder staatlicher Aufsicht (etwa auf dem Versicherungs- oder Bankensektor) völlig ungeklärt und kaum abgegrenzt gegenüber anderen staatlichen Aktivitäten. Ein großer Teil dieser Arbeiten erschien, ohne einen näheren Bezug zum Oberthema 'Aufsicht' herzustellen (vgl. Moldenhauer (1903); Golodetz (1905); Schulze (1912); Kaufmann (1927)). Noch in den dreißiger Jahren stellte Breit (1937:99) fest:

> "Die Wissenschaft hat sich bislang mit dem Aufsichtsbegriff fast gar nicht beschäftigt. Lediglich in Zusammenhang mit dem von Kommentaren und systematischen Werken jeweils behandelten Aufsichtsgebiet hat man sich an den Begriff herangewagt, ohne freilich auf eine klare Bestimmung viel Wert zu legen."

In größeren Zusammenhang wurde das Thema 'Staatsaufsicht' in Deutschland zum ersten Mal 1963 auf einer Tagung der Vereinigung Deutscher Staatsrechtslehrer aufgegriffen (vgl. Bullinger 1965). Als "im deutschen Schrifttum etabliert" (Schäffer 1978/79:34) kann das Rechtsinstitut der **'Wirtschaftsaufsicht'** (über die Abspaltung von der allgemeinen Staatsaufsicht vgl. Kap. 1.1.1) seit der Habilitationsschrift von Stein (1967) angesehen werden. Seitdem liegt auch eine zusammenfassende Systematik der Aufsichtsziele, -maßstäbe und -methoden vor.
Die staatliche Beaufsichtigung von Wirtschaftssubjekten stellt sich also als ein mittlerweile etabliertes, aber noch nicht aus allen Perspektiven beleuchtetes Teilgebiet der Staats- und Verwaltungswissenschaften dar - eine durchaus interessante Konstellation.

Warum Apothekenaufsicht?

Die öffentliche Beaufsichtigung der Apotheken ist eine der ältesten Formen der Wirtschaftsaufsicht. Im Grundsatz läßt sich sagen, daß Apotheken (im deutschen Sprachraum) überwacht werden, seit es sie gibt. Das Hauptanliegen des ersten Teils dieser Arbeit ist, aufzuzeigen, daß die öffentliche Beaufsichtigung historisch gesehen schon immer eine **Existenzbedingung** der Apotheken in Deutschland gewesen ist. Dieser enge Zusammenhang von Beaufsichtigung und wirtschaftlicher Betätigung macht die Apotheken zum interessanten Beobachtungsgebiet bei einer Untersuchung der staatlichen Wirtschaftsaufsicht. Bewußt wird hierbei auf die **wirtschaftlichen** Aspekte des Betriebs von Apotheken abgehoben und deren Überwachung nicht pauschal einer staatlichen 'Gesundheitsaufsicht' (im Interesse einer sicheren Arzneimittelversorgung.) untergeordnet. Denn die Apotheken in Deutschland haben ungeachtet aller staatlichen Beaufsichtigungs- und Schutzmaßnahmen ihren **gewerblichen Charakter** nie verloren; in der Wissenschaft und der Politik war ihre grundsätzlich gewerbliche Ausrichtung auch nie umstritten.
Dank dieser Konstellation stellt die **staatliche Apothekenaufsicht** in Deutschland also eine

- **sehr alte,**
- zweitens **immer beibehaltene und nie im Grundsatz umstrittene** und
- drittens (wie zu zeigen ist), eine in ihrer Anlage **spezifisch deutsche** Form der staatlichen Wirtschaftsaufsicht dar.

Zudem sind die beaufsichtigen Wirtschaftssubjekte von großer Zahl; ihre Aufsichtsbehörden arbeiten auf der Basis breiter gesetzlicher Regelungen mit allgemeinen Ausführungsbestimmungen und nicht wie andere Aufsichtsinstanzen (etwa im Bereich der Kartell- und Bankenaufsicht, im Grunde auch der Elektrizitätsaufsicht) rechtlich bedingt oder de facto mit Einzelentscheidungen.

Ein Wort zur regionalen Festlegung: Eine Betrachtung staatlicher Apothekenaufsicht in Deutschland kann an Preußen nicht vorbeigehen. Preußen hat sein Apothekenwesen (wie das gesamte Medizinalwesen) beginnend im 17. Jahrhundert und verstärkt im 18. Jahrhundert durch Medizinalgesetze geordnet, die für die Entwicklung im gesamten Deutschland maßgeblich waren, wenn auch später die eine oder andere Reform in anderen deutschen Staaten - etwa im Ausbildungswesen - früher durchgeführt wurde. Zudem ist die Verwaltung des Medizinal- und Apothekenwesens in ihren personellen und organisatorischen Ausprägungen in Preußen besser dokumentiert als wohl in irgendeinem anderen deutschen Staat (vgl. 'Zur verwendeten Literatur').

Schon aufgrund der Tatsache, daß ein großer Teil des Apothekenrechts in Deutschland lange Zeit reines Landesrecht war und deshalb weite Bereiche des preußischen Rechtsbestandes auch nach 1945 Gültigkeit behielten, bietet sich eine Fortführung der Betrachtung in Nordrhein-Westfalen an, da einerseits die klassischen preußischen 'Erblande' heute in der DDR und auf polnischem Gebiet liegen, andererseits Nordrhein-Westfalen zu großen Teilen aus preußischen Gebieten gebildet wurde und auch das preußische Apothekenrecht bis zur Einführung deutschen Bundesrechts fast unverändert übernommen hat.

Zur verwendeten Literatur

Wie schon angesprochen, ist die preußische Apothekenaufsicht durch zeitgenössische Literatur gut dokumentiert. Dies geschah zum einen durch allgemeine Werke über das Medizinalwesen, teils in systematischer (v.Rönne/Simon 1844), teils in lexikalischer Form (Augustin 1818), zum anderern (später) auch durch spezielle Werke zum Apothekenwesen (herausragend: Horn 1863 bzw. 1863a; Urban 1927), teils auch durch Jubiläumsschriften (Dann 1926; Min. für Volkswohlfahrt 1927). Diese Form der Darstellung fehlt nach 1945. Für die Bundesrepublik muß - mit Ausnahme der gut belegten Entwicklungsgeschichte des Bundesapothekengesetzes von 1960 - im wesentlichen auf Gesetzestexte und -kommentare zurückgegriffen werden, was sich natürlich auch auf den Stil der Darstellung niederschlägt. Insbesondere spürbar ist das bei der Darstellung der Verwaltungsstellen: ist deren Organisation und personelle Ausstattung bis 1945 in der Literatur beinahe ebenso ausführlich dargestellt, wie das für die rechtlichen Grundlagen der Aufsicht gilt, so entfällt diese Quelle für den Teil über die nordrhein-westfälische Aufsicht fast vollständig. Die heutige Form der Aufsicht ist nur aus vielen Einzelpublikationen in kleinen Teilen erschließbar, was sich auch auf die Beschreibung dieser Aufsichtsträger auswirken muß. Ausgeglichen wird dies aber weitgehend durch die Tatsache, daß die nordrhein-westfälisch/bundesdeutsche Apothekenaufsicht nur einen kurzen Abschnitt der Entwicklungsgeschichte dieser Aufsichtsform ausmacht: Setzt man einmal 1685, das Jahr der Verkündigung des Churfürstlich-Brandenburgischen Medizinaledikts, als das Geburtsjahr 'moderner' staatlicher Apothekenaufsicht im hier bearbeiteten Untersuchungsgebiet an, so umfaßt aus dem seither vergangenen 300-jährigen Zeitraum die preußische Apothekenaufsicht 260 Jahre, die nordrhein-westfälische (immerhin schon) 40. Diese Gewichtung spiegelt sich natürlich auch in der quantitativen Anlage dieser Untersuchung wider. In jedem Fall reichen aber die vorhandenen Materialien über Nordrhein-Westfalen aus, um die aufzustellenden Untersuchungshypothesen für die ganze historische Entwicklung prüfen zu können.

Zum Vorgehen

Die vorliegende Untersuchung heißt in ihrem Obertitel *'Staatliche Wirtschaftsaufsicht in Deutschland'*, erhebt also den Anspruch, die bislang vorliegenden allgemeinen Ausführungen zum Thema in der Literatur darzustellen und auf dieser Grundlage durch die Aufarbeitung der Entwicklung eines Aufsichtsbereiches zum einen die allgemeinen, theoretischen Ausführungen zur Staatsaufsicht 'praktisch' belegen zu können und zum anderern (möglicherweise) Teilaspekte der Diskussion anhand der erarbeiteten Ergebnisse zu ergänzen. Zu diesem Zweck ist zunächst die vorhandene Literatur zum Thema aufzuarbeiten, was in *Teil I* dieser Untersuchung geschieht. In diesem 'theoretischen' Teil sollen Wurzeln und Grenzen des Aufsichtsbegriffes aufgezeigt und die feststellbaren Konzepte und Ziele, die den verschiedenen Aufsichtsbereichen gemein sind, zusammengetragen werden. Ein kurzer Abschnitt gilt den verschiedenen Methoden der Aufsicht, ihren Teilbereichen und ihren Mitteln. In Zusammenhang mit einigen Aspekten der Aufsichtsorganisation sollen dann aufgrund dieser theoretischen Ausführungen Arbeits- oder Untersuchungshypothesen entworfen werden, auf deren Grundlage sich später die in den Teilen II und III erarbeiteten Ergebnisse bewerten lassen.
In *Teil II* wird die Apothekenaufsicht des preußischen Staates in
- ihren **rechtlichen Grundlagen** (Kap. 6 und 7),
- ihren **organisatorischen und personellen Aspekten** (Kap. 8) und
- ihrer **tatsächlichen Ausführung** (Kap. 10)

beleuchtet. Um die Inhalte der Aufsichtstätigkeit näher zu beschreiben - deren Betrachtung nicht das Hauptziel der Arbeit ist, da es ja nicht um 'die Apotheken', sondern um staatliche Wirtschaftsaufsicht geht, ohne deren Berücksichtigung aber kaum eine historische Beschreibung der Apothekenaufsicht gegeben werden kann - werden in Kap. 9 die drei **Hauptgebiete** der preußischen Apothekenaufsicht näher betrachtet, die wohl allgemein den Hauptteil staatlicher Reglementierung des Apothekenwesens ausmachen. Gerade bei der Bearbeitung dieses Kapitels scheint der Hinweis angebracht, daß eine 'verwaltungswissenschaftliche' Betrachtung einer so spezialisierten, technischen Materie wie der der Pharmazie etwas 'ahnungslos' gegenüber stehen muß: hier kann nur die Art und (eventuell) die **Zielrichtung** von Vorschriftenänderungen dargestellt und beurteilt werden. Die tatsächliche Relevanz solcher Vorschriften (etwa chemisch-technischer Zubereitungs- und Aufbewahrungsvorschriften in der Apothekenbetriebsordnung) läßt sich bei laienhaftem Zugang nur ahnen. Auf die Darstellung solcher 'technischen' Vorschriften und ihrer Änderungen soll deshalb hier - wohl zur Erleichterung des Autors wie des Lesers - verzichtet werden.

Den Betrachtungen über das preußische Apothekenwesen wird ein Kapitel vorangestellt, in dem die historischen Grundlagen der Apothekenaufsicht aufgearbeitet werden (Kap. 5). Daß diese Darstellung den preußischen Rahmen verläßt und allgemeine Ausführungen über die Beaufsichtigung der Apotheken im frühen und späten Mittelalter macht, ergibt sich zwangsläufig aus der Sache (Verbreitung der Apotheken) und der Materiallage. Wo immer möglich, wird auch dort auf Brandenburg-Preußen verwiesen.

In *Teil III* der Arbeit sollen die vorgegebenen Schwerpunkte aus Teil II weiterverfolgt werden. Daß dabei eine etwas anderer Form der Gliederung gewählt werden muß, ist zum einen in der Literaturlage (vgl. 'Warum Apothekenaufsicht?'), zum anderern in den veränderten Grundlagen der Aufsicht begründet. So muß der Übergang der Reglementierung des Apothekenwesens in Bundeskompetenz in einem eigenen Kapitel (Kap. 11) behandelt werden. Es umschließt sachlich auch eines der drei Hauptaufsichtsgebiete (Berufszulassungsrecht), so daß im nachfolgenden Kap. 12 nur noch die beiden anderen Aufsichtsgebiete zu behandeln sind. Das abschließende Kap. 13 ist als zusammengefaßte Fortführung der Ausführungen in Kap. 8 und 10 zu sehen und behandelt damit die nordrhein-westfälische Apothekenaufsicht im engeren Sinne. Die Gründe für diese Zusammenfassung wurden schon geschildert.

Die so erarbeite Darstellung der Apothekenaufsicht in den beiden Ländern in ihrer historischen Abfolge wird dann im abschließenden *Teil IV* zusammengefaßt und anhand der Ausführungen im ersten Teil der Arbeit bewertet. Hier werden auch die in in Kap. 4.2 aufgestellten Untersuchungshypothesen geprüft und bestätigt oder verworfen. Dabei wird auch allgemein die Situation des Apothekerstandes als eines dauerhaft staatlich beaufsichtigten und geschützten Gewerbes angesprochen und nach der vorangegangenen, gerafften historischen Beschreibung bewertet.

Teil I: Grundlagen, Mittel und Ziele staatlicher Wirtschaftsaufsicht

1. Der Wirkungsrahmen staatlicher Wirtschaftsaufsicht

Die Entwicklung des Aufsichtsbegriffs und seine theoretische Aufgliederung hat sich in der Zeit nach 1900 im wesentlichen an der **innerstaatlichen** Aufsicht vollzogen, etwa an der Aufsicht des Reiches über die Einzelstaaten. Dennoch gehört diese frühe Diskussion um den Begriff der 'Aufsicht' in den hier behandelten Zusammenhang der Wirtschaftsaufsicht, da ihre Ergebnisse für den Bereich der Aufsicht über Wirtschaftssubjekte aufgenommen und weiterentwickelt wurden.

1.1 Zum Begriff der Aufsicht

1.1.1 Wurzeln staatlicher Aufsichtstätigkeit

Die Beaufsichtigung wirtschaftlicher und sozialer Lebensbereiche der Bürger ist ein alter Bestandteil staatlichen Handelns in Deutschland. Die Berechtigung zu solcher Beaufsichtigung gründet sich in dem alten staatlichen Recht der Oberaufsicht ('jus supremae inspectionis') des Staates:

> "Unter den allgemeinen Hoheitsrechten, welche alle Theile des gemeinen Wesens zum Gegestand haben, kann man das Recht der höchsten Aufsicht oben an setzen. Der Regent ist verbunden, für das Wohl des Staats zu sorgen; also Nachtheil von demselben abzuwenden, und dessen Bestes zu befördern ... Es ist daher sehr einleuchtend, daß der Regent berechtigt seyn müsse, von allem was im Staate vorgeht, und auf die öffentliche Wohlfahrt Beziehung haben kann, Nachricht zu verlangen, und eben hierin besteht das Recht der höchsten Aufsicht" (Häberlin 1797:142; vgl. auch Roth 1966:226)

Die aus der Zeit vor der Entstehung moderner territorialstaatlicher Staatsgebilde stammende, sich in der Oberaufsicht spiegelnde "landesherrliche Fürsorge" erstreckte sich immer auch auf wirtschaftliche Belange (z.B. bei Handwerkern, Apothekern, Gasthäusern, Buchdruckereien; vgl. Bullinger 1965:277). Die noch fehlende Trennung zwischen öffentlichem Amt und privater Betätigung, zwischen staatlichem und gesellschaftlichem Bereich, spiegelte sich in dieser einheitlichen Beaufsichtigung aller Lebensbereiche durch die jeweilige Herrschaft wider (ders. 1965:277f). Diese "positive Gemeinwohlaufsicht" bildete bis in die Zeiten der Industrialisierung eine bedeutende Ausformung des Aufsichtsbegriffs; sie deutete sich auch in der entsprechenden Generalklausel des Preußischen Allgemeinen Landrechts (ALR) von 1794 an.

Die Beaufsichtigung der Gemeinschaft gehörte zwar zu den "wesentlichen Bestandtheilen der Staatsgewalt" (Zachariä 1842:140), bildete aber keinen Selbstzweck oder gar eine unbeschränkte Legitimation zur Überwachung der Untertanen:

> "So hat es an und für sich keinen Zweifel, daß Polizeybediente öfters in Wirtshäuser und andre öffentliche Oerter gehen können, um zu sehen, was daselbst vorgeht, aber aus Privathäusern müssen sie sich entfernt halten. Eben so können Druckereyen, Apotheken etc. visiert werden, aber meine Schreibereyen darf niemand durchsehen, oder meine Briefe erbrechen" (Häberlin 1797:144; vgl. auch Kap. 2.2.3).

Der Charakter der Aufsicht wandelte sich dann mit den Veränderungen des gesamten Staatswesens:

> "Ein umfassendes Prinzip der Selbstverwaltung und Selbstgestaltung hat also zusammen mit dem Gesetzesvorbehalt in Deutschland die bevormundende Oberaufsicht gegenüber Untertanen und selbständigen Verwaltungsträgern zu einem Institut rechtlich fest eingegrenzte Staatsaufsicht umgeprägt ..." (Bullinger 1965:282).

Schon Lorenz von Stein hat dann für eine Anpassung und Präzisierung des Aufsichtsbegriffs gesorgt. Er stellte drei Kategorien der 'Kenntnisnahme' des Staates auf:

- die amtliche Statistik;
- die hierarchische Kontrolle **innerhalb** der Staatsgewalt;
- die Oberaufsicht über öffentlich-rechtliche Selbstverwaltungskörper als 'Komplement der Autonomie'.

(vgl. Triepel 1917:115)

Zwar hat diese Dreiteilung ihren großen Mangel darin, das sie die staatliche Beaufsichtigung des einzelnen Bürgers und seines wirtschaftlichen Handelns außer Acht läßt, zeigt aber den formalen Unterschied zwischen innerstaatlicher Aufsichtstätigkeit und der Aufsicht über selbständige Körperschaften auf. Zudem verweist sie darauf, was beiden Aufsichtsarten gemeinsam ist und was sich von der bloßen Statistik unterscheidet: "den Zweck, die untergeordneten Elemente der Verwaltung in Einklang zu setzen mit einer bestimmten Norm" (Triepel 1917:116). Fortan dominierte also die - später zu erläuternde - rechtliche Fundierung der Aufsicht. Die bestätigt auch Krüger (1966:556f):

> "Eine grundsätzliche Aufsicht des Staates über die ganze Breite und Tiefe des gesellschaftlichen Zusammenlebens der Menschen gibt es nicht mehr. Es handelt sich immer nur noch um Ausnahmen."

Diese Ansicht wird auch - beispielsweise - vom Preußischen Oberverwaltungsgericht in einem Urteil zu den Grenzen der Apothekenaufsicht vom 21. Juni 1898 vertreten (vgl. Kap. 8.2.4). Hierin zeigt sich der Wandel, dem die Grundlagen des Verwaltungshandelns an der Schwelle des 19. Jahrhunderts unterlagen: der allgemeine Polizeibegriff des 18. Jahrhunderts schwand; an seine Stelle trat die Notwendigkeit, für jede spezielle Aufsichtsform ein **konkretes Gesetz** zu erlassen.

Allerdings war die Entwicklung eines solchen differenzierten Aufsichtsbegriffes nicht unumstritten. Schon Schoenborn (1906:4 ff) hatte das allgemeine Aufsichtsrecht des Staates über seine Untertanen geleugnet und ein solches Oberaufsichtsrecht nur noch für die Aufsicht des Staates über seine eigenen Organe zugelassen. Kiefer (1909:2) widersprach dieser Vorstellung: er wies auf die (in Kap. 1.1.2 näher ausgeführte) Tatsache hin, daß die Ausübung von 'Aufsicht' der einen über eine andere Institution bzw. Person immer auch zur Voraussetzung hat, daß zwischen diesen beiden nur eine **indirekte** Unterordnung bestehen darf, niemals eine vollständige Unterwerfung des einen unter die Befehlsgewalt des anderen - so wie dies bei der innerstaatlichen Aufsicht gegeben ist.

Die heute ausgeübte Staatsaufsicht läßt sich allerdings immer noch in einen **allgemeinen** und einen **speziellen** Bereich der Staatsaufsicht aufteilen: Der allgemeinen 'Untertanenaufsicht' über die Bürger (Polizeifunktionen) stehen auch heute noch besondere Bereiche der Untertanenaufsicht - zumeist auf wirtschaftlichem Gebiet, aber z.B. auch im Gesundheitswesen - gegenüber (vgl. die Aufstellung bei Frick 1962:64f; dort folgend der Systematisierung der Ordnungsverwaltung bei Enderling 1957:671). Für diese Wirtschaftssubjekte reicht die allgemeine Staatsaufsicht nicht aus:

> "Eine besondere staatliche Überwachung im wirtschaftlichen Bereich ist vor allem für die Vielzahl von Unternehmen notwendig, deren Betrieb im öffentlichen Interesse liegt und denen eine Verantwortlichkeit für das Gemeinwohl oder andere Rechtsgüter zukommt" (Stober 1976:54).

Auf die staatliche Aufsicht über die Wirtschaftsbereich näher einzugehen, sie in ihren Grundlagen, Zielen und Mittel auszuleuchten, ist Sinn des ersten Teils dieser Arbeit.

Kiefer (1909:11 ff) brachte in die Diskussion auch noch die Unterscheidung zwischen einer **positiven** Aufsicht (Kontrolle, 'ob der Untergebene die ihm erteilten Befehle ausführt und ob er sie genau so ausführt, wie sie ihm erteilt sind') und einer **negativen** Aufsicht (Einschreiten bei 'falschem' Verhalten des Untergebenen). Obwohl diese Unterscheidung auch später beibehalten wurde (so von Fröhler

1957:216), ist sie aber wegen ihrer faktischen Beschränkung auf die Mittel der Aufsicht und die Systeme der Überwachung (vgl. Kap. 3.1.1) nicht sehr ergiebig.

1.1.2 Das Verhältnis zwischen Aufsichtsbehörde und Beaufsichtigten

Der Aufsichtsbegriff ist in der Literatur weitgehend unbestimmt. Unter 'Aufsicht' werden so unterschiedliche Bereiche wie Bundesaufsicht, Verbandsaufsicht, Anstaltsaufsicht u.ä. zusammengefaßt (vgl. die Aufstellung bei Frick 1962:25). All diesen Aufsichtsbereichen ist die **sachliche Gegenüberstellung von Aufsichtsführenden und Beaufsichtigten** gemeinsam - bei jeder Form der Aufsicht muß es zwingend zwei Beteiligte geben! (Frick 1962:26; Köttgen 1956:738) Das unterscheidet die Aufsicht auch von Formen innerbetrieblicher oder ähnlicher Kontrolltätigkeiten. Bei der Aufsicht muß zudem das Objekt der Beaufsichtigung in irgendeiner Weise dem Willen des Aufsichtsführenden unterworfen sein; dies wiederum unterscheidet die Aufsicht von der reinen **Beobachtung** (Frick 1962:27). Der Beobachtende muß demnach auch willens sein, das Beobachtete zu korrigieren ('Berichtigungsfunktion' nach Triepel; Frick 1962:28; Stober 1980:146,147; vgl. auch Kap. 2.2.1), andernfalls verharrt er in der Position eines bloßen Zuschauers:

> "Man kann gewiß die Wolken beobachten, aber nie beaufsichtigen; und ein Hirte, der seine Herde beaufsichtigt, tut mehr als sie bloß beobachten. Wenn er nicht mehr täte, würde ihm seine Herde bald davon laufen" (Kiefer 1909:4).

Kiefer lehnt aus diesem Grund die von Haenel vorgebrachte Unterscheidung von 'allgemeiner' und 'enger' Aufsicht ab, da die allgemeine Aufsicht ja nur eine solche unverbindliche Beobachtung sei (ders.1909:3 ff). Gegenstand der Aufsicht muß immer der **gesamte Umfang** es beaufsichtigten Unternehmens sein (alle Geschäftsbereiche und Geschäftsvorgänge, sofern sie mit dem Aufsichtsinhalt zu tun haben) sein; eine Beschränkung z.B. nur auf einen Geschäftsbereich verträgt sich nicht mit dem Ziel der Aufsicht als solchem. (Breit 1937:83) Aufsicht kann auch nicht aufgrund eines nur einmaligen, vielleicht zufälligen Kontaktes zweier Beteiligter entstehen: sie setzt die planmäßige, andauernde Zuordnung von Aufsichtsträger und Aufsichtsobjekt voraus:

> "Subjekt und Objekt müssen schon vorher in Beziehungen bestimmter Art getreten sein, ohne welche die Anwendung des Ausdrucks beaufsichtigen nicht möglich wäre ... Der Ausdruck beaufsichtigen setzt also eine Zahl früherer Beziehungen voraus, die zwischen seinem Subjekt und Objekt bestehen müssen" (Kiefer 1909:6; genauso Schoenborn 1906:23f).

Wird die Aufsicht auf der anderen Seite in einer Art ausgeübt, die ein eigenverantwortliches Handeln des Beaufsichtigten unmöglich macht, dann handelt es sich hierbei nicht mehr um Aufsicht, sondern um **Leitung** (Frick 1962:30; vgl. auch v.Eynern 1958:1). Die Grenze zur Leitung wird dabei schon dann überschritten, wenn durch rechtliche Entwicklungen dem "Inhaber der Aufsicht neben seinen Kontrollzuständigkeiten echte Mitwirkungsrechte" eingeräumt werden (Köttgen 1965:738). Dieser Aspekt ist bei der Aufsichtsdiskussion nicht ohne Bedeutung; zumal da eine einmal aufgenommene staatliche Aufsichtstätigkeit (auch wenn sie auf den ökonomischen Wettbewerb verzerrend wirkt) auch aus Gründen staatlicher Trägheit nur schwer wieder aufgegeben wird (vgl. Hamm 1978:162 ff (163)). In diesen Bereich gehört auch der "Zwischenbereich, in dem Aufsicht sich kombiniert mit Unternehmerfunktionen der öffentlichen Hand." (Ipsen 1965:334) Daß dieses Feld zu Problemen führen kann, zeigt das Beispiel des versuchten 'Brokdorf-Ausstieges' der Stadt Hamburg, als es zu Problemen der Hansestadt als Unternehmerin **und** Trägerin der Fachaufsicht gekommen ist (vgl. Ipsen 1985b).

1.2 Grenzen der Wirtschaftsaufsicht

1.2.1 Wirtschaftsaufsicht und Wirtschaftslenkung

Generell gilt für die Wirtschaftsaufsicht die Aussage von Schäffer (1978/79:35):

> "Die fachbehördliche Wirtschaftsaufsicht entfaltet keine steuernde Einflußnahme im Sinne einer strukturellen oder konjunkturellen Beeinflussung, sondern überläßt zum Unterschied von wirtschaftslenkenden Maßnahmen die betriebswirtschaftlichen Dispositionen grundsätzlich der einzelwirtschaftlichen Unternehmensleitung."

Die eben angesprochene Grenze zwischen Aufsicht und Lenkung wird aber in einigen Bereichen der Wirtschaft deutlich und zunehmend überschritten. Staatliche Aufsicht erschöpft sich dabei nicht nur in der "Wahrung polizeilich-gewerbeaufsichtlicher Maßstäbe oder gar nur solcher der Rechtskontrolle", sondern hängt auch mit der Leitung der Wirtschaft zusammen (Ipsen 1985:9f; so auch Scholz 1971:15). Die von Rinck (1974:77) in Anlehnung an Scholz (1971:23) getroffene Unterscheidung von auf Gesetz beruhender allgemeiner Wirtschaftslenkung und lediglich im normierten Einzelfall zu Eingriffen befugter Wirtschaftsaufsicht mit der Unterordnung jeglicher Tätigkeit der Aufsicht unter das Postulat wirtschaftlicher Freiheit, erweißt sich hier zunehmend als untauglich und in der Praxis überholt, weil den notwendigen Erfordernissen der heutigen Wirtschaftsaufsicht nicht angemessen.

Schon Schüle (1954:92) hatte in diesem Zusammenhang verbinden von einem "zurückhaltenden Gebrauch" der Staatsaufsicht zur Wirtschaftslenkung gesprochen (vgl. ders. 1954:111, These 6).

Der zunehmende Interventionsgehalt der Wirtschaftsaufsicht zeigt sich nach Ipsen (1985:10f) besonders bei der Banken- und Versicherungsaufsicht. Bei diesem Aufsichtsbereich wird auch deutlich, daß sich der Charakter einer staatlichen Aufsicht ändern kann: Während in den ersten drei Jahrzehnten nach der Errichtung der Versicherungsaufsicht 1901 eine wirtschaftsliberale Aufsicht dominierte, deren Zweck im wesentlichen in der 'gewerbepolizeilichen' Gefahrenabwehr gesehen wurde, verstärkte sich nach 1931 die wirtschaftslenkende, durch die Betonung staatlicher Autorität gekennzeichnete Dimension der Beaufsichtigung (vgl. Weber 1961:334f; ders. 1961a:205).

An diesem Beispiel wird auch deutlich, daß die Argumentation von Bullinger (1965:286: "Die Staatsaufsicht dient also lediglich dazu, die Teilnehmer am Wirtschaftsverkehr zu einem Verhalten zu veranlassen, zu dem sie ohnehin durch Gesetz, durch gesetzlich gedeckten Einzelakt oder sonstwie rechtlich verpflichtet sind.") nicht - vielleicht nicht mehr - zutrifft (vgl. auch Ipsen 1985a:302). Deshalb ist ein direkter Analogieschluß von der (außerstaatlichen) Wirtschaftsaufsicht zur innerstaatlichen Dienst- oder Fachaufsicht in der Verwaltung falsch (Ipsen 1985a:303). Gegen eine solche Sichtweise spricht auch ein eher 'praktischer' Grund:

> "Wo Behörden bei Mißbrauch oder Mißständen einzuschreiten befugt oder verpflichtet sind, spricht man vielfach von Ermächtigung im Gegensatz zu Verbotsnormen. Hier kommt es für die Wirtschaftsaufsicht nicht darauf an, ob ein Unternehmen gegen Rechtsvorschriften verstoßen hat, sondern ob gültige Rechtsnormen die Aufsichtsbehörde zum Tätigwerden ermächtigen."
> (Steindorff 1985:120)

Ein besonderes Kapitel stellt die Aufsicht des Staates über öffentlich-rechtliche Körperschaften, insbesondere die Kammern, dar. Auch für diese Kammeraufsicht gibt es keine allgemeinen gesetzlichen Vorschriften (v.Brauchitsch 1963:72); sie regelt sich nach den einzelnen Kammergesetzen (etwa nach den Kammergesetzen für die Heilberufe in Nordrhein-Westfalen; vgl. Kap. 13.1). Neben den speziellen Regelungen (für die Handwerkskammern vgl. beispielsweise Fröhler 1957) gelten für die Aufsicht über die Kammern prinzipiell die **allgemeinen verwaltungsrechtlichen Grundsätze:**

- die Staatsaufsicht hat sich nur auf die **Körperschaft als solche**, nicht auf ihre Organe oder Bedienstete zu erstrecken;
- Gegenstand der Staatsaufsicht ist das Verhalten der Körperschaft hinsichtlich seiner **Rechtsmäßigkeit** nach öffentlichem Recht; Zweckmäßigkeitskontrollen sind nur in Ausnahmen zulässig;
- Aufsichtsmittel dürfen nur zur Wiederherstellung des rechtmäßigen Zustandes dienen und die Handlungsfähigkeit der Körperschaft nicht weiter einschränken, als es zur Erreichung dieses Zieles notwendig ist

(vgl. v.Brauchitsch 1963:72).

1.2.2 Aufsichtsaspekte der Regulierungstheorie

Die auf amerikanischen Verhältnissen aufgebaute Theorie der staatlichen Regulierung wirtschaftlicher Bereiche findet in Deutschland den Gegenstand ihrer Betrachtung neben der Wirtschaftsform des öffentlichen Unternehmens teilweise auch in der Aufsicht über Wirtschaftssubjekte (vgl. Kaufer 1981:167 ff). Eine genaue Definition des Begriffs 'Regulierung' gibt es allerdings nicht:

> "Was unter 'Regulierung' und was unter 'öffentlicher Bindung' im einzelnen zu verstehen ist, hat die wissenschaftliche Diskussion bis jetzt nicht eindeutig klären können. Ebenso bleibt unklar, welche Rolle der herkömmliche Begriff der 'Gewerbepolitik' in dieser modernen Begriffswelt spielt." (Becker 1983:309)

Wie nachstehend ausgeführt wird, unterscheidet sich die Regulierung von der Aufsicht in dem hier behandelten Sinn dadurch, daß sie die **ökonomischen** Folgen staatlicher Eingriffe in Wirtschaftsprozesse - und das heißt hier im besonderen Fall in Märkte - stark in den Vordergrund ihrer Analyse stellt. Das Hauptaugenmerk der Regulierung liegt oft schwerpunktmäßig auf der Preisseite, d.h. auf der Preisgestaltung von Seiten der Produzenten (so z.B. bei der Regulierung der Elektrizitätswirtschaft; vgl. Mitchell/Müller 1978:639 ff). In diesem Kontext muß sich die öffentliche Regulierung auch immer wieder Fragen nach ihrer (oft als gering eingeschätzten) Effizienz und den Gründen dafür gefallen lassen (vgl. Lehnert u.a. 1983:381f). Andererseits scheint hier die Grenze zur Wirtschaftslenkung teilweise schon deutlich überschritten zu sein (vgl. das Beispiel der Energieversorgung bei Vogelsang 1978).

Von Eyern hat sechs Kriterien aufgestellt, die die 'öffentliche Bindung' eines Unternehmens definieren. Es müssen demnach vorliegen:

1. branchenspezifische **gesetzliche Regelungen**;
2. ein branchenspezifisches **Aufsichtsamt**;

3. die Regelung **wirtschaftlicher** und nicht nur technischer **Tatbestände**;
4. eine gewisse **Dauer und Intensität** der Regelung;
5. die **Bindung aller Unternehmen** der Branche;
6. das Vorliegen eines **öffentlichen Interesses**.

(vgl. v.Eynern 1958:3 ff; beschreibend Lange 1985:163)

Die Punkte dieses Schemas lassen sich in der Regel auch problemlos auf die verschiedenen Bereiche der Wirtschaftsaufsicht anwenden. Einzig der dritte (technische Regelungen) und der sechste Punkt (ist Arbeitnehmerschutz ein 'öffentliches' Interesse oder ein spezielles Interesse der Betroffenen?) könnte in Bereichen der Gewerbeaufsicht problematisch sein. Von Eyern selbst nimmt allerdings auch die in dieser Arbeit erörterten Fragen der Apothekenaufsicht aus seiner Definition aus:

> "Vorschriften über den Verkauf von Arzneimitteln, ... über den Betrieb von Krankenanstalten ... mögen die betroffenen Unternehmen erheblich beengen; sie mögen auch im öffentlichen Interesse erlassen sein und erhebliche wirtschaftliche Auswirkungen haben. Aber ihr primäres Ziel ist technischer, gesundheitspolitischer, nicht aber wirtschaftlicher Art." (v.Eynern 1958:4)

Genauso wird das auch von Seiten der pharmazeutischen Wissenschaft gesehen:

> "Die Ausübung einer besonderen staatlichen Aufsicht über die Apotheken findet ihre staatspolitische Grundlage und ihre verwaltungsrechtliche Rechtfertigung in der öffentlichen Aufgabe, die von den Apothekern erfüllt wird." (Schiedermair 1954:540)

Es ist aber ein Ziel dieser Untersuchung, zu zeigen, daß die Regelungen der Apothekenaufsicht **eben auch** ökonomische Fragen erfassen, ihnen - nach eigenem Bekunden und in ihrer faktischen Ausgestaltung - große Bedeutung beimessen und diese wirtschaftlichen Fragen gerade im Interesse der beaufsichtigten Gruppe einen Kernpunkt der Aufsicht ausmachen.
Andererseits ist es nicht angebracht, die staatliche Beaufsichtigung der Apotheken (dies gilt sinngemäß aber auch für andere Wirtschaftsbereiche) ausschließlich nach den Vorgaben der Regulierungstheorie zu beurteilen: Mag auch die Regelung wirtschaftlicher Fragen (Preisbindung, 'Regulierung' des Berufs-Marktes) ein wesentlicher Teil der staatlichen Beaufsichtigung des Apothekenwesens sein und mag die Sicherstellung funktionierender Apotheken auch den Analogieschluß zu einem öffentlich bzw. gemeinwirtschaftlich gebundenen Wirtschaftsbereich nahe legen, so steht doch fest, daß die staatliche Beeinflussung des Apothekenwesens weit über dieses Maß hinausgeht und sich eben **auch** in starkem Maß der Regelung rein

'technischer' Fragestellungen im Sinne der Bemerkung von Eynerns widmet. Die Regelung des Apothekenbetriebes und der Arzneimittelabgabe, die genauen, immer mehr verfeinerten Vorgaben für die Ausbildung der Apotheker und die staatliche Beeinflussung der 'inneren Angelegenheiten' der Apothekerschaft (etwa durch das Kammerwesen) sind ein Beleg dafür, daß die staatliche Beaufsichtigung des Apothekergewerbes weit über rein ökonomische oder wirtschaftsdemokratische Fragen (im Sinne einer 'gerechten' Preislenkung) hinausgeht.

Dennoch scheint es angebracht, in eine theoretische Erörterung der Wirtschaftsaufsicht auch die Vorgaben der Regulierungstheorie mit einzubringen. Wie sich in den nächsten Kapiteln zeigen wird, hat die herkömmliche Aufsichtstheorie einige 'blinde Flecken'. Einer davon ist die (vielleicht zunehmende) Dominanz des Aufsichtsprozesses durch die zu Beaufsichtigenden. Und gerade in diesem Punkt scheint es sinnvoll, eine 'Anleihe' bei der Regulierungstheorie zu machen, welche die Einflußnahme von Interessengruppen auf die Wirtschaftsaufsicht direkt anspricht. Das gilt etwa für die 'Capture-Theorie', wonach einflußreiche Interessengruppen die Regulierungsinstitutionen (in den USA sind das unabhängige Kommissionen) entweder von vorneherein oder im täglichen Prozeß des Aushandelns 'kapern' und im Sinne ihrer Interessen beeinflussen (vgl. Kühne 1983:131 ff; Lange 1985:182f).

In der amerikanischen Regulierungs-Diskussion wurde aus dieser Sichtweise heraus die These aufgestellt, daß staatliche Regulierung bevorzugt dort geschehe, "wo relativ gut organisierte Minderheiten den Staat veranlassen, durch einen Regulierungseingriff Einkommen von der Mehrheit weg und zur Interessengruppe hin umzuverteilen." (v.Weizsäcker 1982:334) Wieder muß die Einschränkung gemacht werden, daß es bei der Apothekenaufsicht (das Gleiche mag für andere Aufsichtsbereiche gelten) nicht ausschließlich um Fragen des Einkommens geht. Aber der Gedanke, daß eine regulierte/beaufsichtigte Wirtschaftsgruppe an dieser staatlichen Gestaltung ihres ökonomischen Bereiches nicht nur ein **Interesse** hat, sondern diese **Gestaltung auch mitbeeinflußt**, soll aus der Regulierungstheorie mit in die Betrachtung der staatlichen Apothekenaufsicht übernommen werden (weiter hierzu in Kap. 4.2.2).

2. Maßstäbe und Ziele der Wirtschaftsaufsicht

2.1 Maßstäbe der Wirtschaftsaufsicht

2.1.1 Aufsichtstheorien

Die staatliche Beaufsichtigung von Wirtschaftsprozessen und -unternehmen kann nach verschiedenen Theoriemustern erklärt werden. In der Reihenfolge ihrer Entwicklung und aufeinander aufbauend können dabei die Maßstabstheorie, die Pflichttheorie, die Schutztheorie und (als zusammenfassender Ansatz) die Funktionsschutztheorie unterschieden werden:
Nach der **Maßstabstheorie** ist es das Ziel der Aufsicht, das Verhalten der Beobachteten in Einklang zu bringen mit vorgegebenen Maßstäben (Stein 1967:3). Nach Haenel ist der Zweck der Staatsaufsicht darin begründet, die Gewährleistung der Pflichterfüllung ohne eine besondere Orientierung an einem objektiven Maßstab sicherzustellen. Kiefer (1909:7) drückt das an seinem schon zitierten 'Herdenbeispiel' so aus:

> "...der Hirt, der seine Herde beaufsichtigt, sieht zu, daß seine Herde richtig weidet und daß sie nichts unrichtiges tut... der A., der den B. beaufsichtigt, sieht zu, daß B. eine Tätigkeit 'richtig' ausführt und daß er keine 'unrichtige' Tätigkeit vornimmt."

Erst Triepel bringt die 'gegebene Richtschnur' oder den 'Maßstab' als Richtmaß der Staatsaufsicht in die Diskussion ein:

> "...fassen wir das Rechtsinstitut der Staatsaufsicht auf als die Gesamtheit staatlicher Handlungen, die zum Zwecke haben, das Verhalten der dem Staate Unterstellen in Übereinstimmung mit einem feststehenden Richtmaß zu setzen oder zu erhalten." (Triepel 1917:121; dem folgt auch Anschütz 1930:368)

Bullinger (1965:291f) versucht, bei dieser Einordnung den Maßstab als "hinreichende Bestimmtheit und unmittelbare Rechtsverbindlichkeit" zu definieren. Nach Stein (1967:7) reicht das aber für eine umfassende Beschreibung der Aufgaben der Wirtschaftsaufsicht nicht aus.

In der **Pflichttheorie** (nach Haenel) dient die Staatsaufsicht dazu, die Pflichterfüllung der oder des Beaufsichtigten gegenüber dem Staat durch dessen Organe zu gewährleisten. Die Orientierung am rechtstechnischen Begriff der Pflicht engt die Pflichttheorie aber sehr ein, andererseits ist in dieser Definition die Rechtsprechung nicht klar genug ausgegrenzt (Stein 1967:8f).

Die ersten beiden Theorien sind als *formelle Ansätze* anzusehen, wohingegen die **Schutztheorie** als *materieller Ansatz* ausgelegt ist. Sie geht in ihrem Erklärungsansatz nicht von rechtlichen Maßstäben aus, sondern orientiert sich an der zu schützenden Struktur des überwachten Wirtschaftssubjekts. Entwickelt wurde diese Aufsichtstheorien anhand der Aufgaben der Versicherungsaufsicht (vgl. Stein 1967:11). An diesem Beispiel zeigt auch Ipsen (1985c:386) die Grenzen der vorher zitierten Aufsichtstheorien und die Bedeutung rechtsstaatlicher Normen bei der Aufsicht auf:

> "Denn Maßstäbe und Pflichtenkataloge können sich - sollen sie nicht administrativ-autonomer Selbstbestimmung überantwortet bleiben - nur am positiven Recht orientieren und sind deshalb wiederum nur aus seiner Auslegung zu gewinnen."

Diese Überlegungen führen zum umfassenden Ansatz der **Funktionsschutztheorie**. Ihr Ziel ist die exaktere Abgrenzung der Aufsicht von der direkten Einflußnahme durch die staatliche Leitung: Zieht die aufsichtsführende Behörde eine Funktion der zu beobachtenden Subjekte an sich, dann liegt - wie schon in Kap. 1.1.2 angesprochen - keine Aufsicht mehr, sondern Leitung vor. Stein (1967:16) ordnet der Aufsicht im Gegensatz dazu die Aufgabe als "Reserve im Hintergrund" zu.

Haenel (1892:301) hatte - auf die innerstaatliche Aufsicht bezogen - drei Aufsichtsfunktionen unterschieden:

- die Überwachung,
- die (rechtlich bindende) Entscheidung über die festgestellten Sachverhalte und
- die Sicherstellung der Pflichterfüllung durch Maßnahmen.

Triepel (1917:120) faßte dies zusammen zur 'Beobachtungsfunktion' und zur 'Berichtigungsfunktion': Die erste Funktion ist die unentbehrliche Voraussetzung der zweiten, und sie ist anderseits wertlos, wenn sie nicht im Hinblick auf die zweite erfolgt." Diese Unterteilung ist auch von Anschütz (1930:365) und Fröhler (1957:15) übernommen worden; die in Kap. 1.1.2 gemachten Einschränkungen hinsichtlich des Begriffs 'beobachten' wurden von ihnen nicht aufgenommen.

Aus der Beobachtungs- und der Berichtigungsfunktion lassen sich nun nach Stein (1967:18) drei Unterfunktionen der Staatsaufsicht bilden:

- die **Überwachung,**
- die **Berichtigung** und
- die **Verhängung von Sanktionen.**

Charakteristisch ist dabei, daß sich die Maßnahmen an der Gegenwart und der Zukunft orientieren und nicht an der Vergangenheit (Stein 1967:18). Diese Beschreibung des Funktionsschutzes definiert die Aufgaben der Staatsaufsicht umfassend, ohne eine zu enge Orientierung an rein rechtlichen Vorgaben. (Eine andersartige Auslegung mit einer stärkeren Orientierung am Schutz des 'Rechtsgutes' findet sich bei Scholz 1971:239).

2.1.2 Rechtliche und nichtrechtliche Maßstäbe

Die Maßstäbe für die Aufsicht müssen die direkte Messung des Verhaltens der Beaufsichtigten in Bezug auf die Verwirklichung vorgegebener Ziele ermöglichen, um eventuell nötige Maßnahmen einzuleiten. Die Grundlage für eine solche Messung ist zum einen ein umfassendes Wissen über die beobachteten Abläufe ('kausales Element' der Maßstäbe), zum anderen die genaue Kenntnis der Wertungen, die den gesetzten Aufsichtszielen zugrunde liegen ('finales Element'). Bloße Zielvorgaben ohne diese Einordnungen erfüllen diese Voraussetzungen nicht! (vgl. Stein 1967:81).

Dabei kann es sich sowohl um **rechtliche Maßstäbe** (im Rahmen des öffentlichen Rechts) als auch um **außerrechtliche Maßstäbe** (z.B. empirische Berechnungen oder auch unbestimmte Begriffe) handeln. (Stein 1967:84f) Die Probleme, die bei der Schaffung von verbindlichen Normen für einen sich wandelnden Wirtschaftsprozeß auftauchen, werden teilweise durch die Aufnahme einer generellen Verantwortlichkeit gegenüber den zu beaufsichtigenden Prozessen in die verbindlichen Normen umgangen - ein Beispiel dafür gibt das Versicherungsaufsichts-Gesetz von 1901 (vgl. Stein 1967:88). Diese "**materielle Staatsaufsicht**" ist am stärksten bei der Versicherungs- und der Bankenaufsicht ausgeprägt. Die Aufsichtsbehörden besitzen damit die Ermächtigung zu Aufsichtsmaßnahmen ohne einen fest normierten Maßstab!

Die Maßstabfestlegung ist generell ein wichtiges Element der Aufsichtstätigkeit: es muß dabei klargestellt werden, welches konkrete Verhalten der Rechtsordnung, die durch die Aufsicht zu sichern ist, entspricht (Stein 1967:112); weswegen die festgelegten Maßstabsformeln im Interesse der Rechtssicherheit und der Effektivität der Aufsicht den Betroffenen kenntlich gemacht werden sollen (ebd.:117).

2.2 Ziele der Wirtschaftsaufsicht

2.2.1 Zur Entstehungsgeschichte der Aufsicht: das Problem der Vielfalt

Der älteste Zweig der Aufsicht über Wirtschaftssubjekte ist nach Stein (1967:21) die schon aus dem Mittelalter stammende Bergaufsicht. Wie im nächsten Teil dieser Untersuchung zu zeigen ist, ist aber auch die Apothekenaufsicht in Deutschland schon seit dem Aufkommen des Apothekenwesens im 13. Jahrhundert nachweisbar. Die weitere Ausdifferenzierung der Aufsichtsbereiche (und -behörden) setzte - in Einklang mit den in Kap. 1.1.1 gemachten grundsätzlichen Ausführungen zur Entwicklung spezieller 'Aufsichten' - verstärkt mit der Industrialisierung ein:
Im Allgemeinen Landrecht für die Preußischen Staaten (ALR) von 1794 fanden sich neben Regelungen der Berg- und Apothekenaufsicht auch noch Bestimmungen über die Bauernaufsicht, die Gaststätten-Aufsicht und die Kontrolle der Schifffahrt und der Fischerei. 1880 wurde in Preußen dann das Feld- und Forstpolizeigesetz erlassen, 1913 eine einheitliche Wasseraufsicht geschaffen (Stein 1967:21).

Während und nach der Industrialisierung entstanden:

- 1838 die Eisenbahnaufsicht und die Sparkassenaufsicht;
- 1878 die Gewerbeaufsicht;
- 1879 die Lebensmittelaufsicht, die 1927 modernisiert wurde.

Als Teilbereiche der Wirtschaftsaufsicht kamen später hinzu:

- 1896 mit dem Börsengesetz die Börsenaufsicht;
- 1899 die Aufsicht über die Hypothekenbanken;
- 1901 die Versicherungsaufsicht;
- 1908 eine einheitliche Eichaufsicht im Deutschen Reich;
- 1919 die Aufsicht über die gemeinnützigen Siedlungsunternehmen;
- 1922 die Aufsicht über die Luftfahrtunternehmen;
- 1923 die Kartellaufsicht;
- 1931 die Bankenaufsicht;
- 1934 die Aufsicht über den Personenverkehr;
- 1935 die Aufsicht über den Güterfernverkehr, die Energiewirtschaft und die private Arbeitsvermittlung.

Nach den Zweiten Weltkrieg kam als einziger neuer Aufsichtszweig 1959 die Atomaufsicht hinzu (vgl. Stein 1967:22f; Badura 1985:305f).

Diese speziellen 'Aufsichten' werden ergänzt durch die schon angesprochene Staatsaufsicht durch die allgemeine Polizei, etwa die Verkehrs- oder Gesundheitspolizei. Gemeinsam sind die Aufsichtsbereiche zur **unmittelbaren Staatsaufsicht** zu rechnen. Diese Aufsichtsform wird zusätzlich begleitet durch die **mittelbare Staatsaufsicht** durch die öffentlich-rechtliche Aufsichtsbefugnis privater Vereinigungen und Personen (Wirtschaftsprüfer, Fleischbeschauer u.ä., aber auch die Selbstverwaltung durch die Tätigkeiten der verschiedenen Kammern).
Die Vielfalt der Aufsichtsbehörden spiegelt sich auch in den verschiedenen organisatorisch völlig getrennten Aufsichtsbehörden wider: so gibt es Bergämter, Wasserwirtschaftsämter, Gewerbeaufsichtsämter, Forstbehörden etc. (vgl. die Aufstellung bei Stein 1967:25); eine einheitliche Fachbehörde oder eine allein zuständige Fachabteilung in einem Ministerium gibt es also nicht! (ders. 1967:25)

Demgegenüber ist aber festzuhalten, daß die Aufsichtsämter bei ihrer Arbeit als Grundlage immer auch gesamtwirtschaftliche Interessen berücksichtigen sollen (so Stein 1967:26) und auch die verschiedenen Wirtschaftsaufsichtsbehörden akzeptieren - trotz der verschieden großen Aufsichtskompetenzen und der Verschiedenheit der Aufsichtssubjekte - die gleichen inhaltlichen Grundprinzipien der Aufsicht (Bullinger 1965:274). Die Zersplitterung der Aufsichtsbehörden beruht im wesentlichen auf historischen Zufällen: neue Behörden wurden jeweils erst dann geschaffen, wenn eine Branche ihrer bedurfte. Ein relativ aktuelles Beispiel für die Errichtung einer Aufsichtsbehörde, **nachdem** das Kind in den Brunnen gefallen war, ist die Schaffung der Bankenaufsicht nach dem Zusammenbruch der Danat-Bank 1931 (vgl. dazu u.a. Maunz 1957:28 ff; Ronge 1979:69 ff). Ronge zeigt (am Beispiel der Bankenaufsicht) auf, daß die Verstärkung der staatlichen Einflußnahme nicht kontinuierlich zunimmt, sondern einem eher 'konjunkturellen Auf und Ab' unterliegt (ders. 1979:89,183).

2.2.2 Einzelbetriebliche Ansatzpunkte bei gesamtwirtschaftlichen Zielen

Die Beaufsichtigung der Einzelunternehmen ist nicht der grundsätzliche Zweck der Wirtschaftsaufsicht: sie setzt lediglich zur Durchsetzung **gesamtwirtschaftlicher Funktionen** bei den einzelnen Unternehmen an. Die Ziele sind dabei innerhalb der vom Grundgesetz gezogenen Grenzen (Sozialstaatlichkeit auf der einen Seite, Grundrechte der Betroffenen auf der anderen Seite) umzusetzen (vgl. Kap. 2.2.3); sie ergeben sich aus den einzelnen Spezialgesetzen (Stein 1967:70f). Die Aufsicht darf dabei die Unternehmen nicht übermäßig einengen. (ebd.:77)

Die Ziele der Wirtschaftsaufsicht müssen sich aus den öffentlichen Aufgaben der Unternehmen (und das heißt im Aufsichtsfall der **Unternehmensleiter**, im hier bearbeiteten Fall der Apothekenleiter) ergeben:

> "Im übrigen richtet sich die Staatsaufsicht letzten Endes nicht an die Unternehmung als abstrakte Organisation, sondern an den Unternehmer, der wiederum eine natürliche oder juristische Person sein kann." (Breit 1937:55)

Die Aufgaben bei der Überwachung der Unternehmensleiter lassen sich nach Stein (1967:79) in drei Gruppen zusammenfassen:

- Schutz des öffentlichen Interesses am Unternehmen;
- Schutz der Abnehmer (Verbraucher und Benutzer);
- Schutz der Arbeitnehmer.

Diese Unterteilung trifft die Aufgaben der Aufsichtsbehörden (bzw. der von ihnen überwachten Betriebe) besser als die von v.Eynern aufgestellten Kriterien der Ziele der Bindung 'öffentlicher Unternehmen', welche auch Fragen wie die 'Ordnung der öffentlichen Netze' und Fragen der politischen Einflußnahme in den Vordergrund stellen (vgl. v.Eynern 1958:7). Zu den genannten Zielen muß der Unternehmensleiter auch die Schranken anderer öffentlicher Interessen beachten (z.B. bei drohenden Gesundheitsgefährdungen).

2.2.3 Grenzen der Wirtschaftsaufsicht

Bei der Erreichung ihrer Zielvorgaben sind den Institutionen der staatlichen Wirtschaftsaufsicht Grenzen gesetzt, die sich sowohl aus ihren gesetzlichen Grundlagen als auch aus ihrem Wesen als - von präventiven Maßnahmen abgesehen - eher reaktiven Möglichkeiten ergeben. Die Begrenzungen der Aufsichtstätigkeiten lassen sich in drei Gruppen zusammenfassen:

- die Beschränkungen des allgemeinen Verwaltungsrechts;
- die Verfügbarkeit nur bestimmter Aufsichtsinstrumente;
- das Wesen der Wirtschaftsaufsicht als reagierender Institution.

(vgl. Steindorff 1985:119)

Die Erkenntnis, daß die Staatsaufsicht Grenzen unterliegt, ist nicht neu. Schon Zachariä (1842:141 ff) hatte für das alte 'Oberaufsichtsrecht' solche Grenzen beschrieben. Er hatte diese Grenzen vor allem im Bereich der "Gegenstände und Verhältnisse, welche überhaupt nicht in den Bereich des Staates gehören .. (z.B. alle Gewissens- und reine Familiensachen)" und in Zusammenhang mit dem Schutz verfassungsmäßiger Grundlagen gesehen. In der modernen Wirtschaftsaufsicht sind daneben auch die von Steindorff systematisierten Beschränkungen der Aufsichtsmittel zu beachten: Die Grenzen des **allgemeinen Verwaltungsrechts** ergeben sich, weil die Wirtschaftsaufsicht nur innerhalb der vom Verwaltungsrecht gezogenen rechtlichen Grenzen agieren darf. Die ausschließliche **Verfügbarkeit nur bestimmter Aufsichtsinstrumente** sowohl in der Überwachung als auch in der Berichtigung (vgl. Kap. 3), kann die Aufsicht im Einzelfall ebenfalls behindern. Sie ist teilweise begründet in den Grenzen, die das **Wesen der Wirtschaftsaufsicht** setzt, nach welchem die Aufsicht "unternehmerisches Verhalten lediglich billigen oder verwerfen, nicht aber durch eigene Entscheidungen ersetzen" kann (Steindorff 1985:119). Auch die im speziellen Fall zur Verfügung stehenden Aufsichtsmittel sind nicht nach Belieben einsetzbar:

> "Stehen den Aufsichtsbehörden, sei es auf Grund einer Generalklausel, sei es auf Grund von Spezialermächtigungen oder auch nebeneinander, mehrere Aufsichtsmittel zur Verfügung, so ist mangels besonderer gesetzlicher Anordnung aus rechtsstaatlichen Gründen von den Prinzipien der Verhältnismäßigkeit der Mittel und des Übermaßverbots auszugehen." (Schäffer 1978/79:4)

Als weiter Grundsatz ist daneben immer auch der Gleichheitsgrundsatz zu beachten, nach dem bei Aufsichtsregelungen "nur sachlich gerechtfertigte Differenzierung gegenüber dem Rechtsstatus nicht beaufsichtigter Wirtschaftszweige aufweisen dürfen" und auch innerhalb der beaufsichtigten Branche "keine unsachliche Privilegierung oder Diskriminierung einzelner oder von Gruppen" zulässig ist (ders. 1978/79:4f).

3. Der Ablauf der Aufsicht

Bei der Aufsicht lassen sich anhand der in Kap. 2.2.1 (Aufsichtstheorien) getroffenen Aufteilung der Aufsichtsschritte drei Gruppen von **Aufsichtsmitteln** unterscheiden: **Überwachungsmittel, Berichtigungsmittel und Sanktionen** (vgl. Stein 1972:2005f).

3.1 Die Überwachung

3.1.1 Überwachungssysteme

Bei der Wirtschaftsaufsicht ist nicht die Korrektur, sondern die **Ermittlung der Fehler** das Hauptproblem (Stein 1967:120). Es lassen sich dabei verschiedene Überwachungssysteme charakterisieren:
Bei der **heteromatischen Überwachung** treten die Aufsichtsbehörden ein, wenn ihnen Hinweise auf Pflichtverletzungen der zu beaufsichtigenden Wirtschaftssubjekte zugetragen werden. Darauf folgt in der Regel ein Auskunftsverlangen von Seiten der Behörden (bei Apotheken etwa auch eine außerordentliche Revision). (vgl. Stein 1967:135)
Die **automatische Überwachung** kann beispielsweise durch regelmäßige Kontrollen erfolgen (für Apotheken war das z.B. die jahrhundertelange Überwachung durch unangekündigte Besuche der Kreisärzte; vgl. hierzu die entsprechenden Kapitel in Teil II und III).
Das klassische Instrument der **präventiven Überwachung** sind Genehmigungsvorbehalte. Hier wäre als einfachste Form die Konzessionierung oder die Lizensierung der Berufsausübung zu nennen, ein Mittel, das auch lange bei der Überwachung der Apotheken angewandt wurde. Die präventive Überwachung birgt - etwa durch Genehmigungsvorbehalte - (besonders im Produktionsbereich) die Gefahr von Wettbewerbsverzerrungen in sich (vgl. Bullinger 1978:2121f). Welche Überwachung im konkreten Fall angebracht ist, geht im allgemeinen aus den Spezialgesetzen der einzelnen Überwachungszweige hervor.

3.1.2 Überwachungsmittel

Auch die Überwachungsmittel lassen sich in mehrere Kategorien einteilen: **Auskunftsverlangen** gegenüber den Betroffenen könnten etwa in allgemeiner Form durch Statistiken erfolgen, aber auch durch direkte Auskunftspflicht. Schon Kiefer (1909:20) hatte das "Recht der Kenntnisnahme" als "elementarsten Ausfluß des Rechts zu Aufsicht" gekennzeichnet. Auch dieses Recht unterliegt aber Einschränkungen: Nach dem Wegfall des überlieferten generellen Aufsichtsrechts der Obrigkeit über alle Lebensbereiche der Untertanen (vgl. Kap. 1.1.1) muß eine Auskunftsberechtigung im Einzelfall rechtlich legitimiert sein, denn: "Von der statistischen Information abgesehen, gibt es keine allgemeine Pflicht des Einzelnen, Auskünfte zu erteilen" (Roth 1966:225). Die Veranlassung der Auskunft muß aus der Sache heraus erkennbar sein, da sonst kein legitimes öffentliches Interesse zu ersehen ist (Battis/Gusy 1983:199).

Allerdings ist dies eine eher grundsätzliche Ausführung. Im (schwer abzugrenzenden) Einzelfall, der ja so ausführlich in der gesetzlichen Grundlage der jeweiligen Aufsichtsform gar nicht erwähnt werden kann, mag die Einschränkung von Breit (1937:65) immer noch gelten, daß die ausdrücklichen Aufsichtsmittel der jeweiligen Aufsichtsgesetze und ihre 'Einsatzbeschränkungen' nicht absolut gesehen werden dürfen:

> "Denn es ist Sache der Aufsichtsbehörde im einzelnen die Aufsichtszwecke zu bestimmen, und somit liegt auch die Bestimmung der Grenzen ihrer Beobachtungsbefugnisse praktisch in ihrem Ermessen."

Kontrollen stehen im Mittelpunkt der automatischen Überwachung. Sie sind objektiver als die Auskunftsverlangen, gleichzeitig besteht aber auch die Gefahr, daß sie nur einen Ausschnitt aus der Realität des Unternehmens zeigen. (Stein 1967:150) Zu unterscheiden sind bei diesem Überwachungsmittel kaufmännische Kontrollmittel (Jahresabschlußprüfungen, die Vorlage geschäftlicher Unterlagen, aber auch etwa die interne Kontrolle durch staatliche Beauftragte, z.B. bei den Börsen), und arbeitstechnische Kontrollmittel, die sich in der Regel an den Vorschriften des § 139 der Gewerbeordnung orientieren und dem Schutz von Leben und Gesundheit dienen (vgl. Battis/Gusy 1983:200f); diese können auch Warentests beinhalten (Stein 1967:160f).

Genehmigungen sind, wie schon ausgeführt, ein Instrument der präventiven Überwachung (vgl. dazu Stein 1967:165f; Weimar/Schimikowsky 1983:262). Zu ihnen sind auch die Bestimmungen über die Berufsausübung zu rechnen (vgl. die Ausführungen bei Breit 1937:71 ff).

3.2 Die Berichtigung

3.2.1 Die Funktion der Berichtigung

Die Überwachung stellt die Hauptschwierigkeit der Wirtschaftsaufsicht dar, ihr **Kern** aber ist die Berichtigung! (Stein 1967:180). Die Wirtschaftsaufsicht hat dabei eine **Reservefunktion**, sie soll die Wirtschaft nicht aktiv gestalten, sondern nur Pflichtverstöße korrigieren.

Dabei gibt es - wie oben schon beschrieben - etwa in der Versicherungsaufsicht Durchbrüche hin zu aktiven, lenkenden Eingriffen in die ablaufenden Wirtschaftsprozesse. Bei diesem Eingreifen muß immer auch das **Opportunitätsprinzip** beachtet werden: nicht jedes Fehlverhalten eines Beaufsichtigten bedingt ein sofortiges Einschreiten der Aufsichtsbehörde. (Stein 1967:183)

3.2.2 Berichtigungsmittel

Im **sachlichen Verfahren** der Berichtigung lassen sich folgende Mittel unterscheiden:
Das unproblematische Berichtigungsmittel ist der einfache **Rat**. Innerhalb des gesetzten Rechts genießt er aber eine eher "stiefmütterliche Behandlung" (Stein 1967:195), was aber in keinem Verhältnis zu seiner tatsächlichen großen Bedeutung im normalen Aufsichtsverfahren steht! Die berichtigende Tätigkeit der Aufsichtsbehörden vollzieht sich zu einem großen Teil in solchen Hinweisen und nur selten im Erlaß förmlicher Berichtigungsakte. Je kleiner ein Unternehmen ist, desto größer ist der damit ausgeübte soziale Druck (Stein 1967:196). Dies war offensichtlich schon in Zeiten einer ansonsten straffen Ordnungsverwaltung so:

> "Die Kunst der Verwaltung besteht ja bekanntlich darin, auch ohne Zwang zum Ziel zu kommen. Je stärker die Zwangsgewalt ist, die hinter einer Aufsichtsbehörde steht, desto schwerer wiegen ihre Rathschläge und Belehrungen. Und je zahlreicher einer Verwaltungsbehörde Zwangsrechte zu Gebote stehen, desto seltener wird sie von ihnen Gebrauch machen." (Breit 1937:68)

Anordnungen und **Auflagen** dienen der Durchsetzung eines bestimmten Verhaltens der Aufsichtssubjekte. Die Auflage ergeht dabei im präventiven Aufsichtsverfahren. Eine **Privatrechtsgestaltung** dient zur Behebung von Störungen innerhalb privatrechtlicher Vertragsbedingungen (bzw. auch durch privatrechtsgestaltende Verwaltungsakte; vgl. dazu Badura 1985:301). Die **Organintervention** findet sich beispielsweise im Versicherungsrecht. Mit ihrer Hilfe kann ein bestimmtes Verhalten der Unternehmensorgane durchgesetzt werden (vgl. dazu Stein 1967:204; Battis/Gusy 1983:202).

Im **persönlichen Verfahren** steht als härtestes Instrument das **Verbot des Unternehmens**, das sich auf das in § 35 der Gewerbeordnung niedergelegte Verbot der Gewerbeausübung gründet. Eine Folge einer Pflichtverletzung des Unternehmensleiters kann also sein, daß bei dessen persönlichen Fehlverhalten in extremen

Fällen gleich das ganze Unternehmen liquidiert werden muß (Stein 1967:208). In anderen Fällen kann auch nur der **Abruf des Unternehmensleiters** erfolgen.

Es besteht auch die Möglichkeit der **Bestellung eines Unternehmensverwalters**, dies aber nur in einigen speziellen Gesetzen und nur für begrenzte Zeit zur Behebung vorübergehender Schwierigkeiten (vgl. Stein 1967:215). Es kann hier schon vorausgeschickt werden, daß alle diese Möglichkeiten bei der Apothekenaufsicht äußerst selten angewandt werden und eine Rücknahme der Zulassung nur bei schweren Verfehlungen möglich war bzw. ist.

3.3. Sanktionen

Die Bedeutung förmlicher Sanktionen im Bereich der Wirtschaftsaufsicht ist eher gering (Stein 1967:217). Die erteilten Auflagen werden in der Regel befolgt. Dennoch kann die Wirtschaftsaufsicht nicht auf Sanktionsmittel verzichten: ohne solche Eingriffsbefugnisse ist "weder echte Gefahrenabwehr noch Wirtschaftslenkung" möglich (Stober 1980:56f).
Bei den Sanktionen sind **Zwangsmittel** und **Ahndungsmittel** zu unterscheiden: Die Zwangsmittel umfassen **unmittelbaren Zwang** (etwa wenn ein indirekter Zwang nicht sinnvoll erscheint, weil ein schnelles Eingreifen notwendig ist; auch die Apothekenaufsicht kennt solche Maßnahmen bei besonderen Umständen durch 'Gefahr durch Verzug') und **Zwangsgelder**. Die Ahndungsmittel umfassen neben der **Geldbuße** die **Verwarnung** (nur in Randgebieten der Wirtschaftsaufsicht) und den **Antrag auf Einleitung eines gerichtlichen Verfahrens**. Dies geschieht vor allem dort, wo - wie im Apothekenwesen - eine eigene Berufsgerichtsbarkeit besteht (vgl. Stein 1967:233). Stober (1976:57) führt die verschiedenen Eingriffsmöglichkeiten nach der **Schwere des Eingriffs** geordnet so auf:

- Auflagen hinsichtlich der Aufnahme und der Ausübung der wirtschaftlichen Betätigung;
- Bedingungen zur Aufnahme und Ausübung der wirtschaftlichen Betätigung;
- inhaltliche Beschränkung der wirtschaftlichen Betätigung;
- die Befristung der wirtschaftlichen Betätigung;
- der Widerrufsvorbehalt der wirtschaftlichen Betätigung;
- die Betriebseinstellung bis zu Genehmigung;
- eine Untersagung der wirtschaftlichen Betätigung bzw. der Widerruf einer Erlaubnis;
- die Versagung der wirtschaftlichen Betätigung.

4. Defizite der Aufsichtsdiskussion

4.1 Die Organisation der Aufsicht

4.1.1 Die Träger der Aufsicht

Bei der Überwachung von Wirtschaftssubjekten lassen sich verschiedene Organisationsformen unterscheiden.

Bei den **Verwaltungsbehörden** existieren die allgemeine Gewerbepolizei und die Bauaufsicht als normale Verwaltungsstellen. Als selbständige Verwaltungsbehörden sind neben den Gewerbeaufsichtsämtern u.a. auch die Berg- und Forstämter ausgelagert. Die Apothekenaufsicht wird in den meisten Bundesländern (nicht aber in Nordrhein-Westfalen) durch Fachbeamte, die in der staatlichen Mittelinstanz (Regierungspräsidien u.ä.) eingesetzt sind, wahrgenommen. Auf die vollständige Einordnung aller Aufsichtsbehörden innerhalb der staatlichen Verwaltungsorganisation soll hier verzichtet werden, es sei aber darauf hingewiesen, daß ein großer Teil der Aufsichtsbehörden auf dieser Mittelinstanz als **regionale untere Landessonderbehörden** bestehen (so die Bergämter, Eichämter, Gewerbeaufsichtsämter u.a.; vgl. Wolff 1970:154)

Als z.T. selbständige Bundesoberbehörden lassen sich das Bundesamt für das Versicherungs- und Bausparwesen, das Bundesaufsichtsamt für das Kreditwesen (die beide seit 1972 zum Verwaltungsunterbau des Bundesfinanzministeriums gehören; vgl. Rittner 1979:97) und das Kraftfahrt-Bundesamt benennen. Dabei gilt nach Stein (1967:246), daß eine gewisse Selbständigkeit den Behörden ein größeres Gewicht und eine größere Unabhängigkeit gegenüber den zu Kontrollierenden gibt.

Die Ausübung von Aufsichtsfunktionen durch Behörden war immer unumstritten. Anders verhält es sich mit der Aufsicht durch andere staatliche und nichtstaatliche Institutionen. Noch 1937 stellte Breit ohne Einschränkung fest: "Nur Behörden können Staatsaufsicht ausüben" (ders. 1937:45). Dies ist heute so nicht mehr haltbar; zunehmend werden auch von anderen Institutionen solche Aufsichtsfunktionen ausgeübt: Als bundesunmittelbare **Anstalten des öffentlichen Rechts** wirken beispielsweise die Bundesanstalt für den Güterfernverkehr und die Deutsche Bundesbank. **Öffentlich bestellte Privatpersonen** (deren Betrauung mit Aufsichtsaufgaben Breit (1937:45) noch strikt abgelehnt hatte) sind u.a. die schon angesprochenen Wirtschaftsprüfer und auch die technischen Sachverständigen für das Kraftfahrzeugprüfungswesen. Teilweise besitzen auch die **Unternehmens-**

verbände Aufsichtsbefugnisse über ihre Mitglieder; dies gilt insbesondere für die Bereiche, in denen Kammern eingerichtet sind.
Ordentliche **Gerichte** haben bei der Wirtschaftsaufsicht in der Regel nur geringe Kompetenzen, dies gilt aber nicht für die Berufsgerichte einzelner Bereiche.

4.1.2 Kompetenzprobleme

Die Aufsichtsbehörden und -instanzen sind mithin organisatorisch stark zersplittert. Es existieren viele verschiedene, isoliert nebeneinander arbeitende Aufsichtsbehörden und -interessen (vgl. dazu auch die Aufstellung bei Stein 1967:234). Dabei ergeben sich auf der einen Seite Fälle, in denen einzelne Wirtschaftsbereiche doppelt überwacht werden (wie etwa die Sparkassen, die der Sparkassenaufsicht **und** der Bankenaufsicht unterliegen; vgl. Frick 1962:22f), andererseits werden wichtige Bereiche der Wirtschaft gar nicht oder nicht in angemessener Weise überwacht (Stein (1967:235) nennt hierzu den Stahlbereich).
Solche "positiven und negativen Kompetenzkonflikte" (Stein 1967:236) sind die Folge der schon geschilderten, historisch bedingten Zersplitterung der Aufsichtsbehörden und Aufsichtskompetenzen. Zudem ist das Verhältnis der Behörden zueinander rechtlich weitgehend ungeordnet.

4.1.3 Reformvorschläge

Um der Zersplitterung der verschiedenen Behörden entgegenzuwirken, gibt es den Vorschlag, ein **einheitliches Aufsichtsamt** als **selbständige Bundesbehörde** einzurichten (vgl. Stein 1967:240 und 165f; ders. 1972:2006).
Stein macht auch Vorschläge zur Umordnung der Arbeit der Wirtschaftsaufsichtsbehörde(n): Um die Effektivität der Wirtschaftsaufsicht zu erhöhen, sollte zum einen der Außendienst gegenüber dem Innendienst verstärkt werden, zum anderen die Überwachung gegenüber der Berichtigung und der Verhängung von Sanktionen in den Vordergrund treten (ders. 1967:179).

Angesichts der Tatsache, daß es noch nicht einmal in **einem** Aufsichtsbereich, etwa der Apothekenaufsicht, gelingt, die verschiedenen Überwachungszuständigkeiten zusammenzufassen (die Apotheken unterliegen u.a. noch der bauaufsichtlichen und lebensmittelrechtlichen Aufsicht, sowie der Aufsicht durch die Finanzverwaltung und die Berufsgenossenschaft; vgl. Pfeil/Pieck 1970:233), müssen die Chancen einer solchen Zusammenfassung der verschiedenen Aufsichtsbehörden und Aufsichtskompetenzen aber als gering eingeschätzt werden. Neben bekannten verwaltungsinternen Gründen, die einer solchen Reform entgegenwirken (eine Zusammenfassung bedeutet Kompetenz- und damit auch Prestigeverlust für die 'entmachteten' Behörden) gelten sicher auch für andere Bereiche die sachlichen Bedenken, die Pfeil/Pieck (1970:233) für die Apothekenaufsicht anmelden:

> "Wenn es auch aus der Sicht des Apothekenleiters zu begrüßen wäre, die Aufsicht in der Apotheke nur durch eine Behörde durchführen zu lassen, so muß eine solche Regelung daran scheitern, daß die Kontrollbeamten bei der Vielzahl der zu beachtenden Vorschriften fachlich überfordert wären."

4.2 Aufsicht und Beaufsichtigte

4.2.1 Aufsicht und Fachwissen

Im Gegensatz zur *Spezialisierung der Aufsichtsbehörden* ist die *Spezialisierung der Aufsichtspersonen* offensichtlich kein Thema der Aufsichtsdiskussion: Zwar nennt Schäffer (1978/79:4) die Vollziehung durch fachlich spezialisierte Verwaltungsorgane ein "typisches Merkmal der Wirtschaftsaufsicht"; aber er, wie auch andere Autoren, widmet sich kaum der Frage, welche Auswirkungen eine solche fachliche Dominanz auf die Grundeinstellungen und die Verfahrensweisen der Aufsichtsbehörden hat. Daß die Errichtung der Fachbehörden zum Teil in der Folge der Errichtung beratender Gremien zur Unterstützung der allgemeiner Verwaltung erfolgte, hat schon Haenel (1892:300) ausgeführt:

> "Die Organisaton der Beaufsichtigung aber weist eine doppelte Erscheinung auf. Zu einem Teil ist die Beobachtung und Ermittlung ungetrennter Bestandteil der Kompetenz der nach anderweitigen Gesichtspunkten geordneten Organe des Staates. Zu einem anderen Teil ist dieselbe die besonderer Kompetenz besonderer Behörden im Dienste der Förderung der Wissenschaft oder praktischer Zwecke."

Für die Apothekenaufsicht im speziellen ergänzte schon Robert von Mohl (1844:214):

> "Am zweckmäßigsten werden dieselben *(regelmäßige Untersuchungen; der Verf.)* natürlich durch Männer vom Fach angestellt, also entweder durch Apotheker, welche Mitglieder der vorgesetzten Medizinalbehörde sind, oder durch Ärzte, welche selbst früher praktisch die Apothekerkunst betrieben. Die bloße Geschicklichkeit des Arztes reicht nicht zur zweckmäßigen Untersuchung einer Apotheke hin."

Daß solche Spezialbehörden (und spezialisierten Verwaltungsteile in allgemeinen Behörden - wie bei der Apothekenaufsicht z.T. zu sehen ist) durch ihre Loslösung von der Organisation der allgemeinen Verwaltung eine "partielle Selbständigkeit" erreichen, stellt schon v.Eynern (1958:15f) fest. Er deutet auch an, worin die

Bedeutung dieser sachverständigen Sonderbehörden liegt und welche Vorteile sie gegenüber der allgemeinen Verwaltung haben:

> "Der bürokratische, vom Wechselspiel des politischen Lebens mehr oder minder abhängige Staatsfunktionär, der womöglich im Rufe steht, kleinlich formaljuristisch zu denken, ein Fremdling in der Wirtschaft, ist hier zugunsten des Sachverständigen zurückgedrängt."

Diese Unterscheidung unterstellt aber, daß der Einsatz von Sachverständigen automatisch zu mehr Objektivität, Gerechtigkeit und Flexibilität führen muß. Dem mag man im Hinblick auf mehr Flexibilität noch zustimmen; daß die Zuziehung von Fachleuten aber in einigen nachgewiesenen Fällen **gerade nicht** zu mehr Objektivität - und damit auch zu mehr Gerechtigkeit - führt, zeigt sich bei der Regulierung einzelner Wirtschaftsbereiche durch unabhängige Kommissionen in den USA:

> "Während bei der Erstellung allgemeiner Regeln zumindest die Chance besteht, daß aufgrund ihrer großen politischen Bedeutung Gruppeninteressen beiseite gedrängt werden *(es sollte wohl besser heißen 'ausgeglichen werden'; der Verf.)* ist dies bei der Ernennung und Wahl von Kommissaren unwahrscheinlich. Hier kommt am ehesten der Fachmann zum Zuge, der überwiegend die Partikularinteressen repräsentiert." (Müller/Vogelsang 1982:152)

Gerade in der Regulierungstheorie wird diesen personellen Zuordnungen und Verhaltens-Aspekten bei der Regulierung wenig Aufmerksamkeit geschenkt (so z.B. für die Apothekenaufsicht bei Müller/Vogelsang 1979:304). Der Vergleich zur herkömmlichen Wirtschaftsaufsicht ist hier zwar nicht ganz schlüssig, da es dort in weiten Bereichen (etwa der Apothekenaufsicht) nicht direkt um den Ausgleich verschiedener Interessen und Interessengruppen geht. Aber der Gedanke, daß die Aufnahme von Fachleuten nun zumindest **die Interessen dieser Fachleute** in den Aufsichtsprozeß mit einbringt, soll hier aufgenommen werden - verstärkt um den Aspekt, daß es bei der staatlichen Apothekenaufsicht um die Beaufsichtigung von Standeskollegen geht!

4.2.2 Die Entwicklung der Aufsicht durch Fachleute - Hypothesenentwicklung für Teil II und Teil III

Aus den Ausführungen über das Wesen der Staatsaufsicht im allgemeinen sollen nun für die Untersuchung der Apothekenaufsicht Preußens und des Landes Nordrhein-Westfalen **drei Untersuchungshypothesen** abgeleitet werden, wobei insbesondere die eben aufgezeigten Defizite der Aufsichtstheorie hinsichtlich der Beteiligung von Fachleuten einbezogen werden.

In Ergänzung zu den Ausführungen hinsichtlich der gegenwärtigen Beteiligung von Fachleuten am Aufsichtsprozeß soll zunächst auf die Entwicklung dieser fachlichen Aufsicht eingegangen werden, die ja nicht aus dem Nichts entstanden ist, sondern sich aus anderen Beaufsichtigungsformen entwickelt hat:

I. **Die Apothekenaufsicht in Preußen-Deutschland hat sich immer mehr spezialisiert. Wurde die Aufsichtstätigkeit zu Beginn der staatlichen Beaufsichtigung noch von Fachfremden ausgeführt, so setzte sich später eine Beaufsichtigung durch Fachleute (zunächst Ärzte) durch. Auf dem Umweg über beratende Gremien wurden auch die Betroffenen in die Aufsicht integriert (Spezialisierungshypothese).**

Die Aufsichtstheorie weist auf die Spezialisierung der Aufsichtsbehörden in einem historischen Prozeß, der durch neue Notwendigkeiten und Gefahrenmomente gesteuert wurde, hin. Es soll anhand der Apothekenaufsicht gezeigt werden, daß sich parallel zu diesem Aufkommen neuer Aufsichtsbehörden **innerhalb** der allgemeinen Staatsentwicklung eine Veränderung der Aufsichtsbehörden hin zu größerer Zentralisierung vollzogen hat. Deshalb:

II. **Die Apothekenaufsicht im preußisch/nordrhein-westfälischen Rechtsgebiet ist im historischen Ablauf immer stärker zentralisiert worden, sowohl was die Rechtsetzungskompetenz, als auch was die Überwachung der beaufsichtigten Apotheken angeht. Diese Entwicklung verlief parallel zu der zunehmenden fachlichen Ausrichtung der Apothekenaufsicht (Zentralisierungshypothese).**

Bei der Darstellung der Apothekenaufsicht an sich soll gezeigt werden, daß nicht allein die sachlich notwendigen Gründe (im Sinne der Gefahrenabwehr) für die Einrichtung, Beibehaltung und Fortentwicklung der Aufsicht maßgebend war, sondern, daß - wie in Kap. 1.2.2 schon angesprochen - auch **die Beaufsichtigten** ein reges Interesse nicht nur an der Beibehaltung der Aufsicht, sondern zugleich auch an der Lenkung der Aufsicht in ihrem Sinne hatten und haben, und daß die Aufsicht über die Apotheken untrennbar mit dem ökonomischen Erfolg und dem Fortbestehen dieser Wirtschaftseinheiten verbunden ist - zum Vorteil wie zum Nachteil der Beaufsichtigten:

III. **Die Gestaltung, der Inhalt und die Durchführung der staatlichen Apothekenaufsicht sind von den Apothekern beeinflußt worden. Die Einengung des 'öffentlich gebundenen' Unternehmens Apotheke wurde von den Betroffenen immer auch als Chance zur Wahrung von Privilegien und Vorrechten genutzt ('Kaper'-Hypothese).**

Teil II: Apothekenaufsicht in Preußen

5. Das deutsche Apothekenwesen und seine Beaufsichtigung im Mittelalter

5.1 Ursprünge des Apothekenwesens

5.1.1 Griechische und orientalische Einflüsse

Die ersten Apotheken (oder besser: ihre Vorläufer) stammen aus dem arabischen Raum, wo schon um das Jahr 800 von Apotheken gesprochen werden kann (Günzel 1905:5; Hoffmann 1961:19; Müller-Hester 1952:943). Aufbauend auf Erfahrungen der Antike wurden dort schon zwischen den Jahren 1000 und 1200 bedeutende medizinische Werke verfaßt (Urdank/Dieckmann 1954:22f). Die geistigen Grundlagen dafür schuf die antike griechische Wissenschaft, welche die Pharmazie aus der - noch bei den Ägyptern vorherrschenden - mystisch-religiösen Bindung löste und ihr ein chemisch-wissenschaftliche Gerüst gab. (Hoffmann 1961:19)
Im 11. und 12. Jahrhundert wurden die bei den Arabern schon weit entwickelten Kenntnisse über die Apothekerkunst nach Europa gebracht (Müller-Hester 1952: 943). Die erste Apotheke in Mitteleuropa wurde im 11. Jahrhundert in Neapel gegründet. Bis dahin waren Arzneimittel fast ausschließlich durch Ärzte, zu einem kleinen Teil auch durch Mönche hergestellt worden, welche "in Klostergärten Arzneikräuter züchteten, was eine Aufgabe des 'Frater stationaricus' oder 'aromaticus' war" (Hornung 1955:16; vgl. auch Urdang/Dieckmann 1954:212f; Günzel 1905:3). Die erste behördliche Kontrolle der Arzneimittelherstellung ist ebenfalls 'voreuropäisch': schon aus byzantinischer Zeit lassen sich Polizeiverordnungen des Kaisers Leo über den Geschäftsbetrieb der Salbenmacher nachweisen (Schmidt 1927:1108); ebenso eine staatliche Beaufsichtigung in Bagdad um das Jahr 700 (Hornung 1955:16).
Zwei Veränderungen ermöglichten das Aufkommen des Apothekenwesens in Deutschland. Zum einen wurde durch das Aufblühen der befestigten Städte die Voraussetzung zu einem verstärkten Handel gegeben "und gerade wie im antiken Griechenland und Rom die antiken Salbenbereiter, so (hielten) jetzt in Deutschland ihre Nachfolger, die italienischen und französischen speciali und speciatores ihren Einzug" (Schmidt 1927:1108). Zum anderen gewann die Herstellung von Arzneimitteln an Bedeutung und an Umfang: die Arzneimittelbereitung wurde komplizierter, und Arzneimittel und die Stoffe zu ihrer Bereitung

mußten vorrätig gehalten werden. Dies verlangte eine Spezialisierung und verursachte Kosten. So spalteten sich von den Kaufleuten die Apotheker ab; ihren gewerblichen Charakter hat die Apothekerkunst aber immer behalten (Hoffmann 1961:20; Günzel 1905:3).

5.1.2 Die Medizinalordnung Friedrichs II.

Im Jahr 1240 - der genaue Zeitpunkt war lange umstritten, kann aber heute als gesichert gelten (Müller-Hester 1952:943) - erließ der Hohenstaufenkaiser Friedrich II. eine Medizinalordnung, deren Geltungsbereich sich zwar auf sein Königreich Beider Sizilien beschränkte (Lewinsky 1917:2; Hoffmann 1961:21), die aber darüber hinaus zum "Grundpfeiler für den Aufbau der deutschen Apothekengesetzgebung" (Adlung 1931:13) wurde. Ob die Medizinalordnung auf frühere französische Ordnungen (Arles) zurückzuführen ist, ist strittig (vgl. Adlung 1931:11; Urdan/Dieckmann 1954:24), ändert aber nichts an ihrer grundsätzlichen Bedeutung. Entscheidend ist, daß die Medizinalordnung alle geltenden Grundsätze des Apothekenwesens schon normierte:

- die **persönliche und sachliche Trennung von Arzt und Apotheker;**
- die **behördliche Überwachung** der Apotheken;
- die **Verpflichtung auf ein Rezept** bzw. ein einheitliche **Arzneibuch;**

als Grundprinzipien. Auch die darüber hinaus in einigen Ländern geltenden Grundsätze

- der Beschränkung der Apothekengründungen auf bestimmte Orte mit staatlicher Genehmigung;
- und des Verkaufs der Arzneimittel zu vorgegebenen Preisen;

finden sich - jedenfalls im Grundsatz - ebenfalls dort (vgl. Hein/Sappert 1957:101).

Neben dem Verbot der geschäftlichen Gemeinschaft von Arzt und Apotheker und der Einführung eines öffentlichen Arzneibuches und einer Arzneitaxe sind

> "... die behördliche Überwachung der Apotheken, eine staatliche Genehmigungspflicht, die Prüfung der confektionarii, ihr Diensteid und endlich die Strafbestimmungen bei Übertretungen der gesetzlichen Vorschrift ... auch heute nach über 700 Jahren noch die Hauptstützen der modernen Apothekengesetzgebung." (Müller-Hester 1952:944)

Ob die Medizinalordnung - wie von Apothekern gerne behauptet - der "Sicherung der Apotheken durch zahlenmäßige Beschränkung und durch Schaffung von Monopolen" (Hoffmann 1961:20) dienen sollte, mag Spekulation sein. Jedenfalls läßt sich aus der Formulierung, daß Apotheken nur auf Grund einer besonderen Erlaubnis errichtet werden sollten, schließen, daß vorher Niederlassungsfreiheit für sie bestand (so Adlung 1931:11) - mit den wirtschaftlichen Problemen, die durch die zunehmende Spezialisierung enstanden, und auf die schon eingegangen wurde. In jedem Fall wurde die Verbreitung der Apotheken durch die Medizinalordnung des Kaisers stark gefördert (Müller-Hester 1952:943). Die Übertragung der Ordnung auf deutsche Städte erfolgte wahrscheinlich durch Ärzte, die an der Medizinschule von Salerno studiert hatten und nach Deutschland zurückkehrten (Adlung 1931:12; Hein/Sappert 1957:102); eine Rolle bei der Verbreitung im Osten Deutschlands könnte auch der Deutsche Ritterorden gespielt haben, der erst 1309 seinen Hauptsitz von Venedig auf die Marienburg an der Nogat verlegte (Hein/Sappert 1957:103; vgl. dazu auch Valentin 1928:5 f).

5.2 Das Apothekenwesen des Mittelalters in Deutschland

5.2.1 Von der Spezialisierung zur Professionalisierung

Die Herausbildung von 'Apotheken' ist zeitlich nicht genau festzulegen; die Formulierung von Schelenz "an der Wende des XIII. Jahrhunderts" (1904:369) kann aber als Richtschnur übernommen werden: "Bis zum 14. Jahrhundert gab es in Deutschland noch keinen Apothekerstand im heutigen Sinn" (Günzel 1905:8; vgl. auch die längeren Ausführungen bei Schmitz 1961:289). Die Versorgungsaufgaben der Apotheker wurden vorher von Händlern wahrgenommen. Wann sich aus diesen "Kaufleuten und Gewürzkrämern die Apotheker entwickelten, steht jedoch nicht genau fest." (Müller-Hester 1952:945) Mit der Zahl der Arzneimittel und der gesteigerten Vorratshaltung wuchsen auch die wirtschaftlichen Probleme dieser frühen Apotheker:

> "Das Apothekergewerbe war damals zweifellos das Gewerbe, dessen Betrieb die meisten Schwierigkeiten verursachte. Die Errichtung der Apotheken war sehr kostspielig, die Versorgung mit Drogen war kostspielig, umständlich, oft unerreichbar. Die Zahl der wirklich brauchbaren Arzneimittel war eine geringe, der Umsatz der Apotheken ein kleiner ... Die hohen geschäftlichen Unkosten, die teuren Gefäße, Gerätschaften und Drogen verlangten eine große Kapitalanlage." (Radeke 1912:12)

Damit wuchs natürlich auch das Interesse der Mediziner, die Beschwernisse der Arzneimittelherstellung von sich fern zu halten - dies förderte wiederum die Spezialisierung innerhalb der gesamten Heilkunde (vgl. Schmitz 1965:1912).

Auf die Rolle der Zünfte bei der Regelung wird im nächsten Unterkapitel eingegangen. Hier sei vorweggenommen, daß es eine einheitliche Regelung der Zunftzugehörigkeit der Apotheker - die in den meisten Städten von zu geringer Zahl waren, um eine eigene Zunft zu bilden - nicht gab:

> "Teils paßte es dem Apotheker nicht, in einer anderen Zunft mitzulaufen, teils wußte man nicht, wohin man ihn tun sollte. So bildete sich die Sonderstellung des Apothekers, die er sich bis heute gewahrt hat, schon damals aus." (Radeke 1912:16; vgl. auch Stoll 1975:95; Urdang/Dieckmann 1954:59)

Zum Teil traten Apotheker Zünften bei, natürlich besonders dort, wo Zunftzwang herrschte; sie nahmen sogar führende Stellungen in Zünften ein (vgl. Urdang/Dieckmann 1954:59). Der Schutz, den ihnen die Zünfte aber nicht gewährten, konnte hier nur die Obrigkeit bieten. So bildete sich eine 'deutsche' Lösung heraus:

> "Während bis zur französichen Revolution in Westeuropa, Italien und England die Zünfte durch Monopolisierung des gesamten Berufslebens Handel und Gewerbe auch der Apotheker regelten, erhielten und bewahrten bis heute die Apotheker der deutschen Kultursphäre ein mehr oder weniger offizielles Attribut durch ihre engen Beziehungen zur Obrigkeit." (Hein/Sappert 1957:105; so auch Urdang/Dieckmann 1954:59)

Ihre wirtschaftlichen Bedürfnisse ließen den Apothekern offenbar auch keine andere Wahl: Von den Privilegialrechten der Zünfte ausgeschlossen, mußten sie versuchen, "allein für sich ein Privilegium zu erhalten." (Radeke 1912:16; Martens 1955:12) Die Privilegien verlängerten so den schon bestehenden staatlichen Schutz vor Konkurrenz (Martens 1955:16). Die Apothekengeschichtsschreibung geht zum Teil sogar soweit, diesen rechtlichen Schutz genauso wie die handwerkliche Kunst zu einem **Grundbestandteil** des Apothekergewerbes zu machen:

> "Von einem Apotheker können wir erst sprechen, wenn dieser die Zubereitung von Arzneien nach ärztlicher Vorschrift oder eigenem Rezept verstand und die Herstellung unter behördliche Kontrolle gesetzt wurde." (Müller-Hester 1952: 945)

Und da die 'öffentliche Hand' an einer geregelten Arzneimittelversorgung der Bevölkerung interessiert war und um deren Schwierigkeiten wußte, gedieh das Verhältnis zu beider Seiten Zufriedenheit:

> "So wurden Rechte über Rechte auf die Apotheker gehäuft, nur um sie lebensfähig zu halten. Zu den Apothekengerechtigkeiten verlieh man ihnen Schank-, Brennerei- und Brauereigerechtigkeiten. Der Handel mit Zuckerwaren, Gewürzen, Wachsen und Weinen war oft nur ihnen erlaubt, der Handel mit Materialwaren mußte die kleinen Apotheken nicht selten über Wasser halten." (Radeke 1912:2f; Schaefer (1980:13) berichtet dasselbe für Ostfriesland; Valentin (1928:6) für Ostpreußen.)

Diese Protektion blieb natürlich nicht ohne Folgen für das Selbstverständnis der Apotheker. Zusammen mit dem steigenden Arzneimittelbedarf brachte diese Entwicklung eine Steigerung des Prestiges der Apotheker mit sich:

> "Die soziale Stellung des Apothekers hob sich, da er sich von den Krämern und Händlern absonderte, und nachdem den Ärzten die Arzneimittelbereitung entzogen worden war, mehr den gelehrten Ständen zuzählte." (Günzel 1905:12).

Nicht Mitglied in einer Zunft zu sein, war nun für Apotheker kein Nachteil mehr - im Gegenteil: "... sie wehrten sich sogar mit allen Mitteln gegen die Aufnahme in die Kramerzunft. Sie führten nunmehr die Bezeichnung Meister, Herr oder Magister und gingen in Patrizierkleidung einher." (Müller-Hester 1952:945) Diese Stellung brachte es mit sich, daß die nun geachteten Apotheker sich mit der Ordnung der Welt, so wie sie war, zufrieden zeigten. Es ist verständlich, "daß des Apothekers Gesinnung in politischer Beziehung vermutlich, dank seiner Halbbeamten-Stellung und seinem Platz im Gesellschaftsleben, die eines 'Konservativen' war" (Schelenz 1904:463).

5.2.2 Städtische Apothekerordnungen

Aus dem 13. und 14. Jahrhundert sind insgesamt über 60 Apotheken in verschiedenen Städten des Reiches überliefert (Müller-Hester 1952:947). Apothekerordnungen oder ähnliche Verfügungen sind wesentlich weniger bekannt (ebd. 944). Zugänglich sind noch u.a. die Apothekerordnungen von Basel (1271-1322), Breslau (erlassen durch Kaiser Karl IV., 1336-1350) und Konstanz (1387; vgl. Reidel 1927:1114). Die Frage, ob und wie Apothekenvorschriften erlassen wurden, hing wesentlich von der 'Verfassung' der Städte ab - patrizisch-zünftisch regierte Städte unterschieden sich dabei wesentlich von rein partizisch regierten Städten:

> "Die Zünfte betrachteten die Apotheken vorwiegend als Handelsbetriebe. Ihre gewerbepolitischen Überlegungen richteten sich in der Hauptsache auf die Kontrolle des Marktes und der Warenqualität sowie auf die Erwerbssicherung ihrer Mitglieder. Die Städte mit patrizisch regiertem Rat dagegen behielten in erster Linie die Versorgung der Bevölkerung mit Arzneimitteln im Auge und betrachteten die Apotheken vorrangig als Medizinaleinrichtungen ..." (Stoll 1975:91)

In Städten ohne (nennenswerte) Zünfte versuchten die Räte, die Bedeutung des Apothekenwesens durch Bestallungen zu erhöhen: die Apotheker erhielten dort eine **öffentlich-rechtliche Stellung**, die derjenigen der Stadtärzte glich. (Stoll 1975:93) Die Berufung eines tüchtigen Apothekers stellte für die Städte mitunter ein Problem dar, mußten sie doch ihren Bürgern eine ordnungsgemäße Arzneimittelversorgung sichern. (Gittner 1950:790) Die zunehmende wirtschaftliche Attraktivität der Apotheken wirkte sich dann auch umgekehrt aus. So war schon vor 400 Jahren die 'Pflege des politischen Umfeldes' für den Unternehmer Apotheker von Bedeutung. Beispielsweise stellte der Rat von Bunzlau 1590 bei der Ausgabe eines Apothekenprivilegiums folgende Bedingungen:

> "1. Ein anständiges Neujahrsgeschenk für alle Ratsmitglieder, für diese auch freie Medizin;
> 2. freies Spiegelwachs und Tinte für den Rat und Schöffenstuhl und
> 3. wird dem Apotheker angeraten, dem Stadtphysikus bei dem täglichen Morgenbesuch in der Apotheke ein anständiges Frühstück vorzusetzen."
> (zit. nach Hornung 1955:22)

Zuweilen wurden die Apotheken auch direkt auf Kosten der Städte betrieben (z.B. in Nürnberg 1350, Hamburg 1350, Augsburg und Hannover im 15. und 16. Jahrhundert; vgl. Günzel 1905:9; Urdang/Dieckmann 1954:62f); die Apotheker traten dort gewissermaßen als Beamte der Stadtverwaltung auf (Günzel 1905:10). Solche Stadtapotheken gab es aber nur in Städten mit patrizisch regiertem Rat (Stoll 1975:152). Hierbei wurde im Norden und Süden Deutschlands unterschiedlich verfahren: in Norddeutschland blieb die Apotheke mit ihrer gesamten Einrichtung Eigentum der Stadt, der Apotheker wurde von der Stadt besoldet; in Süddeutschland stellte die Stadt nur die Apothekenräume zur Verfügung, der Apotheker betrieb sein Gewerbe in eigener Regie (ders. 1975:152). In den nächsten Unterkapiteln wird hier noch von einigen - zumeist fehlgeschlagenen - Versuchen der 'Sozialisierung' des Apothekenwesens zu berichten sein.
Wenn der Weg der 'privaten' Apotheke gewählt wurde, wurde oftmals keine Apothekerordnung erlassen, sondern die Rechte und Pflichten des Apothekers detailliert im Apothekereid festgehalten (vgl. Stoll 1975:89). Wo es Apothekerordnungen gab, legten diese oft erstaunlich genau die Pflichten der Apotheker und die Strafen bei Übertretungen fest. So mußten die Apotheker nach der Magdeburger Apotheker-Ordnung von 1577 auf den Rezepten nicht nur die "Tax unten auff", sondern "auch der Tag, Monat und das Jahr daneben" vermerken und die Breslauer Apothekerordnung von 1618 sah hierzu eine genaue Namensangabe, das genaue Ausfertigungsdatum und einen Kopierzwang vor! (vgl. Gittner 1950:788 bzw. 790) Schon die Stuttgarter Apothekerordnung von 1486 hatte für jedes empfangene Rezept zwei abzulegende Durchschläge verlangt (vgl. Phillippe/

Ludwig 1858:1002f). Die Strafen bei Übertretungen waren zum Teil von bestechender Einfachheit: Die Kölner Apothekerordnung von 1478, die Visitationen durch Abgeordnete des Rates und der Fakultät anordnete (Berendes 1907:114), sah bei Vergehen vor, daß der Apotheker 8 bis 14 Tage seine Fenster nicht öffnen durfte, was ihn wohl oder über zur Einstellung seines Betriebes zwang! (vgl. Adlung 1931:84f)

5.2.3 Kontrollen durch die Ärzte

Die Trennung von Ärzten und Apothekern vollzog sich in Deutschland etwa ein Jahrhundert später als in Südfrankreich oder in Süditalien. Die Vormundschaft der Ärzte blieb aber noch lange bestehen; sie "äußerte sich vor allem in der Aufsicht, die die Ärzte über die Apotheker ausübten" (Hoffmann 1961:21). Da es auf der anderen Seite auch Kontrollrechte der Apotheker gab (etwa über die Rezeptpflicht) verfügte die Obrigkeit über eine **gegenseitige Kontrolle** der beiden Medizinalgruppen "zum Nutzen des öffentlichen Gesundheitswesens" (ders.1961:20). Zudem fand sich etwa in der Bremischen Apothekenordnung von 1644 und der Hamburgischen Ordnung von 1711 die Bestimmung, daß der Arzt dem Apotheker den Schaden ersetzen mußte, der dann entstanden war, wenn der Arzt Arzneien nur ein- bis zweimal verschrieben hatte und eine deshalb angeschaffte oder hergestellte größere Menge verdarb. (Hornung 1955:22 bzw. 25)
Dieses 'Aufeinander-angewiesen-Sein' hatte die in solchen Fällen üblichen menschlichen Folgen: Zwischen Apothekern und Ärzten bildete sich ein "Geschenkverhältnis" (Schelenz 1904:344). Die Unterbindung solcher Bestechungen gehört zu den ältesten Regelungen des Apothekenwesens. So ordnete schon die Konstanzer Apothekerordnung von 1387 an, "daz kein appateger ein kainen arzat nit geben sol von den sachen und den spezereyen" (zitiert nach Schelenz 1904:344). Auch die Stuttgarter (1482) und die Ulmer Apothekerordnung (1491) kannten solche Bestimmungen: nur zu Weihnachten und zu St. Martin durfte der eine den anderen mit einem Geschenk 'ehren' (Adlung 1931:85). Trotz dieser Bestechungen war die gegenseitige Liebe und Hochachtung nicht immer groß: So verspottete Paracelsus 1527 als Basler Stadtarzt die dortigen Apotheker, sie seien "Suppenwüst, Sudelköche, die in der Küche nur rumpeln, umspülen, sudeln und delken, aller Büberei voll sind und Schwaderlappen machen, welche die Säue nit mögen", andererseits aber die Geschicklichkeit besäßen, pompöse Häuser zu bauen, seidene Schauben zu tragen, auf Eseln zu reiten, Ratsherren und Bürgermeister zu werden und auf die oberen Trinkstuben zu den nobleren Herren zu gehen. (vgl. Betschart 1941:58)

Eine erste Kunde von Revisionen liegt uns aus dem Jahr 1442 vor, als der Rat der Stadt Nürnberg die Bildung einer Revisionskommission aus zwei Ratsherren und den Stadtärzten anordnete. (Berendes 1907:116) In der zweiten, um 1500 erschienen Konstanzer Apothekerordnung fanden sich genaue Bestimmungen darüber, wie die Apotheker von den Ärzten zu visitieren waren. Diese Ordnungen zeigten, "wie sehr der damalige Apotheker von den Ärzten abhängig war": alljährlich wurden Kräuter, Blüten, Wurzeln und die Geräte und Abläufe der Arzneimittelherstellung von den Ärzten genau geprüft (Reidel 1927:1114). Aus dieser Situation heraus sind auch die vom Selbstmitleid des ganzen Standes geprägten Ausführungen von Berendes (1907:147) zu verstehen:

> "Was die Stellung des Apothekers und seine äußeren Verhältnisse betrifft, so ging er seiner geringen wissenschaftlichen Bildung entsprechend nicht über den Handwerker hinaus. Er stand vollständig unter der Aufsicht und Kontrolle des Arztes, so daß sich dessen Leben hauptsächlich in der Apotheke abspielte."

Wenn man das im vorigen Unterkapitel über die soziale Stellung des Apothekers Gesagte nimmt und in der Frage der Revisionen bedenkt, daß etwa in Nürnberg 1575 alle acht Apotheken an einem einzigen Tag revidiert wurden (Schelenz 1904:461), erkennt auch Berendes an, daß die Sache "nicht aufregend" (1907:144) gewesen sein konnte. Der Wirklichkeit am nächsten kommt wohl die Schilderung von Schelenz (1904:461; ähnliche Ausführungen finden sich bei Schaefer 1980:15), über den Ablauf einer typischen Apothekerrevision, die deshalb hier vollständig wiedergegeben werden soll:

> "... wurde sie, wie jede Prüfung, keineswegs als Annehmlichkeit empfunden. Erleichtert atmete sicher alles, was zur Apotheke gehörte auf, wenn das Protokoll unterzeichnet war und wenn die gestrengen Herren der Abordnung nichts oder nur weniges zu 'monieren' gefunden hatten, oder man murrte mit mehr oder weniger Grund über die gezogenen Monita.
> Wie nach jeder schweren Stunde das Gefühl nach Speise und, fast mehr noch, nach Trank rege zu werden pflegt, wie man sich sehnt, die Gabe Gottes froh in Gesellschaft Gleichgesinnter zu genießen, so hatte auch der Apotheker dasselbe Beürfnis, und nicht allein als höflicher und gelehrter, an akademische Sitte sich erinnernder, sondern auch als berechnender Geschäftsmann lud er seinen, wenn auch nur mit bittersüßem Lächeln empfangenen Besuch zu einem Schmaus ein, bei dem, im umgekehrten Verhältnis zur Zahl der Monita jedenfalls stehend, Flaschen selbstbereiteten Clarets, Lautertrank, Aquavite, würzigsüße Konfekte u. dgl. aufgefahren wurden. Von solchen Visitationsschmäusen wird häufig genug berichtet."

5.3 Das Aufkommen überregionaler Regelungen des Apothekenwesens

5.3.1 Regelungen durch das Reich

Die erste reichsrechtliche Regelung der Apothekenaufsicht stammt aus der Mitte des 15. Jahrhunderts: In der 1440 in Basel von Kaiser Sigismund erlassenen Reichspolizeiordnung wurde in Kap. XII die Schaffung von besoldeten Meister- oder Stadtärzten (Physikern) in allen Reichsstädten angeordnet, zu deren Aufgaben auch die Besichtigung der Apotheken gehörte. (Phillippe/Ludwig 1858:998. Andere Quellen nennen ein anderes Jahr: Adlung (1931:84) nennt 1436, Rapmund (1901:14) spricht von 1426, Lewinsky (1917:6) gar erst von 1496.
In der 1533 vom Reichstag zu Regensburg unter Kaiser Karl V. erlassenen 'Peinlichen Gerichtsordnung' (Constitutio criminalis Carolina) fanden sich auch Bestimmungen über den Verkauf von Giften (Vereidigung der Apotheker, schwere Strafen für Fälschungen von Maßen, Gewichte und Waagen). Damit war eine erste **für das ganze Reich geltende** Regelung des Apothekenwesens erlassen worden; sie wurde zur Grundlage für alle späteren Verordnungen auf diesem Gebiet. (Adlung 1929:1160; vgl. auch Hornung 1955:21)
Die sich im 16. Jahrhundert herausbildende Krise des Apothekenwesens - die (gemessen an der Bevölkerungszahl) zu große Zahl der Apotheken schuf Existenzprobleme für die Apotheker und gefährdete damit die Arzneimittelversorgung der Bevölkerung - veranlaßte Kaiser Karl V., in die nach dem Reichstag zu Augsburg 1548 beschlossene 'Reformation guter Polizei' in Artikel 38 auch Bestimmungen über die Apothekenaufsicht aufzunehmen: Apotheken sollten durch Sachverständige jährlich wenigstens einmal visitiert werden, um eine sichere Arzneimittelversorgung zu garantieren (Adlung/Urdang 1935:93; Meyer 1893:223; Fischer 1933:173 spricht von Art. 33). Die Ordnung schrieb vor:

> "... gute Ordnung und Reformation darin fürzunehmen und den Materialien gebührenden Wert setzen zu lassen, damit ein Jeder umb sein Geld gute, frische und tügliche Materialien und Artzney bekommen und haben möge." (zit. nach Hellwig 1906:119)

Diese Verordnung blieb offensichtlich erfolglos (Adlung 1929:1161), und so nahm Kaiser Rudolf IV. 1577 nach dem Reichstag zu Frankfurt in seine Reichspolizeiordnung in Art. 34 noch einmal die Anordnung auf, daß die Apotheken wenigstens einmal jährlich durch Sachverständige zu visitieren seien, die dabei auf gute Arzneimittel und die Einhaltung der Arzneitaxe zu achten hatten. (Adlung 1929:1616; Lewinsky 1917:6)

5.3.2 Regelungen durch die Länder

Die Veränderungen im politischen Gefüge des Reiches spiegelten sich auch in der Gesetzgebung über das Apothekenwesen wider. Diese Gesetzgebung wurde bis zum 16. Jahrhundert überwiegend von den Städten getragen, ging dann aber mehr und mehr auf die Fürsten über:

> "... der stetige politische Niedergang der Städte hatte u.a. die Folge, daß die Apothekengesetzgebung und die damit zusammenhängende Verleihung der Betriebsrechte in die Hände der Landesfürsten kam." (Martens 1955:23; genauso Adlung 1931:83)

Die Städte hatten bis dahin zunehmend Ordnungen für die Apotheker erlassen: bis zum Jahr 1700 wurden rund 200 solcher Ordnungen im deutschen Raum erlassen (Hornung 1955:23). Ein erstes landesherrliches Privilegium war aber schon 1281 durch Herzog Heinrich für Glogau und seine Umgebung erlassen worden. (Müller-Hester 1952:946).
Müller-Hester (1952:946f) spricht auch den ersten Versuch der Errichtung einer Staatsapotheke in Hamburg im Jahre 1351 an. 1782 wurde die Hamburger Ratsapotheke wegen Unwirtschaftlichkeit aber wieder geschlossen. Sie war die "unzweifelhaft erste Staatsapotheke" (Schelenz 1904:377) und wurde aus der Stadtkasse finanziert und von zwei Ratsherren, den 'Krüdeherren', beaufsichtigt. Dies alles, um die "für das öffentliche Wohl so bedeutsamen Apotheker gänzlich vom Kampf mit dem Leben unabhängig zu machen" (Schelenz 1904:377). Daß das Experiment fehlschlug, wundert nicht, wenn man sich die Gründe für die wirtschaftliche Misere der Ratsapotheke anschaut:

> "Sie mußte nämlich dem Bürgermeister, dem Rat, dem Stadtphysici und anderen Amtspersonen kostenlos liefern: Marzipan, Konfekt, Zuckerpuppen, Lautertrank, Gewürze, Zuckerhüte, Violkuchen, Aqua vite, Rheinwein, Ofenlack, Tinte, Siegelwachs und Räucherpulver." (Hornung 1955:27; vgl. auch die genaue Aufstellung bei Berendes 1907:139)

Noch ein weiteres Mal wurde in Deutschland der Versuch der 'Sozialisierung' des Apothekenwesens gemacht (das Nassauische Edikt von 1818 machte die Apotheker dort lediglich zu Beamten und verlieh ihnen den Titel 'Amtsapotheker', ein Gehalt bezogen sie jedoch nicht, sondern mußten vom Ertrag ihrer Apotheken leben; Lewinsky 1917:111, Anm.1): Der Herzog von Braunschweig kaufte zwischen 1747 und 1753 alle Apotheken in seinem Herzogtum auf und schuf eine zentrale Apothekenverwaltung mit beamteten Pharmazeuten. Zwanzig Jahre später wurde das Ganze wieder aufgegeben: "Als es weder gelungen war, den erhofften Profit aus den Staatsapotheken zu ziehen, noch die vorher lautgewordenen Klagen über schlechte und teure Medikamente aufgehört hatten, wurden diese Apotheken an

Private verkauft." (Urdang/Dieckmann 1954:63) Die Begründung zeigt, daß die Probleme verstaatlichter Betriebe offenbar zeitlos sind: "Schon sehr bald wurden Klagen laut im Publikum und bei den Aerzten über schlechte und teure Medikamente, sowie über das arrogante Benehmen der Angestellten."

Bevor nun in den folgenden Kapiteln die Gesamtentwicklung in Deutschland verlassen wird und ausschließlich die Entwicklungslinien der Preußischen Apothekenaufsicht aufgezeigt werden sollen, noch zwei allgemeine Bemerkungen zur Verbreitung und zur Bedeutung von Apotheken: Zum einen bleibt anzumerken, daß es in Deutschland in manchen Gebieten noch über das 15. Jahrhundert hinaus überhaupt keine Apotheken gab (z.B. in Altenburg und Ansbach-Bayreuth; vgl. Fischer 1933:82). Zum anderen spielten Apotheken in ländlichen Gebieten noch sehr lange eine viel unbedeutendere Rolle als in den Städten: Die Bedeutung der Naturheilkunde war hier wesentlich größer und behielt z.T. bis ins 20. Jahrhundert eine dominierende Rolle (vgl. für Minden Brepohl 1950:11 ff; so ähnlich auch (kurz) für Ostfriesland Schaefer 1980:11f)!

6. Die preußische Medizinal- und Apothekengesetzgebung

Die Entwicklung der Apothekenaufsicht in Preußen steht in enger Verbindung zu der Gesamtentwicklung des preußischen Staatswesens. Dies zeigt sich schon, wenn man die 'Ausgangsposition' der preußischen Medizinalgesetzgebung betrachtet: Preußen bildete im 17. Jahrhundert - aufgrund seiner Expansionen - kein einheitliches Staatsgebilde. Neu in den Staatenverbund aufgenommene Gebiete besaßen z.T. schon ein entwickeltes Medizinalwesen und eine eigene Medizinalgesetzgebung; sie behielten diese teilweise auch nach ihrer Eingliederung in den preußischen Staat bei (vgl. Kap. 6.2).
Wie im folgenden Kapitel zu zeigen ist, geschah die notwendige Vereinheitlichung des Medizinal- und des Apothekenwesens zum größten Teil durch den Erlaß des **Medizinaledikts von 1725** und der **Revidierten Apotheker-Ordnung von 1801**. (vgl. Adlung 1929:1159)

6.1 Apothekenaufsicht vor 1685

6.1.1 Einzelne Apothekenvorschriften in Brandenburg

Das erste Apothekenprivilegium wurde in Brandenburg-Preußen schon 1303 für Prenzlau durch Otto IV. als Markgraf von Brandenburg erteilt und 1320 bestätigt; es enthielt aber noch keine Bestimmungen über den Apothekenbetrieb. (Adlung 1929:1159; vgl. auch Müller-Hester 1952:945) Dieses Privilegium bestand in den zwanziger Jahren dieses Jahrhunderts immer noch! (Min. für Volkswohlfahrt 1927:362)
Genaue Bestimmungen über den Apothekenbetrieb tauchten zum ersten Mal 1481/82 in Privilegien für Apotheken in Berlin und Cölln/Spree auf (vgl. Wernicke 1902:260f; andere Quellen sprechen erst vom Jahr 1488 für die erste nachweisbare Apotheke in Berlin; vgl. Augustin 1818:38; Phillippe/Ludwig 1858:1017f). Die Exklusivität dieser Apotheke wurde durch Kurfürst Johann bestätigt; auch sein Nachfolger Johann I. (Nestor) sicherte ihre Stellung sofort nach seinem Regierungsantritt 1499 (Phillippe/Ludwig 1858:1018). Gleichzeitig verpflichtete er seine Leibärzte, auf Ausstattung und Preisgestaltung dieser Hofapotheke zu achten. (Adlung 1929:1160)
Ein erster **Apothekereid** ist für 1520 nachweisbar: in Einklang mit der schon geschilderten Praxis der Festlegung der Apothekerrechte und -pflichten (vgl. Kap. 5.2.2) enthielt er genaue Vorschriften über das Verhalten des Apothekers (vgl. für diesen Fall Adlung 1929:1160). 1556 findet sich die erste Erwähnung einer Taxe in

einem Apothekerprivilegium. Das betreffende Privilegium wurde dem königlichen Leibarzt verliehen. Die Trennung von Pharmazie und Medizin war offensichtlich immer noch nicht voll durchgesetzt; nach Adlung (1929:1160) vollzog sie sich endgültig erst zur Regierungszeit Friedrichs des Großen.
In der Folge der Bemühungen des Reiches um eine bessere Apothekenaufsicht (Reichstage von 1548 und 1577; vgl. Kap. 5.3.1) wurde auch in Preußen einer einheitlichen Regelung des Apothekenwesens größere Bedeutung beigemessen. Ein erster Schritt in diese Richtung war die Erarbeitung und Verkündigung einer einheitlichen Arzneitaxe für Brandenburg 1574 (vgl. Adlung 1929:1161); diese Arzneitaxe blieb über hundert Jahre in Kraft (Min. für Volkswohlfahrt 1927:361)!
1571 wurde in Brandenburg unter Kurfürst Johann Georg zum ersten Mal eine Kommission zur Visitation der Apotheken gebildet. Sie übernahm diese Aufgabe zusätzlich zur Visitation der Apotheken durch die Leibärzte des Kurfürsten (v.Rönne/Simon 1844:12; Adlung 1929:1161). Durch die gleiche Verordnung wurden auch die Heilanstalten unter die Überwachung der Pfarrer gestellt (Rapmund 1901:14). Visitationen von Apotheken dauerten in diesen Jahren oft sehr lange, manchmal mehrere Wochen. An ihnen waren außer dem Arzt und einigen Ratsherren zum Teil auch Außenstehende beteiligt. Die mit der Visitation einhergehenden Festlichkeiten konnten dem Apotheker hohe Kosten verursachen (Beispiele u.a. für Lippstadt bei Adlung 1929:1163). Beispielsweise dauerte die Visitation von zwei Apotheken in Brandenburg 1587 volle drei Wochen. In dem erhalten gebliebenen Protokoll darüber heißt es: "Sie (*die Visitation*) kostete an Essen, Wein, Bier und Kunstpfeifern 165 Thlr. 4 Gr." (zit. nach Phillippe/Ludwig 1858:1018; Berendes (1907:144 f) bestätigt dies, nennt aber das Jahr 1574). Wenn auch die Kosten dieser Visitation zur Hälfte vom Rat der Stadt getragen wurden (Adlung 1929:1163), dürfte der Rest der Summe den Apotheker doch erheblich belastet haben.

6.1.2 Vorschriften in anderen preußischen Provinzen

Detaillierte Regelungen der Apothekenaufsicht finden sich schon frühzeitig in dem nicht zu Brandenburg gehörenden **Herzogtum Preußen**: Dort war 1555 eine erste Apothekerordnung für Königsberg erlassen worden. Die Erneuerung dieser Ordnung 1563 durch Herzog Albrecht enthielt Bestimmungen über die Visitation der Apotheken, die Grundlagen der Ausbildung und die Vereidigung der Apotheker, sowie genaue Vorschriften für die Abgabe von Arzneimitteln (vgl. Fischer 1933:330; Min. für Volkswohlfahrt 1927:361). Soweit die Regelung auf dem Papier. Tatsächlich erfolgte über dreißig Jahre lang **überhaupt keine** Revision der Apotheken "und erst im Jahr 1595 fand eine eingehende Besichtigung aller vier Apotheken statt." (Valentin 1928:11).

Wohl auch deshalb bracht die Erneuerung der Königsberger Ordnung 1683 detaillierte Regelungen mit sich: in 27 Paragraphen wurde die Ausbildung der Apotheker und der Betrieb von Apotheken verbindlich beschrieben (vgl. Valentin 1928:24 f). In der Folge wurden dann auch tatsächlich jährliche Revisionen der Apotheken durchgeführt. Wie lange die Königsberger Ordnung gegolten hat, ist unklar. Valentin (1928:25) spricht von nur zwei Jahren (bis zum Erlaß des Kurfürstlichen Medizinaledikts 1685), Adlung (1929:1574) und ders./Urdang (1935:18) führen dagegen aus, daß das Medizinaledikt im Herzogtum Preußen keine Geltung gehabt habe und sehen die Königsberger Ordnung deshalb bis 1725 (Erlaß der preußischen Medizinalordnung) in Geltung. In jedem Fall ist sie als "erster Stein zu dem Bau, den die preußische Medizinalordnung von 1685 darstellt, zu betrachten" (Fischer 1933:174).

Auch in anderen brandenburgisch-preußischen Provinzen wurden zentrale Regelungen für das Apothekenwesen erlassen, bzw. waren beim Anschluß der jeweiligen Provinz an Preußen schon gültig:
In der Churfürstlichen Polizeyordnung von **1688** für das **Herzogtum Magdeburg** fand sich die Bestimmung, daß die Visitation der Apotheken durch zwei vom Stadtrat der betreffenden Stadt einzusetzende Inspektoren in Zusammenarbeit mit dem Physikus zu erfolgen hatte (vgl. Adlung 1929:1574).
Ähnliche Vorschriften galten in anderen Provinzen, so etwa im **Herzogtum Hinterpommern**, wo die Churfürstliche Taxordnung von **1681** vorsah, daß die Visitation der Apotheken ein- oder zweimal jährlich vom Stadtarzt unter Heranziehung von 'Magistratspersonen' zu erfolgen hatte (vgl. Adlung/Urdang 1935:17); auch diese Regelung behielt bis zum Erlaß des Medizinalediktes von 1725 Gültigkeit. Bis zum gleichen Zeitpunkt galt auch die Apothekerordnung des **Fürstentums Halberstadt** von **1697**, die gleichfalls Visitationen der Apotheken durch den Physikus mit den 'Apotheken-Herren', Vertretern des Rates, vorsah.
Im **Herzogtum Kleve** und dem **Grafentum Mark und Ravensberg** bestanden beim Anschluß an Preußen 1666 noch keine landesgesetzlichen Regelungen des Apothekenwesens. **1692** wurde dort durch eine Verordnung die brandenburgische Medizinal-Ordnung von 1685 eingeführt; seitdem galt die brandenburgisch-preußische Apothekengesetzgebung.
Festzuhalten bleibt: Anders als in anderen Provinzen des Landes wurden in Brandenburg gesetzliche Regelungen des Apothekenwesens trotz der fortschreitenden Gründung neuer Apotheken nicht erlassen. Rechte und Pflichten der Apotheker wurden zwar detailliert in den jeweiligen Privilegien und den zu leistenden Eiden

festgehalten (vgl. die Aufstellung bei Wernicke 1902); jedoch fehlte bis 1685 jede **gesetzliche** Grundlage für eine einheitliche Apothekenaufsicht (so auch Adlung 1929:1162; Lewinsky 1917:7).

6.2 Das Churfürstlich-Brandenburgische Medizinaledikt von 1685

(abgedruckt bei Fischer 1933:340 ff)

1661 unterbreiteten vier preußische Leibmedici dem Großen Kurfürsten die Bitte, ein Collegium Medicum als zentrale Instanz einer Medizinalverwaltung in den beiden Residenzen Berlin und Cölln zu errichten und fügten einen Entwurf für ein entsprechendes Edikt bei. Nach langen Beratungen wurde das Medizinal-Edikt schließlich genehmigt und am 12. November 1685 von Friedrich Wilhelm verkündet. (Fischer 1933:330f). Die lange Beratungszeit deutet auf Probleme bei der Errichtung eines solchen Kollegiums hin. Dabei war eine solche zentrale Stelle der Medizinalverwaltung keine Neuheit mehr, wurde doch z.B. in Hessen schon 1616 ein Collegium Medicum - dem auch die Beaufsichtigung der Apotheken zugeordnet war - mit zwei Provinzialkollegien eingerichtet. (ders. 1933:329f)
Trotz der in Kap. 6.1.2 aufgezeigten Einschränkungen bezüglich seiner Gültigkeit in den verschiedenen Provinzen wurde das Edikt zum Grundstein der späteren preußischen Apothekenaufsicht. Es sah in seinem Kern die Schaffung eines **Collegium Medicum Electorale** in Berlin vor, dem

- die in Berlin vorhandenen wirklichen Räte,
- die Leib- und Hofmedicis,
- und der Ordinarius der medizinischen Fakultät der Universität Frankfurt a.d. Oder

angehören sollten; Apotheker saßen in diesem Gremium nicht. Damit das Collegium Medicum "desto mehr Authorität und Nachdruck in ihren Verrichtungen haben möge" und als direkte Verbindung zum Kurfürsten wurde auch ein "geheimer Rat" in das Gremium entsand (zit. nach Fischer 1933:340).

Das Collegium Medicum hatte die Aufsicht über alle Apotheken mit Ausnahme der Hofapotheke, die vom Leib- und Hofmedicus überwacht wurde. (Adlung 1929:1557; Adlung/Urdang 1935:18) **Mit diesem Edikt ging also das Besichtigungsrecht der Städte auf die neue staatliche Medizinalbehörde über!** Bis zum Ende des 18. Jahrhunderts wurden aber weiterhin Magistratspersonen zu Apothekenbesichtigungen hinzugezogen (vgl. Adlung 1929:1642; Adlung/Urdang 1935:21). Besichtigungen der Apotheken sollten - in den Städten unter Hinzuziehung des Magistrats der Stadt und des Stadtphysikus - mindestens einmal jährlich erfolgen;

dabei sollte eine genaue Prüfung der Medikamente durchgeführt werden. Die Kosten für diese Visitation hatten sich der Magistrat der Stadt und der Apotheker zu teilen.
Alle neuen Apotheker sollten vor dem Collegium Medicum geprüft werden. Das Edikt enthielt auch zum ersten Mal eine **gesetzliche** Bestimmung darüber, daß der Verkauf von Medikamenten nur in Apotheken zulässig sei:

> "Materialisten, Gewürtzkrämer, Alchymisten, Destillatores, Zuckerbecker, Parfumirer, Brantweinbrenner, und dergleichen sollten sich keineswegs mit den Artzney-Wesen vermengen, noch Medikamente, als welche eigentlich und allein in die Apotheken gehören, praepariren, und aus der Hand verkauffen." (zit. nach Fischer 1933:342)

1693 wurde unter Kurfürst Friedrich III. (dem späteren König Friedrich I.) die Medizinalordnung erweitert und als 'Churfürstlich Brandenburgische Medicinal-Ordnung und Taxa vom Jahre 1693' veröffentlicht (vgl. v.Rönne/Simon 1844:14); es hatte also neun Jahre gedauert, bis auch die schon im Jahr 1685 angekündigte Taxe eingeführt war (Adlung 1929:1557). Das neue Edikt enthielt auch eine **Apothekenordnung** mit 29 Paragraphen, deren erste beiden genau dem die Apotheken behandelnden § 12 der alten Medizinalordnung von 1685 entsprachen. Zusätzlich zur Ordnung von 1685 wurden aufgenommen:

- die Festlegung des **Apothekereides**;
- die Kontrolle der Ärzte über die Mittel der Apotheke, solange dafür keine einheitliche rechtliche Grundlage bestand;
- Vorschriften über den **Betrieb der Apotheken** und die **Ausbildung der Lehrlinge;**
- die Berechtigung zur Besichtigung neuer Waren durch die Ärzte.

(vgl. Adlung/Urdang 1935:19)

Insgesamt war diese Medizinalverwaltung aber **noch nicht umfassend genug ausgebildet**; es fehlten die Zentralisierung und ein funktionstüchtiger, differenzierter Unterbau - mit der 'Verselbständigung' der Ärzte war immer zu rechnen:

> "In den Hauptstädten der Chur- und Neumark, als zu Prenzlau, Salzwedel, Perlenberg, Landberg a.d.W. und Königsberg, ernannte dieses Collegium geschickte Aerzte als Adjuncten, welche von dem Zustande des Medicinalwesens Bericht erstatteten und die erhaltenen Aufträge ausrichten mußten, die aber noch unter derselben Regierung wieder abgeschafft wurden, weil sie sich mehr Autorität anmaßten, als ihnen zukam." (Lindes 1836:326)

Nach der Neuauflage des Edikts erschienen noch 1704 und 1715 weitere, nicht wesentlich veränderte Ausgaben der Medizinalordnung. Die vorher angesprochenen Mängel der brandenburgisch-preußischen Apothekenregelungen (Fehlen einer gesetzlichen Grundlage, zumindest für Brandenburg) wurden damit beseitigt:

> "Das preußische Medizinaledikt enthält zwar nichts, was nicht schon aus zuvor anderswo geschaffenen Ordnungen bekannt ist, aber es faßt die wichtigsten Vorschriften zweckentsprechend zusammen." (Fischer 1933:331)

6.3 Das Allgemeine Preußische Medizinaledikt von 1725

(abgedruckt bei Mylius 1740 (C.C.M.V):219 ff)

6.3.1 Die Errichtung von Provinzial-Medizinalkollegien

Nach der Umwandlung Preußens in ein Königreich 1701 verstärkten sich die Bestrebungen zur Vereinheitlichung des Apothekenwesens. Im Zuge dieser Bestrebungen und wegen der zunehmenden Bedeutung des Collegium Medicum in Berlin wurden 1724 in den einzelnen Provinzen (u.a. auch in Minden; vgl. Augustin 1818:231) Collegien eingerichtet:

> "Der Geschäftsbetrieb des im Jahr 1685 gegründeten Collegium medicum hatte allmählich einen solchen Umfang angenommen, daß die in Berlin befindliche Dienststelle nicht alles bewältigen konnten." (Adlung 1929:1611; vgl. auch Eulenberg 1874:2)

Den Provinzialkollegien gehörten an:

- ein Kriegs- und Domänen-Rat als Vorsitzender,
- zwei Medicis, zwei Chirurgen,
- **zwei Apotheker als Assessoren.**

(§ 4 des Medizinaledikts; vgl. auch Horn 1863:2f)

Zu den Aufgaben der Provinzialkollegien gehörte u.a. die Examinierung neuer Apotheker und die Visitation der Apotheken (Adlung 1929:1611). In dieser Zeit veränderte sich auch die Rolle des Collegium Medicum in Berlin: Es wuchs über rein ratgeberische Zwecke hinaus und wandelte sich in eine **wissenschaftliche Behörde**. 1725 wurde es in 'Ober-Collegium Medicum' umbenannt - Lindes (1836:323) spricht von 1733 - und 1799 mit dem Ober-Collegium Sanitatis zum 'Ober-Collegium Medicum et Sanitatis' vereinigt; gleiches geschah in den einzelnen Provinzen. (vgl. Horn 1861; Adlung 1929:1611)

6.3.2 Das Medizinaledikt von 1725

Zur Ordnung der immer noch unbefriedigenden Medizinalverhältnisse in Preußen (vgl. Adlung 1929:1612) wurde **1725** das **Preußische Medizinal-Edikt** erlassen. Durch den Erlaß des Edikts vergrößerte sich der Machtbereich des Collegium Medicum in Berlin. Seinen Vorsitz übernahm ein Geheimer Rat als 'Ober Director' (§ 2). Das Collegium bestand nun aus:

- den in Berlin vorhandenen wirklichen Hof-Räten,
- dem Leib- und Hofmedicus und dem Physico ordinario,
- den ältesten Practicis der Residenz,
- dem Leibchirurgen und dem Hofapotheker
- sowie **zwei erfahrenen Apothekern** als Assessoren.

(§ 3; vgl. Horn 1863:3; v.Rönne/Simon 1844:50)

Als 1724 der Chef des Collegiums "wegen Kränklichkeit und weiterer Geschäfte" an den Versammlungen des Collegiums nicht mehr teilnehmen konnte, wurde noch ein besonderer 'Director' beim Collegium ernannt (Lindes 1836:326). Die Berufung der zwei Apotheker in das Collegium Medicum und von je zwei Apothekern in die Provinzial-Kollegien als Assessoren bedeutete die erste **Integration von Apothekern** in die staatliche Apothekenaufsicht; von daher war sie für die Apothekerschaft von großer Bedeutung. (Adlung 1929:1612)

Zur Erlangung der Approbation als Apotheker wurden künftig Kurse beim Obercollegium vorgeschrieben (§ 4); die "Verwissenschaftlichung des Apothekerberufes" (Adlung 1929:1612) begann. Betont wurde in dem Edikt auch die Trennung von Ärzten und Apothekern:

- Ärzten war es verboten, Medikamente auszugeben;
- Apotheker durften nur in wenigen Ausnahmefällen Kranke kurieren.

Zudem durften die Apotheker keine Ärzte empfehlen: "Auch soll sich kein Apotheker unterstehen, den Einwohnern und Patienten einen medicum vor dem anderen zu recommendiren;" ('Von den Apotheckern', § 6; zit. nach Mylius 1740 (C.C.M.V):230) Diese Bestimmung wurde noch 1897 vom Preußischen Oberverwaltunsgericht bestätigt (Lewinsky 1917:25). Das schon aus dem Mittelalter bekannte 'Geschenkverhältnis' zwischen Ärzten und Apothekern (vgl. Kap. 5.2.2) fand aber auch in Preußen seine Fortsetzung:

> "Die Sitte, an die Ärzte Weihnachtsgeschenke zu verteilen, muß aber gegen Ende des 18. Jahrhunderts Formen angenommen haben, die für beide Stände unwürdig waren." (Adlung 1929:1674)

Aus diesem Grund erließ König Friedrich Wilhelm III. am 17. November 1798 eine Verordnung, die bestimmte, "daß der in Deutschland bestehende Gebrauch, nach welchem die Apotheker den practicierenden Aerzten ihres Orts mit Zucker, Kaffee, Gewürzen und anderen vergleichbaren Materialwaaren sogenannte Weihnachtsgeschenke machen, ... mit dem Grundsätzen einer guten Staatsverwaltung unverträglich" sei. Die Verordnung schränkte deshalb solche Geschenke stark ein und stellte Übertretungen unter schwere Strafen, auch unter Ausnutzung der sozialen Kontrolle: "Denuzianten" sollten die "Hälfte dieser Strafen als Denunziantentheil" erhalten (zit. nach Ziurek 1855:227 f).
Eine neue Bestimmung des Medizinaledikts von 1725 war, daß die Frist für die regelmäßige Visitation der Apotheken von einem auf **drei Jahre** verlängert wurde (Adlung/Urdang 1935:21). Die Visitation erfolgte in der Provinz durch die jeweiligen Medizinalkollegien, "mit Zuziehung der Land- oder Stadt-Physicorum oder ältesten Medicinae practicorum." Auch "Magistrats-Personen" konnten beteiligt werden ('Von den Apothekern', § 8; zit. nach Horn 1863:9); die Kosten teilten sich die Stadt-Kämmerei und der visitierte Apotheker.
Bei der Visitation der **Berliner Apotheken** waren der Hofapotheker oder die Assessoren hinzuzuziehen. (Adlung/Urdang 1835:21) Eine spezielle Regelung galt für die sechs Apotheken der französischen Kolonie in Berlin: Sie verwalteten sich durch einen von ihnen selbst gewählten Gildemeister und einen Geschworenen selbst, die - in Zusammenarbeit mit einem Arzt und einem Beauftragten des Collegium Medicum - für die Apothekerausbildung und die Überwachung zuständig waren (vgl. Augustin 1818:38).
Das Medizinaledikt festigte die **Trennung zwischen Apothekern und Materialisten**. Diese durften keine Arzneien verkaufen und auch nicht mit den Apothekern wirtschaftlich konkurrieren:

> "Dagegen wollen und verordnen wir auch, daß künfftig keinen andern als rechten Apotheckern, so die Apothecker-Kunst würcklich erlernet, erlaubet seyn soll, bestellte apothecken anzunehmen, zu kauffen, oder wann Leute andern Stande und professionen, solche ererbet, zu behalten, sondern vielmehr an einen approbirten Apothecker zu verhandeln."
> ('Von den Apotheckern', § 14; zit. nach Mylius 1740 (C.C.M.V):232)

Bei der Umsetzung des Medizinal-Edikts gab es in manchen Bereichen Probleme. Deshalb wurde **1727** eine 'Declaration' des Edikts erlassen (vgl. Mylius 1740 (C.C.M.V.):258 ff). Die wesentlichste Änderung lag darin, daß neue Apotheker nicht mehr in jedem Fall Kurse am Ober-Collegium Medicum in Berlin zur Ap-

probation belegen mußten. Nur für Apotheker in bestimmten, namentlich aufgeführten größeren Städten Preußens (darunter Minden) wurde die alten Regelung beibehalten; die anderen Apotheker wurden vor den jeweiligen Provinz-Kollegien geprüft. Aus dieser Unterscheidung resultiert die spätere Teilung der Apotheker in solche I. und solche II. Klasse, die bis 1853 beibehalten wurde. (vgl. Adlung 1929:1613; Horn 1863:48).
Beim Regierungsantritt Friedrich Wilhelms II. 1786 wurde das Ober-Collegium Medicum "in allen zur Geschäftsverwaltung und Aufsicht des Generaldirectorii gehörigen, in die allgemeine Landesverfassung und Polizei einschlagenden Geschäfte des Medicinalwesens" dem Generaldirektorium unterstellt:

> "Die Frage ... , ob und wieviel Aerzte, Wundärzte, Apotheker und Hebammen an diesem oder jenem Orte anzusetzen, im gleichen die Bestellung der Physiker und forensischen Chirurgen (...) sollte zur Entscheidung und Besorgung des Generaldirectorii gehören." (Lindes 1836:328)

6.4 Das Preußische Allgemeine Landrecht von 1794

(abgedruckt bei Decker 1794; hier: 446 ff)

1794 wurde das 'Allgemeine Landrecht für die Preußischen Staaten' (ALR) erlassen. Das ALR brachte für das Apothekenwesen keine neuen Bestimmungen, faßte aber einen Teil der schon vorher getroffenen Regelungen in kurzen, verständlichen Paragraphen - zumeist nur in einem Satz - zusammen. Für die Apotheken waren im ALR die Bestimmungen über die Privilegien im allgemeinen (§§ 52-58, 63-72) und die über die Rechte und Pflichten der Apotheker (Teil II, Titel 8, §§ 454-472) von Bedeutung (vgl. Rehbein/Reincke 1894:939 ff; Schering 1863:307 ff; Landé/Hermes 1905:169 ff).
Eine grundsätzliche Regelung enthielt der § 462 - **das Recht, über die Anlegung neuer Apotheken zu befinden, ging mit dem ALR voll auf den Staat über**: "Das Recht, zur Anlegung neuer Apotheken Erlaubnis zu geben, kommt allein dem Staate zu." Damit verloren die Städte dieses Recht endgültig. Die Trennung von Ärzten und Apothekeren wurde bekräftigt: Ärzte durften dort, wo sich Apotheken befanden, in der Regel keine Arzneimittel zubereiten (§ 460), und kein Arzt sollte eine Apotheke besitzen (§ 468). Auch das ausschließliche Recht der Apotheker auf den Arzneimittelvertrieb wurde noch einmal festgeschrieben:

> "§ 456. Apotheker sind zur Zubereitung der Arzneymittel, imgleichen zum Verkaufe derselben, und der Gifte aussschließend berechtigt."

Generell wurde festgeschrieben, daß die Apotheker "der unmittelbaren Aufsicht des Staates und der von ihm angeordneten Medizinalbehörden" unterworfen seien (§ 464; vgl. auch Rehbein/Reincke 1894:942).

Das Rechtsgefüge des preußischen Staates wurde durch die territoralen Verschiebungen vor und nach den Befreiungskriegen 1813-15 verändert; in vormals preußischen Gebieten einmal eingeführtes französisches Recht blieb teilweise bestehen, teilweise kamen neue Gebiete mit eigenem Recht in der Folge des Reichsdeputationshauptschlusses von 1803 und nach den Befreiungskriegen zum Preußischen Staat. Diese territoralen Veränderungen hatten natürlich auch Auswirkungen auf den Rechtsbestand der neu oder wieder neu eingegliederten Gebiete. Das ALR wurde durch ein Patent vom 9. September 1814, 'wegen Wiedereinführung der Preußischen Gesetzbücher' vom 1. Januar **1815** an in den von Preußen getrennt gewesenen und den neuen Provinzen (wieder) eingeführt (u.a. für die Fürstentümer Minden, Münster und Ravensberg, die Grafschaften Mark und Ravensberg; vgl. Simon 1844:XXXIII f). Durch das Patent vom 21. Juni 1825 wurde das ALR dann auch im Herzogtum Westphalen eingeführt (Simon 1844:XXXV). Nach § 4 Nr.5 dieses Patents schloß die Einführung aber die Bestimmungen über das Apothekenwesens - "nebst allen sich darauf beziehenden späteren Vorschrift" ausdrücklich **nicht** ein. Das ALR galt also in seinen Bestimmungen über das Apothekenwesen (u.a.) nicht im Herzogthum Westphalen (so auch v.Rönne/Simon 1844:619; Anm.5).

Für das preußische Apothekenwesen galten also teils detaillierte (Medizinal-Edikt von 1725), teils grundsätzliche Bestimmungen (ALR 1794). Trotzdem funktionierte das System der preußischen Apothekenüberwachung in weiten Bereichen nicht: Bei einer Generalvisitation aller Apotheken 1797 und einem anschließenden Bericht an den König mußten die Behörden zugeben, daß manche Apotheken **fast zwanzig Jahre lang** nicht mehr visitiert worden waren (Adlung 1929:1673). Auch die Trennung von Ärzten und Apothekern wurde erst endgültig durch die Revidierte Apotheker-Ordnung von 1801 ganz durchgesetzt. (ders. 1929:1643).

6.5 Die Revidierte Apotheker-Ordnung von 1801

(abgedruckt bei Schering 1863:112 ff; Eulenberg 1874:443 ff)

Die Revidierte Apotheker-Ordnung von 1801 bildeten den Endpunkt der Vereinheitlichungsbestrebungen im preußischen Apothekenwesen:

"Ein weiterer Vorzug der revidierten Apotheker-Ordnung besteht darin, daß sie für alle preußischen Lande, also auch für Schlesien, so bis dahin die Generalmedizinalordnung von Jahre 1744 noch Gültigkeit hatte, erlassen worden war, und daß hierdurch die seit der Königskrönung im Jahre 1701 angebahnte Vereinheitlichung der preußischen Apothekengesetzgebung erreicht wurde." (Adlung 1929:1677)

Die Revidierte Apotheker-Ordnung bildete von ihrem Erlaß bis zur Auflösung des Preußischen Staates "das Grundgesetz für die Angelegenheiten der Apotheker und der Apotheken" (v. Gneist 1925:306), auch wenn einige dieser Bestimmungen zwischenzeitlich durch Erlasse der zuständigen Ministerien aufgehoben wurden. Daß diese Allgemeingültigkeit regional etwas eingeschränkt werden mußte, wird nachstehend noch aufgezeigt. Alle vorher erlassenen Medizinal-Ordnungen und einzelnen Verfügungen galten - sofern sie nicht im Anhang des Originals der Ordnung aufgeführt waren - durch den Erlaß der Revidierten Apotheker-Ordnung als aufgehoben und wurden durch sie ersetzt (vgl. Böttger 1880a:11f).

In der Apotheker-Ordnung wurde klargestellt, daß die gesamte pharmazeutische Praxis unter der Oberaufsicht des Ober-Collegium Medicum et Sanitatis und der Provinz-Kollegien stehen sollte. Deshalb wurden neben der den Behörden obliegenden "allgemeinen Wachsamkeit" über das Apothekenwesen auch die speziellen Visitationen der Apotheken festgelegt und geregelt (Titel II, § 1):

"Die gewöhnlichen Revisionen werden vom Physikus und einem Apotheker gemeinschaftlich vorgenommen, und zwar immer im besonderen Auftrage der betreffenden Regierung, es bleibt aber auch dem Regierungsmedizinalrath überlassen, in speziellen Fällen zu revidieren." (Schnitzer 1832:8)

Geprüft wurden dabei die Verhältnisse in den Apotheken (II, § 2) und die Angelegenheiten der Lehrlinge und Gehilfen (II, §§ 3 und 4). Die Kosten dieser Visitationen teilten sich die Stadt-Kämmerei und der visitierte Apotheker (II, § 6). Später wurden diese Kosten - falls nicht vom betreffenden Apotheker wegen eines mangelhaften Zustandes der Apotheke selbst zu tragen - aus dem öffentlichen Diätenfonds bezahlt (Schelenz 1863:118, Anm.14). Außerdem standen die Apotheken "immerwährend" unter der unmittelbaren Aufsicht des Physikus des betreffenden Ortes, der die Apotheke von Zeit zu Zeit besuchen sollte (II, § 7). Im Ausbildungswesen wurde die Unterscheidung zwischen 'cursierten' und 'nicht cursierten' Apotheken (in größeren oder kleineren Orten; vgl. Kap. 6.3) beibehalten und in Titel I § 10 eine genaue Lister der Orte, welche cursierte Apotheker erforderten, beigefügt. Die Prüfung der Provisoren verblieb allerdings bei den Provinzial-Kollegien.

Trotz der im 18. Jahrhundert gestiegenen Regelungsdichte der Apothekengesetzgebung wurde der Brauch beibehalten, die Rechte und Pflichten der Apotheker - nun zumindest grundsätzlich - in einem **Eid** zusammenzufassen. So wurde ein einer (in der Folge der Revidierten Apotherordnung) erlassenen - Ministerialverfügung von 1820 folgende Formulierungen festgeschrieben:

> "Ich ... schwöre, daß nachdem ich zum Apotheker bestellt und angenommen worden bin, meine Pflicht in rechtmäßiger Fürsorge und genauer Aufsicht meiner Apotheke treulich wahrnehmen, Sr. Königlichen Majestät publizierten Medizinalordnung, revidierten Apothekenordnung und Arzneitaxe, so wie auch alle anderen, die Ausübung meiner Kunst betreffenden Verordnungen und Gesetze, jedesmal überall genau nachkommen, die verordneten Arzneien und Recepte weder im Namen Gewicht und Maaß, noch sonst auf irgend eine Art abändern, kein Arzneimittel für das andere substituiren, oder meinen Gehülfen und Lehrlingen solches zu thun gestatten, sondern vielmehr die Verordnungen der Aerzte genau und sorgfältig erfüllen, und durch meine Leute erfüllen lassen wolle. Ferner schwöre ich, mich allen eigenen Dispensirens streng zu enthalten...auch in allen Dingen mich so verhalten wolle, wie es einem rechtschaffenen Apotheker eignet und gebührt. So wahr mir Gott helfe durch seinen Sohn Jesus Christum zur ewigen Seligkeit Amen!"
> (zit. nach Schnitzer 1832:11)

Veränderungen in der Apothekenpraxis nach der Revidierten Apotheker-Ordnung ergaben sich durch die grundsätzlich neuen Bestimmungen des **Gewerbe-Edikts von 1810**: von da an wurden keine neuen Privilegien mehr vergeben. Die alten Privilegien blieben aber bestehen, sofern sie nicht schon durch napoleonische Gesetzgebung aufgehoben worden waren (weiter hierzu in Kap. 9.2). Auch die Revidierte Apotheker-Ordnung unterlag den Beschränkungen, welche die territorialen Veränderungen Preußens am Anfang des 19. Jahrhunderts mit sich brachten: sie galt nur in den 'altpreußischen' Provinzen, d.h. nur in den Landesteilen, die schon im Jahre 1801 zu Preußen gehört hatten: "Sie hat also in den Gebieten, die 1815 bis 1866 zu Preußen gekommen waren, keine Gültigkeit." (Adlung/Urdang 1935:26) Sie galt demnach nicht:

- im ehemaligen Großherzogtum Berg (dort galt die Bergische Medizinalordnung vom 8. Juni 1773; vgl. Druffel 1907) und
- in den ehemals französischen Gebieten im Rheinland inklusive des vormaligen Herzogtums Jülich (dort galten die französischen Medizinalgesetze).

(vgl. v. Gneist 1925:542 ff)

Adlung (1929:1209) schließt aus der Nichteinführung der Bestimmungen des ALR in Westphalen (betreffend das Apothekenwesen), daß damit auch die Bestimmungen der Revidierten Apotheker-Ordnung **nicht** im ehemaligen Herzogtum Westfalen eingeführt worden waren. In Lippstadt galten sie zwar, allerdings neben den Bestimmungen der 'Samtmedizinalordnung' von 1778 und der Lippischen Medizinalordnung von 1789 (Adlung 1934:1210). Nach Pistor (1894:5) sind hingegen die Bestimmungen der Revidierten Apotheker-Ordnung in diesen - und anderen später zu Preußen gekommenen Gebieten - auch ohne ihre ausdrückliche Publikation maßgebend geworden (dieser Ansicht folgte auch ein Urteil des Kammergerichts von 1887; vgl. Pistor 1894:5). Das dahinter stehende Problem ist im wesentlichen die Frage nach **Privilegierung** oder **Konzessionierung** der Apotheken. Dieser Streitpunkt verlor aber in jedem Fall nach der grundsätzlichen Neuordnung des Konzessionsrechts 1894 seine Bedeutung, als verbindlich für ganz Preußen das System der reinen Personalkonzession eingeführt wurde (vgl. Kap. 9.2.4).

Zur näheren Ausführung der Revidierten Apotheker-Ordnung wurden durch die zuständigen Behörden erklärende Bestimmungen erlassen: Anweisungen zur Visitation der Apotheken erschienen auf der Grundlage der Revidierten Apotheker-Ordnung 1819 bzw. 1820 (vgl. Staas 1891:34 ff). Sie behielten Gültigkeit bis zum Dezember 1893; an diesem Tag wurde die neue 'Anweisung zur Besichtigung der Apotheken' erlassen. Diese Anweisung verlor ihre Gültigkeit wiederum, als 1902 die neue preußische Apothekenbetriebsordnung erlassen wurde.

6.6 Die Apotheken-Betriebsordnung von 1902

(abgedruckt im M.Bl. für Med.-Angelegenheiten 1902:63 ff)

Durch eine Verfügung des preußischen Ministers für Medizinalangelegenheiten vom 19. Februar 1902 trat in Preußen eine 'Apotheken-Betriebsordnung' nebst einer 'Anweisung für die amtliche Besichtigung der Apotheken' in Kraft. Die Apothekenbetriebsordnung ersetzte die bis dahin gültigen Bestimmungen des Titels III der Revidierten Apotheker-Ordnung von 1801 ('Von der Ausübung der pharmaceutischen Kunst selbst') über den Betriebsablauf und die Einrichtung der Apotheken (Kahler 1937:81); die Anweisung für die Besichtigungen trat anstelle der bisher maßgebenden Titels II der Apotheker-Ordnung ('Von der Oberaufsicht über die Apotheken') (Adlung 1929:1676). Der grundlegende erste Teil der Apotheker-Ordnung von 1801 ('Von den Apotheken überhaupt') **blieb somit weiterhin in Kraft.**

Obschon es Bestrebungen zu einer grundsätzlichen Reform des Apothekenwesens in Preußen schon lange gegeben hatte - das Ministerium der Medizinalangelegenheiten hatte einem nicht genannten Apotheker im August 1848 bestätigt, daß es "mit dieser Reform sobald als möglich vorzugehen" beabsichtige (vgl. M.Bl. für die innere Verwaltung 1848:275) - wurde eine landesgesetzliche Regelung in der Nachfolge der Revidierten Apotheker-Ordnung nie erlassen. Die Apotheker-Ordnung blieb also in grundsätzlichen Fragen die Richtschnur für das preußische Apothekenwesen. Das mußte auch das zuständige Ministerium erfahren, dem das Preußische Oberverwaltungsgericht noch 1907 bescheinigte, daß es keine Regelungen erlassen durfte, die über die gesetzlichen Grundlagen (Revidierte Apotheker-Ordnung) hinausgingen (vgl. Kahler 1937:81f)!

Die Apothekenordnung enthielt in **Abschnitt A** ('Einrichtungen') Bestimmungen über die Ausstattung der Apotheken (Anzahl, Art und Einrichtung der Betriebsräume, vorrätig zu haltende Mittel, Geräte und Rechtsvorschriften). Dort wurde auch bestimmt, daß der 'Apothekenvorstand' im Hause der Apotheke wohnen müsse (§ 2). Der Begriff des 'Apothekenvorstandes' wurde durch die Apothekenbetriebsordnung neu eingeführt. Er umfaßte (nach § 2) Besitzer und Verwalter von Apotheken: damit war die rechtliche Konstruktion eines unmittelbar für den Apothekenbetrieb Verantwortlichen geschaffen, ohne daß die Besitzverhältnisse dabei eine Rolle spielten. Der Apothekenvorstand war "vielleicht mit dem Gutsvorstande eines selbständigen Gutsbesitzers" (Lewinsky 1917:31) vergleichbar.
Der **Abschnitt B** der Apothekenbetriebsordnung umfaßte die Vorschriften über den direkten Betrieb der Apotheken. Er enthielt die Verpflichtung zu sauberer, korrekter und schneller Arzneimittelabgabe (§§ 28-33). Das Verbot der ärztlichen Betätigung durch Apotheker wurde wiederholt - mit einer kleinen Einschränkung: "Einfache, die Anwendung eines Mittels erläuternde, kurze Anweisungen zu geben, ist gestattet." (§ 37) Nebengeschäfte wurden den Apothekern nur mit Genehmigung des Regierungspräsidenten und nur in von der Apotheke getrennten Räumen gestattet. (§ 39)
Der **Abschnitt C** ('Personal') beinhaltete die Ausbildungsregelungen, beschränkte sich dabei aber im wesentlichen auf die Apothekerlehrlinge und verwies in der Frage der weiteren Ausbildung auf die Bekanntmachungen des Reichskanzlers vom 5. März und 13. November 1875 (vgl. hierzu Kap. 9.1.3). Die Lehrlinge wurden der strikten Aufsicht des Kreisarztes vor Beginn und während der Ausbildung unterstellt: die Kreisärzte hatten vor Beginn der Ausbildung dem Lehrling die Befähigung durch ein Zeugnis zu bescheinigen (§ 42) und auch die weitere Ausbildung

"...untersteht der Aufsicht des zuständigen Kreisarztes, welcher alljährlich gelegentlich der vorgeschriebenen Apothekenmusterung sich von den Kenntnissen und Fortschritten der Lehrlinge zu überzeugen hat." (§ 46)

Der letzte **Abschnitt D** der Apothekenbetriebsordnung ('Zweig-, Krankenhaus- und ärztliche Haus-Apotheken') behandelte nur einen Randbereich des Apothekenwesens und braucht hier nicht besprochen werden.

Die der Apothekenbetriebsordnung beigegebene 'Anweisung für die amtliche Besichtigung der Apotheken' bestimmte, daß jede Apotheke "innerhalb dreier Jahre mindestens einer amtlichen, vorher geheim zu haltenden Besichtigung in unregelmäßigen Zwischenfristen" (§ 1) zu unterziehen war; zu diesem Zweck wurde eine Besichtigungskommission gebildet:

"Diese Besichtigungskommissionen setzen sich in der Regel aus dem Medizinalreferenten der Regierung und einem auf Vorschlag der Apothekenkammer vom Regierungspräsidenten zum pharmazeutischen Beauftragten ernannten Apothekenbesitzers zusammen; außerdem wird der Kreisarzt zu den Besichtigungen zugezogen." (Min. für Volkswohlfahrt 1927:366f)

Der Kreisarzt konnte allerdings nur "ausnahmsweise" in Vertretung des Medzinalreferenten solche Besichtigungen durchführen (§ 2).
Bemerkenswert ist die Anweisung, wonach der Kreisarzt und der zu beteiligende Apotheker an ihrem **Wohnort keine Besichtigungen** durchführen durften; nur in Städten mit mehr als 100.000 Einwohnern war eine solche Besichtigung durch die Kreisärzte zulässig. Dort durften auch der jeweilige Apothekenbesitzer mitwirken, "jedoch nicht bei der Besichtigung der seiner eigenen Apotheke zunächst gelegenen Apotheke." (§ 6) Der Kreisarzt hatte zudem alle Apotheken eines Bezirkes einmal jährlich "außerordentlich und unangemeldet zu besuchen" und "im Allgemeinen zu mustern". (§ 28)

An dieser Stelle sei noch die Beibehaltung des Apothekereides erwähnt, der in der Folge der Revidierten Apotheker-Ordnung immer noch von den Apothekern verlangt wurde, allerdings - nach einem Ministerialerlaß vom November 1888 - in deutlicher knapperer und allgemeiner Form als vorher (die Eidespflicht für die Ärzte war übrigens schon 1869 abgeschafft worden; Schlegtendal 1914:179):

"Ich, N.N. schwöre bei Gott dem Allmächtigen, daß nachdem mir die Approbation zum selbständigen Betriebe einer Apotheke im Gebiet des Deutschen Reiches erteilt worden ist, ich die mir vermöge meines Berufes obliegenden Pflichten nach den darüber bestehenden oder noch zu ergehenden Verordnungen, auch sonst nach meinem besten Wissen und Gewissen genau erfüllen will." (zit. nach Solbrig u.a. 1927:28)

Offensichtlich war die Regelungsdichte im Apothekenwesen durch Gesetze und Verordnungen so groß geworden, daß auf eine detailliertere Vereidigung verzichtet werden konnte. Schlegtendal (1914:337) hat übrigens nachgewiesen, daß die Vereidigung der Apotheker in Preußen letztlich auf die ergänzte Churfürstliche Medizinalordnung von 1693 zurückging, danach wurde die Eidespflicht zwar immer beibehalten und durch Verordnungen geregelt, aber nie mehr **gesetzlich** normiert!

Die Revidierte Apotheker-Ordnung und die Apothekenbetriebsordnung bildeten Höhe- und Endpunkt der preußischen Rechtsetzung auf dem Gebiet des Apothekenwesens. Sie überdauerten Preußens Existenz: die Apothekenbetriebsordnung verlor erst mit dem Inkrafttreten der Bundes-Apothekerordnung am 1. Januar 1969 in den ehemals preußischen Gebieten der Bundesrepublik - und also auch in Nordrhein-Westfalen (das Land Lippe hatte die preußische Apothekenbetriebsordnung ebenfalls übernommen) - ihre Gültigkeit.

7. Die Apothekengesetzgebung des Deutschen Reiches

7.1 Bemühungen um ein Reichsapothekengesetz

Die Revidierte Apotheker-Ordnung von 1801 stellte den Endpunkt der Entwicklung der **gesetzlichen** Grundlage des preußischen Apothekenwesens dar. Schon vor dem Eintritt Preußens in das neue Deutsche Reich war dieses Gesetz 'überholungsbedürftig'. Zunehmend wurde deutlich, daß Veränderungen der Rechtsmaterie nur auf dem Verordnungsweg (und immer nur für die gerade zu ändernde Einzelfrage) auf die Dauer die Probleme nicht lösen konnten. Dies belastete nicht nur das Apothekenwesen:

> "Es fehlt unserm Sanitäts- und Medicinalwesen Einheit und Prinzip, alles ist Stück- und Flickwerk, wie es gerade eben die Umstände bringen oder erzwingen. Wir bewegen uns in einer Fluth von Rescripten, Verordnungen und Regulativen, von denen eines das andere rectificiert aufhebt, ergänzt, so dass der Neuling sich kaum zurecht findet; am schwersten drückt uns die bureaucratische Bevormundung, die jede frohe und freie Entwicklung hemmt."
> (Lion 1862:3f)

Trotzdem gelang es Preußen bis zu seinem politischen und staatlichen Ende nicht, ein solch umfassendes Apothekengesetz zu schaffen. Mit dem Zusammenschluß der deutschen Länder zu wirtschaftlichen Bündnissen und später zum Deutschen Reich verstärkten sich im letzten Drittel des 19. Jahrhunderts diese Probleme, da die einzelnen Länder - ähnlich wie fast zwei Jahrhunderte zuvor die einzelnen neupreußischen Gebiete - über ausgearbeitete Apothekengesetze und Apothekerordnungen verfügten, die z.T. recht unterschiedlich ausgebildet waren:

> "Die heute noch geltenden (Apothekerordnungen) stammen meistens aus dem Anfang des 19. Jahrhunderts und gaben, da jeder kleine und kleinste Staat eine solche für sich hat, und die darin festgelegten Grundsätze zum Teil durchaus verschieden sind, ein anschauliches Bild der alten Rechtszersplitterung in Deutschland, wie sie vor Einführung des Bürgerlichen Gesetzbuches auch auf dem Gebiet des Civilrechts herrschte." (Günzel 1905:16)

Die Verfassung des Deutschen Reiches vom 16. April 1871 wies die Beaufsichtigung und Gesetzgebung auf dem Gebiet der Medizinal- und Veterinärpolizei dem Reich zu (Art. 4. Nr. 15; vgl. Pistor 1890:1). Laband (1895:234) vertritt allerdings die Ansicht, daß sich diese Rechtsetzungskompetenz ausschließlich auf direkte Maßnahmen zur Krankheitsverhütung erstreckt habe. Schon bald nach der Gründung des Reiches waren vom Reichskanzler Bemühungen ausgegangen, das Apothekenwesen einheitlich gesetzlich zu regeln (solche Vorstöße erfolgten in den

Jahren 1872, 1877, 1894-97; vgl. Min. für Volkswohlfahrt 1927:369). Sie alle scheiterten am Widerspruch der Länderregierungen. Hauptstreitpunkt war dabei immer die Frage der Konzessionierung der Apotheken und die Weitergültigkeit alter Privilegien mit den damit zusammenhängenden Ablösekosten (die die Länder hätten tragen müssen). Selbst ein Entwurf für ein einheitliches Gesetz zur Einführung der Personalkonzession (vgl. Kap. 9.4.1), der so offen gestaltet worden war, daß man kaum noch von einer 'einheitlichen' Regelung sprechen konnte' wurde abgelehnt (vgl. Kahler 1937:1 ff; Min. für Volkswohlfahrt 1927:369 ff)

> "So blieb es denn ungeachtet der zahlreichen Versuche, die während eines Zeitraumes von 60 Jahren unternommen wurden, hinsichtlich des Apothekengewerbesystems bei den in den einzelnen Ländern bestehenden Betriebsrechten. Es wurde auch nicht versucht, durch Vereinbarungen unter den Ländern eine Angleichung der Apothekenrechte und eine Beseitigung bestehender Verschiedenheiten herbeizuführen, wie dies auf dem verwandten Gebiet des Arzneimittelverkehrs immerhin mit einigem Erfolg geschehen ist und wenigstens in einer Anzahl von Fragen zu einer gewissen Gleichmäßigkeit der Rechtslage geführt hat." (Kahler 1937:3)

Auch in der Weimarer Republik gelang es nicht, ein einheitliches Apothekengesetz zu erlassen (vgl. Linz 1953). Die Verfassung vom 11. August 1919 übertrug nach Art. 7 Nr. 8 die Gesetzgebung für das Gesundheitswesen dem Reich (vgl. v.Gneist 1925:13). Aber selbst wenn das preußische Ministerium für Volkswohlfahrt noch 1927 verbreitete, daß die seit 1921 laufenden Versuche zu einer reichsgesetzlichen Neuregelung des Apothekenwesens soweit gediehen seien, "daß nunmehr bestimmte Aussicht (bestehe), daß dem Reichstage alsbald der Entwurf eines Apothekengesetzes vorgelegt werden" könne (Min. für Volkswohlfahrt 1927:372), kam es während der ersten deutschen Republik nicht mehr zu einem solchen Apothekengesetz. Etwa zur gleichen Zeit wurden die Gründe für die offensichtliche Unfähigkeit zu Neuregelungen auf dem Gebiet des Apothekenwesens so geschildert:

> "Der Grund hierfür liegt in allerersten Linie zweifellos darin, daß es sich um eine äußerst schwierige, durch sachliche und persönliche Rechte besonders komplizierte Materie und deshalb auch teilweise um Entscheidungen von einschneidendster Bedeutung und größter Tragweite handelt." (Solbrig u.a. 1927:1)

- Und die alles in einem preußischen und deutschen Rechtsgebiet, das seit dem Erlaß der Revidierten Apothekerordnung 1801 napoleonische Reformen, deutsche Restauration, wirtschaftliche und politische Zusammenschlüsse in Deutschland, das Entstehen des Kaiserreichs mit seiner Verfassung, einen Weltkrieg, eine Revolution und eine neue republikanische Verfassung mitgemacht und sich dem angepaßt hatte!

7.2. Die Ordnung der gewerblichen Belange des Apothekenwesen

7.2.1 Die Gewerbeordnungen

Die Gewerbeordnung für den Norddeutschen Bund vom 21. Juni 1869 bestätigte die ausschließliche Berechtigung der Apotheker zum Verkauf von Arzneimitteln einer bestimmten, in einer Ausfühungsverordnung vom 4. Januar 1875 genau festgelegten Zahl. (Böttger 1880a:9, Anm.1) In deren Fortführung stellte die **Reichsgewerbeordnung vom 26. Juli 1900** (RGO) in ihrem ersten Titel klar:

> "Das gegenwärtige Gesetz findet keine Anwendung auf ... die Errichtung und Verlegung von Apotheken ... Auf ... den Verkauf von Arzneimitteln,..... findet das gegenwärtige Gesetz nur insoweit Anwendung, als dasselbe ausdrückliche Bestimmungen darüber enthält (§ 6, zit. nach v. Landmann/Rohmer 1917:98)

Trotz dieser Einschränkung enthielt die Gewerbeordnung aber auch Bestimmungen über die Apotheker: der § 29 der RGO machte die Zulassung zum Apothekerberuf von einer Approbation abhängig. Diese Bestimmung galt (auch rückwirkend) reichseinheitlich - was nach 1945, als Ministerialerlasse den Zustrom von Apothekern in die amerikanische Zone beschränken wollten (dort war die Niederlassungsfreiheit eingeführt worden), zur Rücknahme solcher Erlasse führte. (Hornung 1955:60; vgl. auch Kap. 11.1.1).

Schon als bei der Beratung der Gewerbeordnung für den Norddeutschen Bund waren Stimmen laut geworden waren, die auch eine Einbeziehung der Apotheken in die Bestimmungen des Gesetzes forderten, intervenierten die neu entstandenen Interessenvertretungen des Apothekerstandes (vgl. Kap. 10.2) sofort. Drei Gründe machte der Norddeutsche Apothekerverein gegen eine Einbeziehung der Apotheker in die Gewerbeordnung geltend:
- die "öffentliche Wohlfahrt";
- die "Solidität und wissenschaftliche Bildung des Apotheker-Standes" und
- die "wohlberechtigten Privatinteressen."

(vgl. Norddeutscher Apotheker-Verein 1868:4).
Insbesondere der zweite Punkt, in dem sich das Selbstverständnis des Standes deutlich widerspiegelte, wurde als Argument gegen eine Einbeziehung angeführt:

> "Ein ... wichtiger Grund, der dem Vorschlag für Gewerbefreiheit entgegensteht, ist der, daß ein bisher durch seine wissenschaftliche Bildung und Solidität allgemein geachteter Stand durch die Gewerbefreiheit zu Mitteln und Wegen würde gezwungen werden, welche seiner Thätigkeit entschieden Abbruch thun müßten. Es wird durch hunderte von Zeugnissen bestätigt, daß die einsichtsvollen und gebildeten Apotheker und Medicinalpersonen derjenigen Länder, in welchen die Gewerbefreiheit für Apotheker herrscht, sehr wohl zu

schätzen wissen, welche Achtung und wissenschaftliche Bedeutung der Apothekerstand sich dort bewahrt hat, wo das Concessionswesen eingeführt ist." (Norddeutscher Apotheker-Verein 1868:6)

Wie das Ergebnis der Beratungen zeigt, hat sich sowohl die Vertretung des Norddeutschen Bundes, als auch später der Reichstag dieser Argumentation nicht widersetzt: die Apotheker wurden ausdrücklich von der Gewerbefreiheit ausgenommen.

§ 80 der RGO regelte die Aufstellung von Taxen durch die 'Centralbehörde'. Solche Taxen waren als "Maximaltaxen" (Lewinsky 1917:34) angelegt, ließen also (nur) Ermäßigungen zu. § 6 RGO bestimmte zusätzlich, daß eine Kaiserliche Verordnung festlegen sollte, "welche Apothekerwaaren dem freien Verkehr überlassen werden sollten" (Pistor 1894:6). Die tatsächlich am 22. Oktober 1901 erlassene Kaiserliche Verordnung 'betreffend den Verkehr mit Arzneimitteln' (RGBl. 1901:380 ff) ging dann aber den umgekehrten Weg: Sie erschien als "negative Liste" (Hornung 1955:60) und bestimmte, daß die in ihrem Anhang aufgeführten Stoffe **nicht** außerhalb der Apotheken verkauft werden durften.

7.2.2 Sonstige das Apothekenwesen betreffende Reichsgesetze

Neben den Vorschriften der Reichsgewerbeordnung erschienen auch in verschiedenen anderen Wirtschafts- und Zivilgesetzen Bestimmungen, welche die Apotheken betrafen, bzw. auf deren Betrieb Auswirkungen hatten. Dabei sind zu nennen:
- das Arzneibuch für das Deutsche Reich und
- die Prüfungsvorschriften für Apotheker,

auf die noch eingegangen wird (vgl. Kap. 9.3 bzw. 9.1.2).
Daneben galten reichsrechtlich auch noch die hier nicht zu besprechenden Bestimmungen
- der Maaß- und Gewichtsordnung von 1884,
- der Verordnung über den Verkehr mit Arzneimitteln,
- und der Wehrordnung von 1888 betr. das Militairapothekenwesen

(vgl. die Aufstellung bei Feldhaus 1891:1)

In den Reichsjustizgesetzen finden sich einige Bestimmungen über die Befähigung der Apotheker zum Schöffenamt (§ 35, Nr. 4 Gerichtsverfassungsgesetz) und zur Ernennung von Apothekern zu Sachverständigen (§ 75 Strafprozeßordnung), sowie über Verfahren im Konkurs (§ 811 Civilprozeßordnung, § 16 Konkursordnung). (vgl. Günzel 1905:19f; Lewinsky 1917:35f)
Wirtschaftliche Regelungen finden sich darüberhinaus im Handelsgesetzbuch von 1897 (Regelung der Arbeitsverhältnisse in den Apotheken; vgl. Solbrig u.a

1927:5f). Der Apotheker war im Sinne des Handelsgesetzbuches Kaufmann und mußte "wenn sein Betrieb über den Umfang des Kleingewerbes hinausging, seine Firma zur Eintragung in das Handelsregiester anmelden und kaufmännische Bücher führen." (Günzel 1905:20)

7.3 Apothekenaufsicht im Nationalsozialismus

Die nationalsozialistische Diktatur nach 1933 war sich der Notwendigkeit einer Kontrolle des Apothekenwesens wohl bewußt, wenngleich aus ihren eigenen ideologischen Motiven: "Zu einer der wesentlichsten öffentlichen Aufgaben gehört der Dienst an der Volksgesundheit" (Wirtz 1938:15); ihn galt es effektiv zu organisieren. Zudem war es das Ziel, "die Bedingungen, denen der Apotheker genügen muß, um dem Staate würdig zu erscheinen, den Apothekerberuf auszuüben", in feste Normen zu packen (Wirtz (1938:16) in einer auch sonst gehorsam mit dem Zeitgeist marschierenden Dissertation).
Auch wenn Kahler (1937:4) eine völlige Neuordnung des Apothekenwesens ankündigte -

> "Der nationalsozialistische Staat hat denn auch die Regelung des Apothekenwesens wieder frisch und tatkräftig angenommen. Er will dabei zwar nicht das Gesamtproblem in einem Zuge lösen, sondern er nimmt die einzelnen Fragen je nach ihrer Dringlichkeit vor und ordnet sie nach national-sozialistischen Grundsätzen."

- waren bis zu diesem Zeitpunkt die wesentlichsten Veränderungen in der Apothekenaufsicht des NS-Staates schon vollzogen worden: die Schaffung einer einheitlichens staatlichen Gesundheitsaufsicht 1934/35 und die Einführung der Reichsapothekerordnung von 1937.

7.3.1 Die Schaffung einer einheitlichen Gesundheitsaufsicht 1934/35

Am 3. Juli 1934 wurde das **'Gesetz zur Vereinheitlichung des Gesundheitswesens'** (GVG; RGBl. I 1935:531 ff) erlassen. Es sah in seinem § 1 die Schaffung von staatlichen Gesundheitsämtern "in Anlehnung an die untere Verwaltungsbehörde" zur Durchführung des öffentlichen Gesundheitsdienstes vor. Leiter des Gesundheitsamtes war immer ein staatlicher Amtsarzt (§ 2). Die Gesundheitsämter sollten einheitlich staatlicher Art sein (§ 4), bestehende kommunale Ämter konnten aber als Gesundheitsämter anerkannt werden. Ob die damit angestrebte Zusammenfassung der Gesundheitsvorsorge mit der (schon immer staatlichen) amtsärztlichen Tätigkeit (vgl. hierzu Kap. 8.3) Anlaß genug war, gleich die gesamte, teilweise kommunale Gesundheitsverwaltung der Ämter zu verstaatlichen, "muß aus heutiger Sicht bezweifelt werden" (Seele 1983:322).

Zu den Aufgaben der Ämter zählte § 3 I, Nr.1a des Gesetzes auch die "Gesundheitspolizei" (RGBl. I 1935:531). Zu dem Gesetz wurde am 6. Februar 1935 eine Erste Durchführungsverordnung erlassen (RGBl. I 1935:177 ff), in der in § 2 festgehalten wurde, welche untere staatliche Gliederung der Sitz des Gesundheitsamtes werden sollte; in Preußen waren das die **Stadt- und Landkreise**. Die Gesundheitsämter waren nach dieser Verordnung beratende Behörden der mit der Ausführung beauftragten Stellen denn:

> "Die Durchführung der von ihnen vorgeschlagenen Maßnahmen verbleibt denjenigen Stellen, die bisher dazu verpflichtet waren oder sie freiwillig übernommen hatten." (RGBl. I 1935:177)

In Angelegenheiten der Gesundheitspolizei waren die Gesundheitsämter demnach "ärztliche Berater der Gesundheitspolizeibehörde" (§ 4 III). Eine Zweite Durchführungsverordnung erging am 22. Februar 1935 (RGBl. I 1935:215 ff). Sie enthielt den allgemeinen Teil der Dienstordnung. In dem hier zu besprechenden Zusammenhang ist der § 1 interessant, der als Aufgabe der Gesundheitsämter festhielt: "1. die gesundheitlichen Verhältnisse des Bezirks zu beobachten" (RGBl. I 1935:215). Dabei festgestellte Mißstände sollten den zuständigen Behörden zur Kenntnis gebracht werden.

Die für die Beaufsichtigung der Apotheken entscheidenden Bestimmungen fanden sich dann in der **Dritten Durchführungsverordnung zum GVG** vom 30. März **1935** (abgedruckt bei Federhen 1967:24 ff). § 3 I der Verordnung stellte fest: "Das Gesundheitsamt beaufsichtigt den Geschäftsbetrieb in den selbständigen Apotheken (Vollapotheken) ..." (zit. nach Federhen 1967:25). Dabei sollten die Apotheken des jeweiligen Bezirks **einmal jährlich** von einem beamteten Arzt unvermutet besucht und auf Ordnung und Sauberkeit überprüft werden (§ 3 II).

Die normalen Besichtigungen waren vom Medizinalreferenten der Aufsichtsbehörde durchzuführen, ausnahmsweise konnte der Amtsarzt des Gesundheitsamtes mit der Besichtigung beauftragt werden (§ 4 II). Dabei wurden auch die Zulassungen der Apothekerassistenten und Praktikanten (Lehrlinge) überprüft (§§ 6 und 7). Hinsichtlich der Praktikanten blieb es bei der bekannten Regelung, daß sie erst nach einem Zulassungszeugnis des Amtsarztes ihre Ausbildung antreten durften. In der Frage der Konzessionierung wurde angeordnet, der Amtsarzt solle darauf achten,

> "...daß die für eine geregelte Arzneiversorgung notwendige Vermehrung der Apotheken mit der Zunahme der Bevölkerung tunlichst gleichen Schritt hält." (§ 9 I, zit. nach Federhen 1967:27)

Der Amtsarzt hatte deshalb die Errichtung neuer Apotheken anzuregen bzw. zu begutachten (§ 9 II).

7.3.2 Die Beaufsichtigung der Apothekerschaft

Neben dem Erlaß einer neuen Prüfungsordnung für Apotheker am 8. Dezember 1934 und der Bestallungsordnung am 8. Oktober 1937 ist die bedeutendste Regelung des Apothekenwesens, die während der NS-Zeit ergangen ist, die **Reichsapothekerordnung** vom 18. April 1937 (RGBl. I 1937:457 ff). Die Reichsapothekerordnung (im folgenden RApO) enthielt in ihrem § 1 die Beschreibung des Apothekerberufes mit der Aufgabe der Versorgung der Bevölkerung mit Arzneimitteln; der Apotheker erfüllte danach eine "öffentliche Aufgabe" (§ 1, Satz 2). Er war deshalb nach § 4 RApO verpflichtet, "seinen Beruf gewissenhaft auszuüben" und sich "des Vertrauens würdig zu zeigen", das seinem Beruf entgegengebracht werde - diese Bestimmung war dann die materiell-rechtliche Grundlage für die neue Berufsgerichtsbarkeit der Apotheker (Martens 1955:88). Die Formulierungen waren an ähnliche Bestimmungen des Beamtenrechts angelehnt, um die besondere Stellung des Apothekers zu dokumentieren (Kahler 1937a:25). Der Paragraph 4 der RApO ist übrigens der einzige Teil dieser Rechtsnorm, der immer noch Gültigkeit besitzt; seine Nichtaufhebung wurde deshalb von der 'Kommission zur Gesetzes- und Verwaltungsvereinfachung Nordrhein-Westfalen' zu recht kritisiert (vgl. Kommissionsbericht 1983:51). § 2 der RApO enthielt die Bestimmung, daß den Apothekerberuf nur ausüben dürfe, wer von der zuständigen Behörde als Apotheker bestallt sei. Dieser Paragraph löste den bis dahin für die Apotheker gültigen, sinngemäß gleichen § 29 der Reichsgewerbeordnung ab.

Die wichtigsten Elemente der neuen Apothekerordnung waren aber die **Gründung einer Reichsapothekerkammer** als Körperschaft des öffentlichen Rechts und die gleichzeitige Einführung einer eigenen **Berufsgerichtsbarkeit** der Apotheker. (Martens 1955:86) Es wurden danach eine Reichsapothekerkammer (§ 5 RApO) und eine nicht genannte Zahl von Bezirksapothekerkammern (§ 6) eingerichtet. An der Spitze der Reichsapothekerkammer stand ein 'Reichsapothekerführer'. Aufgabe der Kammern war es nach § 12 I RApO:

"1. die Apotheker beruflich zu schulen und fortzubilden,
2. über die Wahrung der Berufsehre der Apotheker und die Erfüllung ihrer Berufspflichten zu wachen,
3. die Behörden und sonstigen Dienststellen in Fragen des Apothekenwesens und Arzneimittelverkehrs zu beraten,
4. Fürsorgeeinrichtungen für Apotheker zu schaffen,
5. für ein gedeihliches Verhältnis der Apotheker untereinander zu sorgen."

Zur Beaufsichtigung der 'Berufspflichten' der Apotheker wurde eine eigene, der Aufsicht des Reichsinnenministers unterstellte (§ 22 RApO) Berufsgerichtsbarkeit geschaffen. Sie konnte gegen Apotheker zum Teil drastische Strafen verhängen (bis hin zum Berufsverbot; vgl. § 16 I RApO; weiter hierzu in Kap. 10.2.4).

8. Die Organisation des Preußischen Medizinalwesens bezüglich der Apothekenaufsicht

8.1 Ministerial-Ebene

8.1.1 Die Herausbildung einer einheitlichen Medizinalverwaltung auf der obersten Ebene (1808-1849)

Auf der Errichtung des Collegium Medicum in Berlin 1685, seine Aufwertung zum Ober-Collegium Medicum in Zusammenhang mit dem Medizinaledikt von 1725 sowie seine Vereinigung mit dem Ober-Collegium Sanitatis zum **Ober-Collegium Medicum et Sanitatis** 1799 ist schon eingegangen worden. Danach standen alle Medizinalpersonen bei der Ausübung ihrer Kunst unter der Aufsicht der Provinzial-Kollegien und des Ober-Collegiums, "dergestalt, daß in erster Instanz von jener und in zweiter Instanz von dieser erkannt (wurde)." (Rust 1838:43) Die Errichtung des Ober-Collegiums und die Unterstellung der Provinzial-Kollegien unter dieses Gremium stellte damit eine Abkehr von der Idee einer einheitlichen Staatsverwaltung der inneren Angelegenheiten (außerhalb der Justizverwaltung) dar, die 1723 der Errichtung des 'Generaldirektoriums' zugrunde gelegen hatte (so v.Rönne 1864:36).

1786 wurde die unabhängige Verwaltung des Medizinalwesens durch das Ober-Collegium Medicum zurückgenommen und durch eine Verordnung Friedrich Wilhelms II. vom 28. September wieder die oberste Kompetenz des Generaldirektoriums in allen "in die Landes-Verfassung und Polizei" einschlagenden Geschäften des Medizinalwesens hergestellt (Rust 1838:66; vgl. auch Kap. 6.3). 1797 ging aber "für die Medizinal-Verwaltung und deren unabhängige Stellung noch einmal ein leuchtender Stern am medizinischen Horizonte" auf (Rust 1838:66): In diesem Jahr wurde das Ober-Collegium Medicum dem **Ober-Medicinal-Departement** untergeordnet, das als eigenes, nicht zum Generaldirektorium gehörendes - anders Lindes (1836:328): "als einem Teil des Generaldirectorii, jedoch unabhängig von diesem" - unmittelbar unter dem König stehendes Ministerial-Departement errichtet worden war (v.Rönne 1864:42; ders. 1883:57). Dem Departement oblag die Aufsicht über sämtliche Medizinal- und Sanitäts-Kollegien und Sanitäts-Anstalten. (vgl. v.Rönne 1871:129). Es war nach seiner Instruktion vom 27. Januar 1797 unter anderem zuständig für:

- die Aufsicht über die Amtsprüfung der Apotheker und
- die Aufsicht über die Königliche Hofapotheke.

(vgl. Pistor 1908/09:247)

Das Departement bestand bis **1808**, als das **Ministerium des Innern** die gesamte innere Landesverwaltung mit Ausnahme der Finanz-, Militär, und Rechtsangelegenheiten übernahm (v.Rönne 1871:129). Bei dieser umfassenden Verwaltungsreform sah man von der Schaffung besonderer Medizinalbehörden in der Provinzial- und Zentralinstanz ganz ab,

> "... die von früher her bestehenden Medizinalbehörden wurden daher aufgehoben und an deren Stelle traten den Regierungen und dem Ministerium des Innern als sachverständige Beiräthe zugetheilte technische Deputationen für das Sanitäts- und Medizinalwesen." (v.Stengel 1894:446)

Insbesondere wurde das **Ober-Collegium Medicum et Sanitatis aufgelöst** und an dessen Stelle im Ministerium des Innern eine Abteilung für Medizinalangelegenheiten errichtet (Eulenberg 1874:2); die wissenschaftliche Deputation für das Medizinalwesen wurde ihr unterstellt (ders. 1874:3; vgl. auch v.Rönne/Simon 1844:56). Das Publikandum 'betreffend die veränderte Verfassung der obersten Staatsbehörden der Preußischen Monarchie' vom 1. Dezember 1808 (Gesetzsammlung 1822:361 ff) begründete die Veränderungen in der zentralen Staatsverwaltungsmit den "Fortschritten des Zeitgeistes" und der politischen Lage, die eine Konzentrierung der Verwaltungsgeschäfte "in einem obersten Punkt" und eine "möglichst kleine Zahl oberster Staatsdiener" erforderte (ebd.:361f). Diese Verordnung schuf ein in sechs Sektionen aufgeteiltes Innenministerium, in dessen Zuständigkeit alles fiel, was die Grundverfassung des Staates und das innere Staatsrecht berührte, insbesondere auch die gesamte Polizeiverwaltung (mit Ausnahme der Aufsicht über das Forst- und Jagdwesen; vgl. v.Stengel 1884:70). Die Medizinalverwaltung unterstand dabei nach § 4 des Publikandums dem Departement des Innern in Abteilung 5. Die Leitung dieser Abteilung oblag "je nach nachdem die Sachen dazu geeignet sind" dem Minister des Innern oder einem besonderen Dirigenten unter diesem (zit. nach Gesetzsammlung 1822:363). Die Zuordnung erfolgte laut einer Kabinettsorder des Königs,

> "... weil ihr Geschäftskreis (*der der Medizinalsektion; der Verf.*) in vielfach sehr wesentlichen und sogar unzertrennlichen Beziehungen zu dem Kreise der allgemeinen Polizei stehe ..." (Pistor 1908/09:506)

In der Folge des Publikandums wurde dann durch Königliche Order vom 13. Dezember 1809 das Ober-Collegium Medicum et Sanitatis aufgelöst. (vgl. v.Rönne/ Simon 1844:53; v.Rönne 1871:129) Schon **1810** wurde die besondere Organisation des Medizinalwesens im Ministerium des Innern wieder aufgehoben: Durch eine Verordnung vom 27. Oktober 1810 (G.S. 1810:3 ff) wurde das Medizinalwesen der 'Abteilung der allgemeinen Polizei' untergeordnet. Gleichzeitig wurde die dem

Ober-Collegium ehedem nachgeordnete Wissenschaftliche Deputation für das Medizinalwesen ebenfalls dieser Abteilung unterstellt.
In der Instruction für das Ober-Collegium Medicum et Sanitatis vom 9. November 1799 hatte sich für die Medizinalkollegien die Aufgabenbestimmung gefunden, daß sie "ihre beständige Aufmerksamkeit auf Entfernung alles desjenigen, was der menschlichen Gesundheit nachtheilig werden könnte" richten und "diese durch Belehrungen und Veranlassung polizeilicher Maßregeln abstellen" sollten (zit. nach Rust 1838:65). Diese ratgeberische Funktion übertrug sich nun auf die Wissenschaftliche Deputation für das Medizinalwesen. Damit änderte sich auch die Funktion der Provinzial-Kollegien. Nach der Reform war "die Aufsicht über die gesamte eigentliche Medizinal-Polizei an die betreffenden Regierungen", die "Jurisdiction in Medizinalsachen aber an die Justiz-Behörden" übergegangen (Rust 1838:39). Damit war für die Verwaltung des Medizinalwesens ein **doppelter Instanzenzug** geschaffen:

a) in **wissenschaftlicher Hinsicht** von den Physici über die Provinzial-Medizinal-Kollegien zur Wissenschaftlichen Deputation für das Medizinalwesen;
b) in **administrativer Hinsicht** von den Physikats- oder sonstigen Polizeibehörden über die Regierungen an das Ministerium.

(vgl. Rust 1838:74f)
Den vorläufigen Höhepunkt der Entwicklung der Medizinalverwaltung bildete die Errichtung eines eigenen Ministeriums für Kultus und Unterricht und das Medizinalwesen **1817**. Schon 1814 war bei der Neuordnung der Staatsverwaltung nach Beendigung der Befreiungskriege das Ministerium des Innern einem eigenen Minister unterstellt worden, der ausdrücklich auch für die Medizinalpolizei zuständig war (Kabinetts-Order vom 3. Juni 1814; G.S. 1814:40 ff; vgl. auch Bornhak 1890: 198f). Durch Königliche Order vom 3. November 1817 wurde nun angeordnet, daß das Ministerium des Innern "das Departement für den Kultur und Unterricht und das damit in Verbindung stehende Medizinalwesen" abgeben solle. Gleichzeitig wurde ein besonderes **Ministerium für die geistlichen, Unterrichts- und Medizinalangelegenheiten** eingerichtet, dem dann "der wirklich geheime Staatsminister Herr Freiherr von Altenstein als Chef vorgesetzt" wurde (Rust 1838:759). Neben ihm bestand diese Behörde noch aus einem Director und technischen und administrativen vortragenden Räten (Horn 1863:17).
Dem Rang nach waren die im Ministerium eingesetzten 'Geheimen Ober-Medizinalräthe' der zweiten (wenn sie auch gleichzeitig vortragende Räte des Ministeriums waren) bzw. der dritten Rangklasse zugeordnet; die 'Obermedizinalräthe' gehörten zur dritten Klasse. Die 'Obermedizinalräthe' und die 'Medizinalräthe' bei den Provinz-Kollegien entsprechen den wirklichen Regierungs- und Ober-

Landesgerichtsräten und standen mit jenen in der vierten Rangklasse (vgl. Schnitzer 1832:192)

> "Sämtliche Regierungen und Medizinal-Collegien wurden ... auch angewiesen, und zwar erstere in allen medicinisch-polizeilichen und letztere in allen wissenschaftlichen angelegenheiten, an dieses Ministerium zu berichten und dessen Anordnungen Folge zu leisten." (Rust 1838:75f)

Die Gründe für die Zuordnung des Medizinalwesens zu diesem Ministerium sind heute nicht mehr nachvollziehbar; Akten darüber existieren nach Pistor (1908/09: 509) keine. Belegbar ist aber, daß die Abtrennung der Medizinalverwaltung von der allgemeine Landespolizei Probleme schuf, zumal in der **Provinzialinstanz** beide Verwaltungszweige weiterhin in einer Behörde vereinigt blieben. Die Folgen waren Ressortstreitigkeiten zwischen beiden Ministerien, die aber letzlich beigelegt werden konnen. Im Jahr **1824** machte eine vom König eingesetzte Kommission zur Untersuchung des Staatshaushaltes aus Ersparnisgründen den Vorschlag,

> "... in dem Medizinalwesen den polizeilichen Teil von dem technisch-wissenschaftlichen zu trennen, jenen dem Ministerium des Innern zu überweisen, die Verwaltung des technisch-wissenschaftlichen Teiles dagegen, d.h. die höchste wissenschaftliche Aufsicht über das gesamte Medizinalwesen, die Begutachtung aller Einrichtungen und die selbständige Leitung der medizinischen Unterrichtsanstalten, in dem Ministerium der geistlichen und Unterrichts-Angelegenheiten, wie bisher, von einer besonderen, von dem Minister selbst zu dirigierenden Abteilung besorgen zu lassen." (Pistor 1908/09:510)

Dieser Vorschlag wurde durch Order vom 31. August 1824 auch umgesetzt und somit die polizeiliche Verwaltung des Medizinalwesens (Ministerium des Innern) von der technisch-wissenschaftichen Verwaltung (Ministerium der geistlichen etc. Angelegenheiten) getrennt (vgl. Rust 1838:78; v.Rönne/Simon 1844:61). Dem Ministerium der geistlichen etc. Angelegenheiten wurden dabei neben der Prüfung, Anstellung und Beaufsichtigung aller Medizinalpersonen u.a. auch "die gesamten Apotheker-Angelegenheiten" zugeteilt (v.Rönne 1864:119). Auch diese Trennung zog Kompetenzschwierigkeiten nach sich :

> "...über die Ausführung dieser Bestimmungen, welche durch eine Vereinbarung der Minister der Medizinalangelegenheiten und des Innern vom 22. März 1825 näher abgegrenzt wurden, ergaben sich bald wieder neue Zweifel und Meinungsverschiedenheiten." (Pistor 1908/09:513)

Die Vereinbarung von 1825 erkannte die häufige "Ungewißheit über das obwaltende Ressortverhältnis" an und versuchte diese zu beseitigen; dabei wurde der Schwerpunkt der Leitung des Medizinalwesens dem Ministerium des Innern zugewiesen. (vgl. Walther/Zeller 1830:1f) Trotz der offenkundigen Unzulänglichkeiten der Trennung von Medizinalverwaltung und Medizinalpolizei "schleppten sich" die Bemühungen um eine Verbesserung der Situation "fast zwei Jahrzehnte hin" (Pistor 1908/09:515), da jedes der beiden Ministerien die ungeteilte Verwaltung des Medizinalwesens für sich forderte. Die Auseinandersetzungen endeten schließlich damit, daß durch königliche Order **1849** die **gesamte Medizinalverwaltung** einschließlich der Medizinal- und Sanitätspolizei auf das **Ministerium der Unterrichts- und Medizinalangelegenheiten** übertragen wurde.

8.1.2 Sechs Jahrzehnte im Fachministerium (1849-1911)

Die endgültige Zusammenlegung aller Kompetenzen zu einer einheitlichen Fachbehörde für das Medizinalwesen erfolgte durch den schon genannten Allerhöchsten Erlaß vom 22. Juni 1849 (G.S. 1849:335). Mit dieser Verordnung wurde dem Minister der Unterrichts- und Medizinalangelegenheiten die alleinige Verantwortung für das Medizinalwesen übertragen; mit der Maßgabe, in Fragen, die das Sachgebiete eines anderen Ressorts berührten, mit diesem in Kontrakt zu treten (vgl. auch v.Rönne 1871:85,130). In der Regel mußte dabei der Kontakt zum Ministerium des Innern gehalten werden, so etwa bei Problemen, die in das Gebiet der allgemeinen Polizei fielen. In Fragen der Gesundheitspflege in den Verwaltungszweigen, die als solche einem anderen Ministerium unterstanden (z.B. Gewerbe-Hygiene, Baupolizei) hatte die Medizinalabteilung des Ministeriums nur das "Korreferat" (Pistor 1908/09:147). Das Ministerium hatte also nach dieser Zusammenlegung drei Aufgabenschwerpunkte in Bezug auf das Medizinalwesen:

"a) die oberste Leitung der gesamten Medizinal- und Sanitätspolizei;
b) die Aufsicht über die Qualifikation des gesamten Medizinal-Personals, die Verwendung desselben im Staatsdienst und die Handhabung der Disziplinargewalt;
c) die Oberaufsicht über die öffentlichen und Privat-Krankenanstalten."
(Wernich 1887:442; vgl. auch Eulenberg 1874:5)

Das Prinzip einer einheitlichen Medizinalpolizei wurde aber schon 1872 wieder aufgegeben, als die Veterinärpolizei dem Minister für Landwirtschaft, Domainen und Forsten unterstellt wurden (Pistor 1890:146). Da das Ministerium auch noch andere Aufgabengebiete zu betreuen hatte, gliederte es sich auf der obersten Ebene in drei Abteilungen:

"1. Für die geistlichen,
2. für die Unterrichts-,
3. für die Medizinalangelegenheiten."
(de Grais 1882:51)

Die Unterrichtsabteilung teilte sich nochmals in zwei Unterabteilungen auf (vgl. Parey 1887:131).

Zur Erledigung ihrer Aufgaben bestand die Medizinalabteilung zunächst aus einem Director (dem 'Unterstaats-Sekretair') und aus vortragenen, "theils technischen, theils für die Administration qualifizierten Räthen" (v. Rönne 1871:131, Anm. 2) Gegen Ende des Jahrhunderts wuchs die Behörde stärker an: Waren **1890** neben dem Ministerial-Direktor, dem Generalstabsarzt der Armee, "einem Justitiarius, einem Kassenrath, einem Baurath", drei vortragende staatsärztliche Räthe angestellt (Pistor 1890:146), waren es **1901** schon vier vortragende, medizinisch-technische Räte ('Geheime Medizinalräthe' bzw. 'Geheime Obermedizinal-Räthe'), unterstützt durch mehrere 'technische Hilfsarbeiter' (darunter je ein Psychiater, ein praktischer Arzt und auch ein **Apotheker**; vgl. Rapmund 1901:66). **1906** war die Zahl auf fünf vortragende Räte angestiegen, die ebenfalls von einem Direktor geleitet und von akademischen 'Hilfsarbeitern' unterstützt wurden (vgl. die genaue Aufstellung bei Schwalbe 1906:8).

Zur Erfüllung der Fachaufgaben unterstanden der Medizinalabteilung verschiedene Fachgremien, die teilweise auch für das Apothekenwesen zuständig waren:
a) die **Wissenschaftliche Deputation für das Medizinalwesen**, die nach der Verordnung von 1808 an die Stelle des Ober-Collegium Medicum getreten war (Horn 1863:17; vgl. auch Kap. 8.1.1). Sie war nach § 1 ihrer Instruktion vom 23. Januar 1817 (abgedruckt bei Eulenberg 1874:6 ff) eine "wissenschaftliche consultative Behörde, welche die theoretischen Ausbildung der medizinischen Disziplinen verfolgen ... und durch Bewertung der Resultate, welche zu jeder gegebenen Zeit dieser Ausbildung liefert, die Leitung der Medizinal-Verwaltung erleichtern soll." Ihre Aufgabe bestand in der Erstellung von Gutachten und Stellungnahmen in wichtigen Einzelfällen; sie war "letzte Instanz für wissenschaftliche Gutachten" (Feldhaus 1891:2). Die Deputation sollte ausdrücklich **nicht** in die Verwaltung eingreifen (Böttger 1880a:3). Diese Aufgabenstellung behielt sie auch nach der Neufassung ihrer Geschäftsanweisung 1888 bei (vgl. M.Bl. für die innere Verwaltung 1888:193 ff). Einzige über diese beratenden Tätigkeiten hinausgehende Aufgabe der Deputation war die Erarbeitung der Prüfungen für die Anstellung als Kreisphysikus nach 1875 (Pistor 1890:148). Die Rolle der Wissenschaftlichen Deputation entsprach damit derjenigen, die die Medizinal-Kollegien auf der Provizinalebene inne hatten (Bornhak 1890:200).
b) Die **Ober-Examinationskommission für die höheren Staatsprüfungen der Medizinalpersonen**, die durch das Prüfungs-Reglement vom 1. Dezember 1825 geschaffen worden war. In diesem Reglement war u.a. festgelegt worden, daß alle Pharmazeuten "behufs Prüfung als Apotheker erster Klasse" vor dieser Kommission zu

examinieren waren (§ 5 III; vgl. Horn 1863:21). Die Ober-Examinationskommission stand dabei "unmittelbar unter der Aufsicht und Leitung des Ministeriums" (v.Rönne 1871:132). Aus der Notwendigkeit, die Prüfungen im Interesse der Kandidaten zu dezentralisieren, wurden später auch an den Universitäten Bonn, Breslau, Greifswald, Halle und Königsberg "delegierte Examinations-Kommissionen" eingerichtet. (Horn 1863:32)

c) Die **Technische Kommission für pharmaceutische Angelegenheiten**, die ursprünglich 1832 zur Bearbeitung und Revision der Arznei-Taxe gegründet worden war (v.Rönne 1871:132). Sie war nach ihrer Instruction vom Oktober 1849 (abgedruckt bei Kletke 1874:15 ff) ebenfalls eine konsultative Behörde (§ 1), die aus ehrenamtlichen Mitgliedern bestand (§ 4) und unter der ausschließlichen Beaufsichtigung des Ministers der Medizinal-Angelegenheiten stand (§ 5). Die Kommission bestand neben einem Ministerialrat als Vorsitzendem aus Berliner Apothekenbesitzern (Feldhaus 1891:1); 1906 waren das deren vier (vgl. Schwalbe 1906:9).

d) Der **Apothekerrat**, der durch Kabinettsorder 1856 geschaffen wurden. Er bestand aus dem Dirigenten der Medizinalabteilung als Vorsitzendem, aus den vortragenden Räten der Abteilung sowie aus je vier besitzenden und nichtbesitzenden Apothekern und war nach seiner Geschäftsanweisung vom 29. April 1896 als Beratungsorgan der Medizinalverwaltung in Organisations- und Verwaltungsfragen, die das Apothekenwesen betrafen, eingesetzt. (Pistor 1890:67) Der Apothekerrat ging später zusammen mit der 'Technischen Kommission' in der Republik im Landesgesundheitsrat auf (Min. für Volkswohlfahrt 1927:364).

Das Kultusministerium war neben diesen Kommissionen - gemeinschaftlich mit dem Ministerium des Königlichen Hauses - für die seit 1764 bestehende Hof-Apotheken-Kommission in Berlin zuständig, der die gesonderte Beaufsichtigung der Königlichen Hof-Apotheken oblag. (v.Rönne 1871:133f) Festzuhalten bleibt, daß bis Ende des 19. Jahrhunderts (Einrichtung des Apothekerrates 1896) **Apotheker in keiner Behörde** der Ministerialebene der preußischen Medizinalverwaltung vertreten waren - mit Ausnahme der erwähnten 'Technischen Kommission', deren Mitglieder aber nicht von den Apothekern gewählt, sondern vom Minister ernannt wurden. (Berendes 1907:255)

8.1.3 Die Rückkehr ins Innenministerium (1911-1919)

Nachdem die Medizinalverwaltung über sechs Jahrzehnte einem autonomen Fachministerium zugeordnet gewesen war, wurde sie durch einen allerhöchsten Erlaß vom 30. November 1910 (G.S. 1910.21) mit Wirkung zum **1. April 1911** wieder an das **Innenministerium** abgegeben - zum zweiten Mal nach der Periode von 1808 bis 1849. Der Grund für diese Umsetzung (die auch von Medizinalbeamten schon lange gefordert worden war; vgl. Rapmund 1901:66), lag neben der zunehmenden Belastung des Kultusministeriums durch den Ausbau des Unterrichtswesens auch in der ausgedehnten und veränderten Aufgabenstruktur der Medizinalverwaltung:

> "Nach dem Erlaß der wichtigen Seuchengesetze von 1900 und 1905 sowie namentlich nach Durchführung des Kreisarztgesetzes und der neuen Dienstanweisung für die Kreisärzte hatten ... gerade die sanitätspolizeilichen Aufgaben der Medizinalverwaltung bzw. der Kreisärzte und andere auf medizinalpolizeilichem Gebiete liegenden Geschäfte an Umfang derart zugenommen, daß doch von vielen Sachverstädigen die Notwendigkeit betont wurde, die Medizinalverwaltung wieder dem für alle polizeilichen Sachen in erster Linie zuständigen Ministerium des Innern anzugliedern." (Min für Volkswohlfahrt 1927:28)

So zogen "trotz gewisser Bedenken der Mitglieder der Medizinalabteilung von der ihnen lieb gewordenen Arbeitsstätte zu scheiden" (Min. für Volkswohlfahrt 1927:28 f), am 1. April 1911 die nunmehr 40 Medizinalbeamten der Abteilung vom Kultus- in das Innenministerium um. (Möller 1929:44) Dieser Umzug wurde - zusammen mit der zufällig gleichzeitigen Pensionierung des bisherigen Abteilungsleiters, eines Juristen, dazu genutzt, einem schon früher geäußerten Wunsch nachzukommen und einen **medizinisch vorgebildeten Beamten** zum Leiter der Medizinalabteilung zu machen. Damit war zum ersten Mal seit der - kurzzeitigen - Besetzung der Leitung des Ober-Collegium-Medicum durch Friedrich den Großen "ein Arzt an leitender Stelle mit der Verwaltung des öffentlichen Gesundheitswesens in Preußen betraut." (Min. für Volkswohlfahrt 1927:29f) Die Zuordnung zum Innenministerium wurde von den Medizinalbeamten selbst im Nachhinein eher negativ beurteilt:

> "Immerhin kann aber soviel gesagt werden, daß die Mitglieder der Medizinalabteilung besondere Vorteile, die etwa aus der Ueberleitung der Medizinalverwaltung vom Kultusministerium in das Ministerium des Innern in Erscheinung hätten treten können, zu keiner Zeit feststellen konnten." (Min. für Volkswohlfahrt 1927:35)

Der Hintergrund dieser Distanz lag zum einen in dem völlig andersartigen Arbeitsgebiet der Medizinalbeamten, zum anderen in deren anderer Vorbildung und Berufsstruktur:

> "Dazu kam, daß in den ersten Jahren die Tätigkeit der nach der ganzen Art ihres Arbeitsgebietes neuartigen Abteilung für die anderen Mitglieder des Ministeriums des Innern die bisher ausschließlich aus den Kreisen der Verwaltungsbeamten berufen war, doch in mancher Hinsicht etwas Fremdartiges darstellte." (Min. für Volkswohlfahrt 1927:35)

Die ungewohnte Zusammenarbeit endete im November 1919. Von da an bis zum faktischen Ende der eigenständigen preußischen Medizinalverwaltung war die Medizinalabteilung - und damit auch die Apothekenaufsicht - wieder in einem 'eigenen' Ministerium untergebracht.

8.1.4 Das Preußische Ministerium für Volkswohlfahrt (1919-1932)

Die Umgestaltung des Preußischen Staates nach dem Ende der Monarchie fand auch in der veränderten Organisation der zentralen Medizinalverwaltung ihren Niederschlag: Durch einen Beschluß der preußischen Staatsregierung vom **7. November 1919** (G.S. 1919:173 ff) wurde die Medizinalabteilung aus dem Ministerium des Innern herausgelöst und auf das neu geschaffene **Ministerium für Volkswohlfahrt** übertragen. Neben den gesamten Geschäften der Medizinalverwaltung übernahm das Ministerium aus dem Innenministerium "insbes. auch die gesamte Gesundheitspolizei" (§ 1a). Die Medizinalabteilung führte ihre Arbeit nun als Abteilung I für Volksgesundheit im neuen Ministerium durch. Damit stand zum ersten Mal in der preußischen Geschichte die Gesundheitsfürsorge im Mittelpunkt eines eigenen Ministeriums. Weitere Abteilungen waren die für das Personal (A), die für Wohnungsfürsorge (II) und die für Jugendfürsorge und allgemeine Wohlfahrtspflege (III; vgl. Solbrig/Frickhinger 1927:35).

Es war also in Preußen - wie auch im Reich - nach 1918 nicht gelungen, ein eigenes Gesundheitsministerium zu schaffen. Dennoch wurde das neue Ministerium mit seiner Bündelung von 'Wohlfahrtsaufgaben' als Erfolg angesehen. Mit dieser Bündelungsfunktion wandelte sich auch der Charakter des Ministeriums:

> "Im Ministerium des Innern (Polizeiministerium) war das Medizinalwesen mindestens in den Verdacht der allzusehr betonten polizeilichen Handhabung gekommen, im Wohlfahrtsministerium erscheint es dieser polizeilichen Fesseln mehr ledig und mehr den Charakter der Fürsorge tragend, es wird damit populärer." (Solbrig/Frickhinger 1927:35)

Dies galt auch im 'Innenverhältnis' der Behördenteile zueinander. Es war festzustellen, daß

> "... vor allen Dingen durch die Zusammenarbeit der drei Abteilungen des neuen Ministeriums für Volkswohlfahrt mit ihren im Grunde gleichartigen Endzielen eine Atmosphäre gegenseitigen Verständnisses und harmonischen Zusammenarbeitens zwischen allen Mitgliedern der neuen Behörde geschaffen wurde, wie dies in gleichem Maße bisher im Ministerium des Innern zwischen der Medizinalverwaltung und den anderen Abteilungen dieser Zentralbehörde mit ihrem vorwiegend verwaltungstechnischen und polizeilichen Charakter auch beim besten Willen aller Beteiligten nicht möglich gewesen war." (Min. für Volkswohlfahrt 1907:37; genauso dass. 1929:898)

Erster Minister des neuen Ministeriums war von 1919 bis 1921 Adam Stegerwald, der spätere preußische Ministerpräsident. Als Leiter der Medizinalabteilung war wie schon im Innenministerium ein Ministerialdirektor eingesetzt. Unter diesem Ministerialdirektor - auf dessen Stelle seit 1921 regelmäßig ein medizinisch vorgebildeter Beamter berufen wurde - wirkten:

> "... 4 ärztliche Ministerialräte, 3 ärztliche Oberregierungsräte, 1 Ministerialrat aus dem Kreise der Verwaltungsbeamten, 1 Ministerialrat aus dem Kreise der Pharmazeuten, mehrere Hilfsarbeiter ... Außerdem gehörten der Medizinalabteilung noch 16 mittlere Beamte als Expedienten sowie für die Verwaltung der Büros und der Registraturen und 2 Amtshilfen an, so daß die Medizinalabteilung einen Gesamtbestand von 34 Beamten aufweist." (Solbrig/Frickhinger 1927:38; Min. für Volkswohlfahrt 1927:39f)

Die Apothekenangelegenheiten wurden hierbei von einem speziellen Referenten bearbeitet, der aus dem Apothekerstand hervorgegangen war (Urban 1927:2). Diesem Ministerialrat stand ein "pharmazeutischer Hilfsarbeiter" (Solbrig u.a.1927:118) im Range eines Regierungsrates zur Seite. Allgemeine Anordnungen über das Apothekenwesen traf der Minister für Volkswohlfahrt teils in Form von Runderlassen an nachgeordnete Behörden, teils durch Bescheiden in Einzelfällen (v.Gneist 1925:270). Das generelle Verordnungsrecht des Ministers gründete sich auf den § 136 des preußischen Gesetzes über die allgemeine Landesverwaltung (Landesverwaltungsgesestz; LVG) vom 30. Juli 1883, das die einzelnen Minister dazu befugte, innerhalb ihres Ressorts auf gesetzlicher Grundlage als maßgebende Zentralbehörde bestimmte polizeiliche Vorschriften (Verordnungen, Anordnungen, Reglements) zu erlassen (vgl. Urban 1927:3). Im konkreten Fall des Apothekenwesens galten dazu die Bestimmungen des § 357 Nr. 5 des Reichsstrafgesetzbuches über den Verkehr mit Giften und Arzneien als Ermächtigungsgrundlage. (vgl. Urban 1927:2; v.Gneist 1925:270) Auch dem Ministerium für Volkswohlfahrt war eine beratende wissenschaftliche Behörde beigegeben: Durch einen Beschluß des Staatsministeriums vom 30. April 1921 (abgedruckt bei v.Gneist 1925:271 ff), wurden die Wissenschaftliche Deputation für das Medizinalwesen, die Technische Kommission für pharmazeutische Angelegenheiten und der Apothekerrat aufgelöst und an ihrer Stelle ein einheitlicher **Landesgesundheitsrat** eingesetzt. Dieser führte die ratgeberische Rolle seiner Vorgängergremien fort. Der Rat konnte auch sachgebundene Ausschüsse bilden (u.a. für die Aus- und Weiterbildung der Apotheker sowie für die Arzneiversorgung; § 4c bzw. 4d des Einsetzungsbeschlusses). Da das gesamte Gremium aus über hundert Sachverständigen bestand, trat es in den ersten sechs Jahren seines Bestehens nur einmal - im November 1920 - zu einer Vollsitzung zusammen. Ansonsten fanden nur Ausschußsitzungen statt, die auch nicht ohne Einfluß auf die Regelungstätigkeiten des Ministerium blieben (vgl. die Aufstellung der begutachteten Probleme in Min. für

Volkswohlfahrt 1927:70f). Neben dem Landesgesundheitsrat unterstanden dem Ministerium u.a. noch der Apothekerkammerausschuß und die Prüfungsausschüsse für die medizinischen Prüfungen (vgl. de Grais 1930:95, Anm. 71; Opitz 1932:95)

Die öffentlichen Sparmaßnahmen in der Wirtschaftskrise der Jahre 1929-1932 brachten das Ende des Ministeriums für Volkswohlfahrt mit sich: Schon in der 'Zweiten Sparverordnung' des Preußischen Staatsministeriums vom 23. Dezember 1931 (G.S. 1931:297 ff), die im Anschluß an die Verordnungen des Reichspräsidenten vom August 1931 ergangen war, wurde in § 24 die Vereinheitlichung der Medizinalverwaltung bis zum Ablauf des Rechnungsjahres 1932 verlangt. Die 'Zweite Verordnung zur Vereinfachung und Verbilligung der Verwaltung' vom 29. Oktober **1932** (G.S. 1932:333 ff) ordnete dann - ebenfalls auf der Grundlage der Verordnungen des Reichspräsidenten - die Auflösung des Ministeriums für Volkswohlfahrt an. Die Medizinalverwaltung wurde - zum dritten Mal in ihrer Geschichte - auf das Ministerium des Innern übertragen (§ 3e 1 der Verordnung), desgleichen die Zuständigkeiten für die Apothekerkammern, den Landesgesundheitsrat und das ärztliche Prüfungswesen (§ 3e 2). Durch einen Runderlaß des Ministers für Volkswohlfahrt 'betr. die Auflösung des Ministeriums' vom 4. November 1932 (Volkswohlfahrt 1932:949f) wurde diese Verordnung umgesetzt und **das Ministerium mit Wirkung zum 1. Dezember 1932 aufgelöst;** dreizehn Jahre nach seiner Gründung ging es dem Ende 'seines' Staates symbolisch voran.

Nach der faktischen Zerschlagung der eigenständigen preußischen Ministerialverwaltung der inneren Angelegenheiten unterstand die zentrale Verwaltung des Medizinalwesens dem **Reichs- und Preußischen Ministerium des Innern** (RuPrMdI). Diesem stand als beratende Behörde das Reichsgesundheitsamt zur Seite, bei dem eine besondere Abteilung für pharmazeutische Fragen eingerichet wurde:

> "Das RuPrMdI ist oberste Instanz in allen Fragen des Apothekenwesens und Arzneimittelverkehrs und erläßt die zur Regelung dieser Fragengebiete erforderlichen Anordnungen, soweit nicht der Weg der Gesetzgebung beschritten wird oder die Befugnis zum Erlaß von Anordnungen auf nachgeordnete Behörden übertragen worden ist." (Kahler 1937:91)

Eine reichseinheitliche Regelung einzelner Fragen des Apothekenwesens wurde dabei annähernd erreicht, da das RuPrMdI befugt war, die Landesregierungen anzuweisen, die in Preußen eingeführten Bestimmungen auch in den anderen Ländern durch den Erlaß entsprechender Anordnungen in Anwendung zu bringen. (Kahler 1937:92)

8.2. Die Provinzialbehörden

8.2.1 Die Oberpräsidenten

Die Institution des Oberpräsidenten der jeweiligen Provinz wurde durch ein Publikandum vom 16. Dezember 1808 (§ 34) eingerichtet. (vgl. Ziurek 1855:10) Nach ihrer Aufgabenbestimmung wirkten die Oberpräsidenten als ausführende, kontrollierende und konsultative Behörden. (v.Rönne/Simon 1844:79; v.Rönne 1871:159). Durch die Verordnung vom 30. April 1815 'wegen verbesserter Einrichtung der Provinzialbehörden' wurden die Aufgaben der Oberpräsidenten darin abgeändert und konkretisiert. U.a. wurde ihnen in ihrer Provinz die obere Leitung des Medizinalwesens und das Medizinalkollegium, das an ihrem Amtssitz seinen Sitz hatte, zugewiesen (vgl. Augustin 1818:308; v.Stengel 1884:74). Am 23. Oktober **1817** wurde für die Oberpräsidenten eine neue Instruktion erlassen (G.S. 187:230 ff), die diesen ebenfalls den Vorsitz des in ihrer Provinz eingerichteten Medizinal-Kollegiums und dessen Geschäftsführung zuordnete. Diese Bestimmung fand sich auch in § 4 der Dienstanweisung für die Medizinal-Kollegien vom Oktober 1817 (G.S. 1817:245 ff). Die an Stelle der Provinzial-Medizinalkollegien 1921 eingerichteten Gerichtsärztlichen Ausschüsse (vgl. Kap. 8.2.2) wurden dann ebenfalls den Oberpräsidenten unterstellt und hatten ihren Sitz an dessen Amtssitz.

Die erwähnte Instruktion für die Oberpräsidenten von 1817 wurde **1825** durch die Allerhöchste Kabinettsorder 'betreffend eine Abänderung in der bisherigen Organisation der Provinzial-Verwaltungsbehörden' vom 31. Dezember (G.S. 1826:1) aufgehoben. Nach dieser neuen Order oblag den Oberpräsidenten neben Aufsichtsaufgaben auch die spezielle Verwaltung einzelner Sachgebiete seiner Behörde (vgl. v.Stengel 1884:76; Knaut 1966:38). Dazu gehörte auch die Medizinalverwaltung in der jeweiligen Provinz und dabei wiederum konkret die Erteilung von Genehmigungen zu Anlage neuer und zur Verlegung alter Apotheken, sowie zur Anlage von Fillialapotheken. (Rapmund 1901:68) Diese Verordnung war lange Zeit Grundlage für die Aktivitäten des Oberpräsidenten auf dem Gebiet des Medizinalwesens. Sie galt bis 1932, als § 52 der Verordnung zur 'Vereinfachung und Verbilligung der Verwaltung' vom 3. September ihre Bestimmungen aufhob. (Kahler 1937:94)

Neben diesen speziellen Aufgaben stand den Oberpräsidenten nach § 54 der Gewerbeordnung vom 17. Januar 1845 das Recht zur Konzessionierung neuer Apotheken zu (Horn 1863:35); ein Recht, das sie ebenfalls bis in die dreißiger Jahre dieses Jahrhunderts ungeschmälert ausübten, bis durch eine Ausführungsanweisung vom 25. März 1933 zu der oben genannten Vereinfachungsverordnung von 1932

der Geltungsbereich dieser Bestimmung auf die altpreußischen Gebiete (Bestand vor 1866) reduziert wurde (vgl. Kahler 1937:95).
Zur Durchführung ihrer Aufgaben standen den Oberpräsidenten keine eigenen medizinisch-technischen Beamten zur Seite, sie konnten aber nach § 8 des schon erwähnten Landesverwaltungsgesetzes (LVG) vom Juli 1883 auf den an ihrem Amtssitz bei der entsprechenden Regierung angestellten Regierungs- und Medizinalrat (vgl. Kap. 8.2.3) zur Erledigung solcher Aufgaben zurückgreifen (Rapmund 1901:68).
Die Oberpräsidenten waren nach den §§ 137 und 139 des LVG in Verbindung mit den §§ 5 und 6 des Gesetzes über die Polizeiverwaltung vom 11. März 1850 befugt, mit Erlaubnis des Provinzialrates sanitäts- und medizinalpolizeiliche Maßregeln für die ganze Provinz oder Teile derselben zu erlassen, falls ein Anlaß dazu bestand (Pistor 1890:149; Urban 1927:4) - ein Recht, das noch 1931 durch die §§ 25 und 26 des Preußischen Polizeiverwaltungsgesetzes vom 1. Juni 1931 bestätigt wurde (Kahler 1937:93). Dabei wurde oft so verfahren, daß in der Ministerialinstanz Muster von Polizeiverordnungen verfaßt wurden, die dann den Oberpräsidenten zum Erlaß in den einzelnen Provinzen übermittelt wurden. Damit war die Einheitlichkeit der Vorschriften innerhalb des gesamten preußischen Staates gewährleistet (v. Gneist 1925:273f).
Nach dem Ausbau der Apothekerselbstverwaltung stand den Oberpräsidenten nach § 46 des Gesetzes über die Apothekenkammern vom 21. April 1923 (vgl. Kap. 10.2) auch die allgemeine Staatsaufsicht über die Apothekenkammern zu (Urban 1927:4; de Grais 1930:103).

8.2.2 Die Provinzial-Medizinalkollegien

Die Einrichtung dieser Kollegien im Vorfeld des Medizinaledikts von 1725 ist schon dargestellt worden (vgl. Kap. 6.3.1). Durch die Verordnung von 1724 wurden zwölf Provinzial-Medizinalkollegien in Königsberg, Marienwerder, Küstrin, Stettin, Magdeburg, Halberstadt, Ellrich, Cleve, Minden, Hamm, Moers und Aurich eingerichtet. Nach dem Anschluß der polnischen Provinzen an Preußen kamen noch Kollegien in Warschau, Kalisch, Posen und Byalistock hinzu; Kollegium für die Kurmark war das Ober-Kollegium Medicum in Berlin (vgl. Augustin 1818:231). Die Kollegien waren mit Praktikern verschiedener Disziplinen besetzt:

> "Jedes dieser Provinzial-Medizinalcollegien bestand aus einem Mitglied (gewöhnlich dem Justitiarius) der Kriegs- und Domainenkammer der Provinz, als Director, und zwei ärztlichen Mitgliedern, zwei chirurgischen und zwei pharmaceutischen Assessoren, einem Secretair, Canzlisten und Boten." (Lindes 1836: 308).

Bei dieser Besetzung blieb es lange Zeit, lediglich nach der Errichtung von Ärztekammern in Preußen wurden durch eine Verordnung vom Mai 1887 auch zwei von den Kammern zu benennende Mitglieder in die Kollegien entsand; seit einer Verordnung vom Juni 1882 besaßen sie dort auch volles Stimmrecht (vgl. v.Bitter 1906:81). Die Räte der Medizinalkollegien trugen im übrigen seit 1797 den Titel **'Medizinalrat'** (Augustin 1818:218), der aber keine Pensionsberechtigung mit sich brachte (Eulenberg 1874:614)! Nach der Ausdifferenzierung der preußischen Beamtenschaft waren von den in den Medizinalkollegien fungierenden Beamten "die Medizinalräthe den Ober-Landesgerichts- und Regierungsräthen (4. Rangklasse), die Medizinal-Assessoren den Regierungs-Assessoren gleichgestellt." (Eulenberg 1874:14). Auch sonst gab es Analogien zu anderen Beamten:

> "Die Mitglieder der Medicinal-Collegien müssen ihre Frauen in die allgemeine Wittwen-Versorgungs-Anstalt aufnehmen lassen, den Heiraths-Consens vom Ober-Präsidenten erhalten..." (Nicolai 1838:185).

1799 wurden die Medizinalkollegien in den Provinzen mit den Sanitätskollegien - analog der Entwicklung auf der obersten Verwaltungsebene - zu einem 'Collegium Medicum et Sanitatis' der jeweiligen Provinz vereinigt und unter die "Leitung des Ober-Medicinal- und Sanitätscollegii zu Berlin" gestellt (Augustin 1818:322). Für die neuen Provinzial-Medizinalkollegien erschien am 21. April 1800 eine 'Instruktion' zur Aufgabenfestlegung (abgedruckt bei v.Berg 1806:347 ff). Der Sinn dieser Instruktion war,

> "... daß jedermann, der Reiche wie der Arme, der Vornehme wie der Geringe, die Überzeugung haben kann, daß die zur medizinischen, chirurgischen und pharmazeutischen Praxis berufenen Personen, nicht allein in ihrer Kunst bewährt befunden worden, sondern daß sie auch bey deren Ausübung durch sachkundige Männer kontrolliert werden." (Tit. I.; zit. nach v. Berg 1806:349).

Die Aufgabengebiete der Medizinalkollegien erstreckten sich über die gesamten Provinzen; sie besaßen die "unmittelbare Aufsicht und Gerichtsbarkeit" über alle darin residierenden Medizinalpersonen (Tit. II, § 2). Die Kollegien hatten die Möglichkeit, bei Verstößen der Medizinalpersonen gegen die Medizinalordnung Strafgelder zu verhängen. Die Bereitschaft, solche Strafen zu verhängen, wurde durch eine Neubestimmung sicherlich verstärkt: die Hälfte aller Erträge aus verhängten Strafgeldern fiel automatisch den Kollegien zu (Tit. VIII, §§ 1 und 2). In

dieser Periode waren also die Medizinalkollegien die Hauptträger der Medizinalverwaltung auf der mittleren Verwaltungsebene!

Diese Rolle änderte sich zu Beginn des 19. Jahrhunderts: Durch die schon erwähnte Allerhöchste Kabinetts-Order vom 13. Dezember 1809 (vgl. Kap. 9.1.1) wurde das Ober-Collegium Medicum et Sanitatis aufgelöst. In der Folge des Edikts vom 26. Dezember 1808 wurden dann auch die medizinal-polizeilichen Zuständigkeiten der Provinzialbehörden neu geordnet: "die medizinisch-technische Kommission für jedes Regierungsdepartement trat an die Stelle der Provinzial-Medizinalcollegien" (Augustin 1818:234). Von da an bis 1815 bestanden also keine eigenen Medizinalbehörden in der Provinz (v.Stengel 1894:446). Nach der Verordnung 'wegen verbesserter Einrichtung der Provinzialbehörden' vom 30. April 1815 (Einrichtung von Provinzial-Medizinalkollegien unter dem Vorsitz des Oberpräsidenten; G.S. 1815:85 ff) schien die Verwaltung der Medizinalpolizei wieder zum Ressort der Medizinalkollegien zu kommen. Aber eine Verfügung des Staatskanzlers von Hardenberg vom 12. November 1815 (abgedruckt bei Augustin 1818:235 f) legte den Charakter der Kollegien eindeutig als **konsultative wissenschaftliche Behörde** fest. Endgültig in diesem Sinne geregelt wurde diese Frage durch den Erlaß der 'Dienstanweisung für die Medizinalkollegien' vom 23. Oktober 1817 (G.S. 1817:245 ff):

> "Die Medizinalkollegien sind rein-wissenschaftliche und technisch-rathgeberische Behörden für die Regierungen und Gerichte im Fache der polizeilichen und gerichtlichen Medizin, und haben mithin keine Verwaltung." (§ 1, G.S. 1817:245).

Als Aufgaben der Kollegien wurden in der Anweisung u.a. genannt:

- die allgemeine Förderung der medizinischen Wissenschaften;
- der Entwurf allgemeiner Pläne zur Verbesserung des Medizinalwesens der Provinz;
- die Prüfung der Medizinalpersonen;
- die Beurteilung gerichtsmedizinischer Fälle;
- die Seuchenvorsorge;
- die Abfassung periodischer Gesundheitsberichte.

(vgl. § 2; G.S. 1817:246).

Die Kollegien bestanden zumeist aus fünf Mitgliedern (Räten und Beisitzern), darunter zwei Ärzten, dazu einem wissenschaftlich gebildeten Wundarzt, einem Apotheker und einem Tierarzt als Assessoren (Böttger 1880a:5). Die Assessoren hatten nur dann volles Stimmrecht, wenn es um den von ihnen bearbeiteten Bereich ging (Eulenberg 1874:615). Zunächst hatte § 4 der Dienstanweisung von 1817 vorgesehen, daß in den Fällen, in denen der Oberpräsident daran gehindert war, die Sitzung zu leiten, der bei der örtlichen Regierung angestellte Regierungs- und Medizinalrat den Vorsitz des Kollegiums übernehmen sollte. Dann wurde aber durch Allerhöchste Order vom 6. Dezember 1841 bestimmt, daß in Abwesenheit des Oberpräsidenten nicht dieser Regierungs- und Medizinalrat, sondern der ständige Stellvertreter des Oberpräsidenten den Vorsitz im Medizinalkollegium führen sollte (vgl. Eulenberg 1874:13) - wohl auch hier der Versuch, **wissenschaftliche Beratung und Verwaltung eindeutig zu trennen.** Auch später tauchte die Forderung, die Medizinalkollegien stärker in die Verwaltung des Medizinalwesens einzubinden, zuweilen auf:

> "Auch jetzt schon besitzen die Med.-Collegien im Preuß. mit den Angelegenheiten der Provinzen besonders vertraute Räthe, und diese kennen die Medicinal-Personen; besonders die Beamten, Physiker, Kreis-Chirurgen etc. genau; sie werden mit mehreren amtlichen Verhandlungen bekannt, prüfen viele Medicinal-Personen etc. und ihre Thätigkeit würde sehr leicht in eine verwaltende umgeändert, erweitert werden könne." (Nicolai 1838:182).

Dennoch war nach 1815 die **Teilung der Verantwortung für das Medizinalwesen** in den Provinzen klar: die **Verwaltung** lag bei den Provinzialregierungen, die **wissenschaftliche Beratung und Begutachtung** bei den Medizinalkollegien. Organisatorisch unterstanden die Medizinalkollegien unmittelbar dem Minister der Medizinalangelegenheiten (Grotefeld 1890:131), sie waren neben den Oberpräsidenten und den Provinzial-Schulkollegien **die einzigen Provinzialbehörden der allgemeinen Landesverwaltung** (ders. 1890:107). Die Regierungen (bzw. später die Regierungspräsidenten) waren verpflichtet, in Fragen aus dem Zuständigkeitsbereich der Medizinalkollegien diese um die Erstellung eines Gutachtens zu ersuchen; die Medizinalkollegien waren auf der anderen Seite zur Erstellung solcher Gutachten verpflichtet (Maaßen/Merklinghaus 1887:24).

Nach dem Reglement für die Staatsprüfung der Medizinalpersonen vom 1. Dezember 1825 oblag den Provinzialkollegien zusätzlich die Prüfung der Apotheker II. Klasse (vgl. Koch 1833:10 ff). Die Aufgaben der Provinzial-Medizinalkollegien schrumpften aber im Laufe der Zeit immer mehr zusammen. So stellte Pistor (1890:150) fest, daß die Haupttätigkeit der Kollegien

> "... entgegen der ursprünglichen Dienstanweisung vom 23. Oktober 1918 (...), seit Jahren in der Revision der aus der betreffenden Provinz vierteljährlich eingehenden Obduktionsverhandlungen und zugehörigen Gutachten der Kreismedizinalbeamten, sowie der gerichtsärztlichen Gutachten über zweifelhafte Geisteszustände und in der Erstattung von Obergutachten in beiden

Richtungen auf Ersuchen der Gerichtsbehörden besteht; ihre Mitwirkung bei der staatlichen Gesundheitspflege ist zur Zeit eine verschwindende." (genauso: Rapmund 1901:68)

Nach der Reform des Medizinalwesens auf der unteren Ebene 1901 (durch den Erlaß des Kreisarztgesetzes; vgl. Kap. 8.3.2) wurde aus diesen Gründen die Forderung nach einer Reform der nächsthöheren Ebene der Medizinalverwaltung laut. Insbesondere die Medizinalkollegien wurden kritisiert, "da sie vielfach nicht das leisteten, was von ihnen erwartet wurde, und insbesondere viel zu schwerfällig arbeiteten." (Min. für Volkswohlfahrt 1927:67). Der Hauptteil ihrer Arbeit, die Begutachtung von Einzelfällen, erwies sich als überholt:

"... hatten diese Verfahren oft nur theoretischen Wert, da ein solches Obergutachten des Provinzial-Medizinalkollegiums vielfach erheblich verspätet bzw. nach längst erfolgter rechtskräftiger Urteilsfällung an die Gerichtsbehörden gelangte." (Min. für Volkswohlfahrt 1927:66)

So wurden dann nach 1901 freiwerdende Stellen in den Kollegien kaum noch besetzt, die Tätigkeit der Kollegien begann einzuschlafen. Ihr Ende kam, als **1921** aus den gutachterlichen Behörden auf Landesebene der Landesgesundheitsrat gebildet wurde. Gleichzeitig mit dieser Reform wurden durch einen Beschluß des Staatsministeriums vom 30. April 1921 die Provinzial-Medizinalkollegien aufgelöst und für die einzelne Provinzen die Bildung **Gerichtsärztlicher Ausschüsse** angeordnet (vgl. dazu die Ausführungsanweisung des Ministers für Volkswohlfahrt bei Solbrig/Frickhinger 1927:60 ff). Nach ihrer Tätigkeitsbeschreibung (abgedruckt bei Solbrig/Frickhinger 1927:59f) waren die Gerichtsärztlichen Ausschüsse als wissenschaftlich und technisch ratgebende kollegiale Behörden eingesetzt (§ 1); sie unterstanden wie ihre Vorgänger den Oberpräsidenten (§ 3). Die Ausschüsse wurden sehr klein gehalten: ihnen gehörte nur der Regierungs- und Medizinalrat am Sitz des Oberpräsidenten (als Vorsitzender), ein Gerichtsarzt und ein drittes, je nach Lage der Sache zu berufendes Mitglied an. Ihre Aufgabe bestand nur noch in der Erstellung von Obergutachten in Gerichtsfällen (vgl. Min. für Volkswohlfahrt 1927:71) Diese Zuordnung hat sich nach den Einschätzungen der Medizinalverwaltung als "in jeder Hinsicht zweckmäßig und vorteilhaft" erwiesen. (Min. für Volkswohlfahrt 1927:72)

8.2.3 Die Regierungen bzw. Regierungspräsidenten

Die 1723 gebildeten Kriegs- und Domänenkammern als bisherige Träger der Provinzialverwaltung wurden 1808 durch die Verordnung 'wegen verbesserter Einrichtung der Provinzial-, Polizei- und Finanzbehörden' vom 26. Dezember (Ge-

setzsammlung 1822:464 ff) in **Regierungen** umgewandelt und mit umfassenden Kompetenzen für die innere Landesverwaltung ausgestattet. U.a. wurden ihnen auch "alle Zweige der Landespolizei" zugeordnet (§ 5), darunter ausdrücklich auch die Aufgaben, die bisher in das Ressort der Medizinalkollegien gefallen waren (§ 6). **Seit 1808 gab es also auf der Ebene der Regierungen eine in die allgemeine Landesverwaltung integrierte Medizinalverwaltung!**
Zur Erledigung ihrer Aufgaben wurde den Regierungen - da es "auf besondere wissenschaftliche oder technische Kenntnis" ankam - ein Medizinalrat zugeordnet (§ 23 der Verordnung von 1808). Ebenfalls am 26. Dezember 1808 wurde auch eine 'Geschäftsinstruktion für die Regierungen in sämtlichen Provinzen' (Gesetzsammlung 1822:481 ff) publiziert. In deren § 100 wurde dem bei der Regierung angestellten Medizinalrat als allgemeine Aufgabe zugewiesen, "die nötige wissenschaftliche und technische Auskunft über Gegenstände der Arzneikunde, Chirurgie und Apothekerkunst bei vorkommenen Gelegenheiten zu geben." Im speziellen sollte er u.a dafür sorgen, "daß die Apotheker das Publikum nicht übermäßig vertheuern, und von Zeit zu Zeit gehörig revidiert werden." (Gesetzsammlung 1822:515) 1817 bzw. 1825 erschienen weitere detaillierte Instruktionen, die die interne Geschäftsverteilung in den Regierungen regelten. Schon durch eine Verordnung vom 30. April 1815 war bestimmt worden, daß sich jede Regierung in zwei Hauptabteilungen zu gliedern hatte, deren erste nach § 11 der Verordnung sämtliche unter der Verantwortung des Ministers des Innern stehenden Angelegenheiten - also auch die Medizinalpolizei - zu bearbeiten hatte (v.Stengel 1894:74f). Die 'Instruktion für die Geschäftsführung in den Königlich-Preußischen Staaten' vom 23. Oktober 1817 (G.S. 1817:248 ff) ordnete die "Medizinal- und Gesundheitsangelegenheiten in polizeilicher Rücksicht" der ersten Abteilung der Regierung zu (§ 2) und wiederholte die Aufgaben des zuständigen Rates:

> "Der Mediznial-Rath bearbeitet bei den Regierungen alle in die Gesundheits- und Medicinal-Polizei einschlagenden Sachen, und hat in Beziehung darauf alle Rechte, Pflichten und Verantwortlichkeiten der übrigen Departements-Räthe." (§ 47; G.S. 1817:279)

Diese Zuordnung des Medizinalwesens zur ersten Abteilung der Regierungen wurde in der Allerhöchsten Order vom 31. Dezember 1825, die eine Neuorganisation der Regierungen und die Umbenennung der ersten Abteilung in 'Abtheilung des Innern' mit sich brachte, beibehalten. (vgl. Ziurek 1855:14; Kletke 1874:35)

Nach dem bisher Gesagten sind bei der Beschreibung der Tätigkeiten der Regierungen in der Apothekenaufsicht **zwei Bereiche zu unterscheiden**: zum einen die **gesamten Aufgaben** der Regierung in Bezug auf das Medizinalwesen (und dort speziell das Apothekenwesen) zum anderen die **spezielle Zuordnung einzelner Tätigkeiten aus diesem Feld** zum jeweiligen Regierungs- und Medizinalrat.

Bezüglich der Apothekenaufsicht war es die Pflicht der Regierungen, über die im Laufe eines Jahres abgehaltenen Visitationen der Apotheken einen Bericht zu verfassen; zusätzlich mußten alle drei Jahre Gesamtübersichten an das zuständige Ministerium übersandt werden. Dieser Aufgabe kamen die Regierungen offensichtlich nicht im nötigen Umfange nach, wie eine Circular-Verfügung des Ministeriums vonm 3. Juli 1850 zeigt:

> "Von mehren Königlichen Regierungen sind aber diese Berichte erst spät, zum Theil gar nicht erstattet, oder es ist nur die dreijährige Uebersicht allein und ohne die urschriftlichen Verhandlungen eingereicht worden, wodurch der Zweck der erwähnten Circular-Verordnung, dem Departementchef jederzeit vollständige Kenntnis der Apotheken, des Verfahrens bei den Revisionen derselben und der von den königlichen Regierungen erlassenen Verfügung und getroffenen Massregeln zu gewähren, zum Theil verfehlt wird." (zit. nach Kletke 1874:36)

Bei der Ausschreibung von Apothekenkonzessionenen hatte die Regierung die Bewerbungen zu sammeln und mit ihrer gutachterlichen Äußerung dem Oberpräsidenten zur Entscheidung vorzulegen (Eulenberg 1874:14). Aufgrund ihres **generellen Aufsichtsrechtes** über die im Bezirk der Regierung wohnenden Medizinalpersonenen konnte sie auch jederzeit Approbationen und Konzessionen **zurücknehmen** (vgl. Horn 1863:39). Nach dem Gesetz über die Polizeiverwaltung vom 11. März 1850 waren die Regierungen berechtigt, sowohl für Teile, als auch für den ganzen Umfang des Regierungsbezirkes gültige Polizeiverordnungen unter Androhung von Geldstrafen zu erlassen (Kletke 1874:35). Diese Kompetenzen gingen dann - zusammen mit der Zuständigkeit für das Medizinalwesen - durch das schon erwähnte **Landesverwaltungsgesetz** von 1883 (§ 18) auf **den Regierungspräsidenten** über. (Maaßen/Merklinghaus 1887:25; de Grais 1930:106). Nach den §§ 137 und 139 des LVG hatte der Regierungspräsident das Recht, Polizeiverordnungen mit Zustimmung des Bezirksausschusses zu erlassen, "und zwar sowohl für den Umfang des ganzen Regierungsbezirks als auch für mehrere Kreise." (v. Gneist 1925:274) Ein besonderes, von der allgemeinen Landespolizeigewalt verschiedenes Aufsichtsrecht oder gar ein spezielles Ordnungsstrafrecht gegenüber den Apothekern (etwa aufgrund der Bestimmungen der Revidierten Apotheker-Ordnung von 1801) stand dem Regierungspräsidenten indes nicht zu (so ein Urteil des Preußischen Oberverwaltungsgerichts vom 21. Juni 1898 und damit übereinstimmend ein Ministerialerlaß 'betr. das Aufsichtsrecht der Polizeioberbehörden über die Apotheker' vom 21. Januar 1905. (vgl. Urban 1927:4 ff; Landé/Hermes 1905:171). Generell oblag zwar die Fürsorge und Aufsicht auf dem Gebiet der Medizinalpolizei und der Gesundheitspolizei überhaupt den staatlichen Medizinalbeamten zugeordnet, aber:

> "Sobald indessen ein Einschreiten mit polizeilichen Zwangsmitteln oder sonstigen formellen polizeilichen Anordnungen, sei es im Einzelfalle durch polizeiliche Verfügung oder eine allgemeine Anordnung durch Polizei-Verordnung in Frage kommt, haben die ordentlichen Polizeibehörden einzu-treten" (v.Bitter 1906:82)

Ausnahmen waren nur durch polizeiliche Anordnungen des Kreisarztes (nach 1901) "bei Gefahr im Verzuge" zulässig (ebd.:82; vgl. auch Urban 1927:4)

Seit 1811 erschienen die Verfügungen der Medizinalbehörde auf Regierungsebene in den Amtsblättern der einzelnen Regierungen; vorher waren sie den Kreis- und Stadtphysikern einzeln zugefertigt worden:

> "Die Kreis- und Stadtphysicis bekommen die Amtsblätter gleich nach ihrem Erscheinen durch die Post von den betreffenden Königl. Regierungen unentgeldlich zugesandt; und müssen sie bei ihrer Physikatsregistratur aufbewahren, mit welcher sie an ihre Nachfolger übergehen." (Augustin 1818:30)

Die nach den ersten für die Geschäftsführung der Regierungen erlassenen Instruktionen analog zu den Kompetenzen der anderen Räte ausgerichteten Kompetenzen des **Regierungs- und Medizinalrates** der Regierung wurden durch die schon angeführte Verordnung vom 31. Dezember 1825 eingeschränkt: von da an besaß er nur noch in den Angelegenheiten seines Geschäftsbereiches ein volles Votum (Horn 1863a:577; Böttger 1880a:6). Generell war er der "technische Beirath des Regierungspräsidenten für die sämtlichen Medizinalangelegenheiten" (Urban 1927:6), hatte "den Vortrag in Allem, was die Medicinal-Polizei angeht", und war "Correferent bei Gegenständen, wo medizinische Erörterungen nothwendig" waren. (Niemann 1828:31)
Die Regierungs- und Medizinalräthe waren ordentliche Mitglieder der Regierung. Ihre Ernennung erfolgte durch den König; sie hatten den Rang der Räte vierter Klasse der höheren Provinzialbeamten. (v.Bitter 1896:82) Älteren Regierungs- und Medizinalräten konnte "der Charakter als Geheimer Regierungs- und Medizinalrat" verliehen werden. (ders. 1906:82) Erst 1920 fand eine weitere Unterteilung dieser Beamten statt, als ein Teil von ihnen - bei verbessertem Gehalt - zu Oberregierungs- und Medizinalräten ernannt wurde. (vgl. Min. für Volkswohlfahrt 1927:43). Darin spiegelt sich eine deutliche Benachteiligung der Regierungs- und Medizinalräte gegenüber den anderern Regierungsräten wider: sie wurden erst im höheren Alter (von durchschnittlich 44-45 Jahren) befördert und hatten "nur geringe Aussichten auf weitere Beförderung in besser dotierte Stellungen" (Knopp

1974:251). Zu den Aufgaben des jeweiligen Regierungs- und Medizinalrates gehörte die Überwachung der Apotheken:

> "Damit es bei der Krankenpflege nie an guten Arzneien fehle, so hält er nicht nur General-Revisionenen der Apotheken, sondern er sieht auch darauf, dass die gewöhnlichen von den Physicis mit Genauigkeit vorgenommen werden. Er bestimmt diesen die Pharmaceuten, welche er als technische Gehülfen dazu auswählen zu müssen glaubt." (Niemann 1828:32f)

Dazu besichtigte er alle Apotheken seines Bezirks "zusammen mit einem pharmazeutischen Bevollmächtigten, die beide gemeinschaftlich unter gleicher Verantwortlichkeit für jeden Einzelbefund (handelten)" (Solbrig u.a. 1927:118). Diese Verantwortung für die amtliche Besichtigung der Apotheken wurde durch die Besichtigungsanweisung von 1902, die zusammen mit der Apothekenbetriebsordnung erlassen worden war, ausdrücklich festgehalten (v.Bitter 1906:82). Durch einen Erlaß vom 15. September 1904 erhielten die Regierungs- und Medizinalräte auch den Vorsitz in der Prüfungskommission für die pharmazeutische Vorprüfung in ihren Bezirken (v.Bitter 1906:82; Urban 1927:6). Nach dem Erlaß des Kreisarztgesetzes von 1901 übten die Regierungs- und Medizinalräte auch die Aufsicht über die Amts- und Geschäftsführung der Kreisärzte aus (Dienstanweisung für die Kreisärzte von 1901; vgl. v.Bitter 1906:82). Im Gehalt unterschieden sich die Regierungs- und Medizinalräte von den übrigen Regierungsräten: Ihre Gehälter wurden aus einem besonderen Etat getragen und aus einem besonderen Fond bezahlt. (Horn 1863a:578). Ansonsten galten für sie die gleichen Regelungen wie für die anderen Räte:

> "Die Regierungs-Medicinalräthe haben Anspruch auf Pension nach Massgabe des Pensions-Reglements vom 30. April und sind receptionsfähig bei der allgemeinen Wittwen-Verpflegungs-Anstalt. Sie sind deshalb auch vorkommenden Falls zur Einholung des Heiraths-Consenses verpflichtet." (Horn 1863a:578)

Auf die Medizinalratsstellen wurden in der Regel verdiente Physici berufen:

> "Der Medicinalrath der Provincial-Verwaltungsbehörden muss mindestens vor seiner Anstellung eine Stelle als Kreisphysicus, oder als Mitglied eines Medicinal-Collegii versehen haben, um aus Erfahrung mit den mancherlei Dienstverhältnisses bekannt zu seyn." (Niemann 1828:39)

Der Nachweis einer besonderen formellen Qualifikation war dazu nicht erforderlich (Horn 1863a:576; Eulenberg 1874:607). Nach dem Erlaß des Kreisarztgesetzes von 1901 wandelte sich die Tätigkeit des Regierungs- und Medizinalrates: die Belastung durch die gestiegenen administrativen Arbeiten brachte einen solchen Arbeitsaufwand mit sich, "daß (er) sich an den großen Regierungen zu einer

schwer tragende Belastung der betreffenen Beamten auswuchs" (Min. für Volkswohlfahrt 1927:41). Das Ministerium trug dem dadurch Rechnung, daß es verschiedenen Regierungen (u.a. denen in Arnsberg und Düsseldorf) je einen Kreisarzt "als ständigen Hilfsarbeiter und zweiten Medizinalreferenten" überwies (ebd.: 41).
So war es für die Beamten nahezu unmöglich, von ihrem seit 1817 bestehenden Recht zur Ausübung einer Privatpraxis Gebrauch zu machen.

> "Auch würde das Betreiben einer größeren Privatpraxis geeigent sein, das dienstliche Zusammenarbieten des Regierungs- und Medizinalrats mit den vollbesoldeten Kreisärzten, denen ja die Ausübung der Privatpraxis gesetzlich verboten ist, sowie mit den praktischen Ärzten des Bezirkes in unliebsamer Weise zu beeinträchtigen." (Min. für Volkswohlfahrt 1927:42f)

Die schon beschriebene Umorganisation des preußischen Medizinalwesens in den frühen dreißiger Jahren änderte nichts an den grundsätzlichen Zuständigkeiten. Nach dem Erlaß des Preußischen Polizeiverwaltungsgesetzes vom 1. Juni 1932 blieb die Zuständigkeit des Regierungspräsidenten für das Medizinalwesen erhalten (Kahler 1937:94). Auch im NS-Staat behielten die Vorschriften der Apothekenbetriebsordnung von 1902 Gültigkeit. Durch einen Runderlaß des Reichs- und Preußischen Ministers des Innern (RuPrMdI) vom 28. Mai 1935 (M.Bl. für die innere Verwaltung 1935:733f) wurde neben dem medizinischen Sachbearbeiter des Regierungspräsidenten ein auf **Vorschlag der Berufsvertretung der Apotheker** zu ernennender Apotheker mit der Besichtigung der Apotheken betraut und ihm der Titel **'Pharmazierat bei der Regierung ...'** verliehen (§ 2). Der betreffende Apotheker mußte neben fachlicher Eignung und der Vollendung des 32. Lebensjahres auch 'arische Abstammung' nachweisen (§ 3). Nun endlich spiegelte sich die Sonderrolle des Apothekenwesens auch auf der Regierungsebene der preußischen Verwaltung wider. Der Titel 'Pharmazierat' war übrigens das erste Mal 1917 durch Fürst Günther zu Schwarzburg einem Apotheker "anstelle eines Ordens" (Hügel/ Spegg 1983:12) verliehen worden. In der Folge eines Runderlasses des Reichsinnenministeriums vom 2. März 1939 (abgedruckt bei v.Schwerin/Mang 1939/40: 736) wurden diese Pharmazieräte aufgrund des neuen Beamtengesetzes vom 1. Juli 1937 (RGBl. I 1937:39 ff durch das Ministerium als 'Ehrenbeamte' erneut berufen. Durch einen Runderlaß vom September 1942 wurde dann die Ernennung der Pharmazieräte wieder den Regierungspräsidenten übertragen. (Hügel/Spegg 1983:12)

Neben dieser Überwachung durch die Regierungen unterlagen die Apotheken nach 1935 zusätzlich auch noch der Kontrolle durch die neu gebildeten Gesundheitsämter, die an die Stelle der Kreisärzte getreten waren (vgl. Kahler 1937:98f und Kap. 7.3.1)

8.3 Die untere Verwaltungsebene

8.3.1 Die Stadt- und Kreisphysici

Die untere Ebene der Medizinalverwaltung - und damit auch der Apothekenaufsicht - war in Preußen auf der Ebene der Kreise angesiedelt. Der Landrat des Kreises repräsentierte als oberster Kreis-Polizeibeamter auch gleichzeitig die Kreis-Medizinalpolizei (Horn 1863:41). Er hatte in dieser Eigenschaft die grundsätzliche Verpflichtung, "auf alles zu achten, was das öffentliche Gesundheitswesen in seinem Kreise (betraf)" (Guttstadt 1890:14).
Dem Landrat war zur Erfüllung dieser Aufgaben als technischer Beirat der Kreis-Physikus beigegeben (nach den Bestimmungen der Instruktion für die Preußischen Landräte vom 31. Dezember 1816, § 17; vgl. Niemann 1828:48f). Dabei durfte der Kreisphysikus zwar vom Landrat in seiner Aufgabenerfüllung kontrolliert werden (v.Rönne/Simon 1844:112), unterstand diesem aber nicht: "vielmehr (war er) wie der Landrath unmittelbar der Regierung unterstellt." (Guttstadt 1890:14). Bis zur Umorganisation der preußischen Regierungen **unterstand der Kreisphysikus - obwohl in erster Linie Gehilfe des Landrats - direkt der ersten Abteilung der jeweiligen Regierung** (Schnitzer 1832:146). Insgesamt gab es auf Kreisebene drei dem Landrat als technische Beigeordnete unterstellte Medinziner:
- den Kreis-Physikus;
- den Kreis-Wundarzt;
- den Kreis-Tierarzt.

Sie alle waren unmittelbare Staatsdiener (Horn 1883:41). Nach der Verabschiedung des Landesverwaltungsgesetzes von 1883 stand auch dem Landrat das Recht zu, für mehrere Ortspolizeibezirke wie für den ganzen Kreis, polizeiliche, also auch sanitätspolizeiliche Verordnungen mit der Zustimmung des Kreis-Ausschusses zu erlassen. Dieses Recht gründete sich - wie auf den höheren Verwaltungsebenen auch - auf die Bestimmungen des § 10 des Allgemeinen Landrechts von 1794, wonach es die Aufgabe der Polizei war, Anstalten zur Abwendung von Gefahren von der Bevölkerung oder einzelnen ihrer Mitglieder zu treffen. (vgl. Pistor 1890:151)

Das **eigentliche Organ der Regierung in Bezug auf die Medizinal- und Sanitätspolizei** - mithin auch der Apothekenaufsicht - auf der unteren Verwaltungsebene bildete aber der **Kreis-Physikus** (Horn 1863:99; Guttstadt 1890:18).

Auf die Einrichtung von besoldeten Stadtarztstellen in den Reichsstädten in Folge der durch Kaiser Sigismund erlassenen Reichspolizeiordnung von 1440 ist schon eingegangen worden (vgl. Kap. 5.3.1). Solche Stadtphysici bildeten sich später auch in Brandenburg-Preußen heraus. V.Rönne/Stein sprechen davon, daß es in der Mark schon im 16. Jahrhundert besoldete Stadtärzte gegeben haben soll (dies. 1844:115); zur Beaufsichtigung des Medizinalwesens angestellte Mediziner gab es in den Hauptstädten der Kur- und Neumark aber in jedem Fall ab dem 17. Jahrhundert. Die 'Physici' (nach der zeitgenössischen Literatur des 18. und 19. Jahrhunderts auch die 'Physiker') wurden in der Folge zumeist von den Städten gewählt (Rust 1838:55f), später aber auch in einzelnen Kreisen durch Privatwahl der Kreisstände angestellt (v.Rönne/Simon 1844:116). Die Wahl war dem Ober-Collegium Medicum und der betreffenden Kriegs- und Domainenkammer anzuzeigen; Bestimmungen darüber fanden sich z.B. auch im § 5 des Medizinalediktes von 1685. Die Ärzte waren als 'Communalbeamte' (Stadtphysici) bzw. ständische Beamte (Kreisphysici) von den Städten bzw. den Ständen zu bezahlen (vgl. Augustin 1818:684).

Nach einer Verordnung vom 5. Dezember 1765 war die Besetzung ab diesem Zeitpunkt grundsätzlich von der Zustimmung des Ober-Collegiums abhängig, das diese nach einer Prüfung erteilte (Rust 1838:56; Eulenberg 1874:575). Der entscheidende Schritt zur Eingliederung der Physici in die Staatsverwaltung - schon 1810 war durch Kgl. Order vom 30. Januar die Anstellung neuer Stadtphysici auf die Regierungen übergegangen (v.Rönne/Simon 1844:259) - wurde durch das Edikt vom 30. Juli **1812** getan, mit dem die betreffenden Ärzte "zu Staats- und polizeilichen Beamten erhoben worden sind." Künftig wurden sie nicht mehr von den Magistraten bzw. Kreisständen gewählt, sondern durch die Medizinalbehörden ernannt. (Rust 1838:56f) Dadurch war ihre künftige Zuordnung eindeutig:

> "Die Kreisphysiker und Kreischirurgen werden ... als solche nach geschehener vorschriftsmäßigen Prüfung und Erlangung des Qualifikations-Attestes von der ersten Abtheilung der Regierung unter Genehmigung des Ministeriums des Innern bestallt und aus der Kreiskasse besoldet." (Schnitzer 1832:147)

Die Kreisphysici wurden aus der Zahl der geprüften Ärzte ausgewählt, mußten aber ihre Befähigung zur Anstellung als "beamtete Ärzte" durch eine besondere Prüfung belegen (Grotefend 1890:231). Nach einem Ministerialerlaß vom 4. März 1880 'betr. das Reglement für die Prüfung behufs Erlangung der Befähigung zur

Anstellung als Kreis-Physiker' (abgedruckt bei Wernich 1887:84 ff), wurden zur Physikatsprüfung nur Ärzte zugelassen, die ein mindestens vierjähriges Studium an einer deutschen Universität absolviert und eine Dissertation verfaßt hatten. Außerdem mußte seit ihrer Approbation drei Jahre (bei guter und sehr guter Prüfung zwei Jahre) vergangen sein. Die Physikatsprüfung war vor der Wissenschaftlichen Deputation für das Medizinalwesen in Berlin abzulegen. (Guttstadt 1890:14) Trotz dieser strengen Kriterien war man sich bewußt, daß eine solche Auswahlprüfung nur in beschränktem Maß auf die Aufgaben eines Kreisphysikus vorbereiten konnte:

> "Das Uebrige that das Leben, die Erfahrung, wo der Physikus stets mit Behörden zu thun hat, deren Anforderungen er entsprechend muss, und am Ende geht es mit dem guten alten Sprüchwort: Wem Gott ein Amt gibt, dem gibt er auch Verstand." (Lion 1862:35)

Die so erlangte Qualifikation berechtigte aber keineswegs zum sofortigen Erhalt einer Physikatsstelle. Die Kriterien der Vergabe solcher Stellen waren manchmal auch von sachfremden Kriterien beeinflußt, was sich aber später offensichtlich besserte: "Die Zeiten, wo ein Taufzeugnis die conditio sine qua non war, sind Gott Lob vorüber, und hoffentlich für immer." (Lion 1862:35f)
Die Stellen der Kreis-Medizinalbeamten waren zumeist wenig begehrt: oft konnten sich "selbst jüngere Medizinalpersonen nur in der Hoffnung auf demnächstige, ihren Wünschen und den gewähnlichen Lebensverhältnissen entsprechende Versetzung an einen anderen Ort, entschließen, einen solchen Posten anzunehmen." (Schnitzer 1832:143f) Im Gegensatz zu den Medizinalreferenten bei den Regierungen hatten die Kreisphysici aber nicht die eng umschriebenen Pflichten der gewöhnlichen Staatsdiener:

> "Die Kreisphysiker gehören jedoch nicht zu denjenigen Staats-Beamten, welche dafür, dass der Staat ihnen das volle Auskommen gewährt, verbunden sind, demselben ohne Beschränkung alles das zu leisten, was sie nach ihrer Bildung vermögen und wozu der Staat ihrer bedarf." (Horn 1863a:511)

Dafür war ihre soziale Absicherung auch wesentlich geringer:

> "Die Physiker sind weder pensionsberechtigt, noch erhalten sie den Wohnungsgeldzuschuß wie die übrigen Staatsbeamten. Der Beitritt zur allgemeinen Beamtenwittwenkasse ist ihnen ebenfalls nicht gestattet." (Wernich 1887:182)

Die fehlende Pensionsberechtigung und der Ausschluß von der 'Allgemeinen Wittwen-Verpflegungsanstalt' entband die Physici auf der anderen Seite wiederum von der Pflicht zur Einholung des Heiratskonsenses, wie ein Erlaß des Ministeriums für Medizinalangelegenheiten von 1838 ausdrücklich bestätigte (vgl.

v.Rönne/Simon 1844:25). Bis 1901 erhielten die Kreisphysici ein nicht pensionsfähiges Gehalt von 900 Mark, "eine Bezahlung, die man in jeder Hinsicht als geradezu jammervoll bezeichnen muß" (Min. für Volkswohlfahrt 1927:11). Nur ausnahmsweise wurde "kranken und altersschwachen Kreisphysikern das Gehalt ganz oder theilweise belassen" (Guttstadt 1890:14). So waren den Kreisphysici nicht nur Nebenbeschäftigungen erlaubt (Eulenberg 1874:600), der 'Nebenerwerb' (als Arzt eine Krankenhauses, eines Gefängnisses oder ähnlicher öffentlicher Anstalten) bildete geradezu ihre Haupteinnahmequelle! (Wernich 1887:183) Aus dieser finanziellen Situation heraus nahmen auch die Regelungen über die Erstattung der Reisekosten dieser Medizinalbeamten und die von ihnen zu erhebenden Gebühren - auf die hier nicht näher eingegangen wird - großen Raum ein (vgl. dazu z.B. Koch 1833:45 ff).
Ansonsten entsprach das Amt der Kreisphysici der fünften Rangklasse der preußischen Beamtenschaft (Horn 1863a:518; Grotefend 1890:430f); es war ihnen erlaubt, die entsprechende Ziviluniform zu tragen (Koch 1833:42). "Behufs der Portofreiheit ihrer Dienstberichte" (Augustin 1818:355) war ihnen auch das Führen eines Dienstsiegels gestattet. Wegen der angeblichen "Beschränkung der Glaubwürdigkeit jüdischer Glaubensgenossen in Criminalsachen" durften jüdische Ärzte nach einer Verordnung des Staatskanzlers von 1812 nicht als Kreis- oder Stadtphysiker angestellt werden. (Augustin 1818:352f)

Das Tätigkeitsfeld der Kreisphysici umfaßte - neben hier nicht zu beschreibenden Aufgaben (gerichtsärztliche Tätigkeiten u.a.) - die Aufsicht und Kontrolle über die in ihren Kreisen ansässigen Medizinalpersonen und die Heildiener sowie die Apotheker bzw. Apotheken (Wernich 1887:125). Obwohl das Recht zur Revision der Apotheken den Physici nur im besonderen Auftrag der Regierung zustand, mußten sie diese doch beständig im Auge behalten und konnten in besonderen Fällen auch eine außerordentliche Revision beantragen (Schnitzer 1832:148). Die Ziele der Beaufsichtigung durch den jeweiligen Kreisphysiker waren dabei klar umrissen:

> "Bei der Beaufsichtigung der Apotheken hat er besonders darauf Rücksicht zu nehmen, daß der Geschäftsgang ordnungsgemäß von Statten gehe, daß die Waaren und Materialien, so wie die Gefäße, im ordnungsmäßigen Zustande und in hinreichender Qualität sich darin befinden, daß die Taxe befolgt, der Giftverkauf nach den Vorschriften geübt werden, und daß die Gehülfen etc. ordnungs- und vorschriftsmäßig die Apothekerkunst mit ausüben und lernen." (Nicolai 1838:91)

Eine solche Aufgabenbeschreibung war schon in der ersten, vom Ober-Collegium Medicum erlassenen 'Instruction für die Land-, Kreis- und Stadtphysiker in den Königlich Preußischen Landen' vom **17. Oktober 1776** (abgedruckt bei Horn 1863a:424 ff) zu finden, deren § 16 über die die Apothekenaufsicht bestimmte:

> "Ueber die Apotheken muss ebenfalls der Land- oder Creyss-Physicus so wie überhaupt, also auch der Stadt-Physicus seines Ortes insbesondere, ein wachsames Auge haben, und selbige gelegentlich durchsuchen. Wenn erstere aber, eine specielle Visitation aller Apotheken in seiner Provinz oder Creyse vor nötig finden sollte; so muss er solches dem Ober-Collegio-Medico anzeigen und dessen Order darüber einholen." (zit. nach Horn 1863:527)

Obwohl sich diese Instruktion in der Folge als nicht mehr ausreichend erwies, **wurde im gesamten 19. Jahrhundert keine neue Dienstordnung für die Physiker erlassen!** In die entstandene Lücke traten dann zumeist Dienstordnungen der einzelnen Regierungen für die Kreisphysiker ihres Bezirks. Beispielhaft sei hier die Dienstanweisung der Regierung zu **Minden** vom 8. Januar 1820 (Amtsblatt Minden 1820:9 ff) angeführt: § 1 wiederholte den Charakter der Kreis-Physiker und Kreis-Chirurgen als technische Berater des Landrates und der Gerichte der Kreise. Neben anderen Tätigkeiten gehörte dabei auch die Apothekenaufsicht zu den Aufgaben der Kreis-Physiker (§ 2). Über sie wurde in § 7 bestimmt:

> "Der Kreis-Physikus hat ferner den Apotheken eine besondere Aufmerksamkeit zu widmen. Er hat über die genaue Befolgung der darüber bestehenden Gesetze eine ausserordentliche, durch besonders dazu ernannt Kommissarien zu bewirkende Visitation anzutragen. Die Gehülfen und Lehrlinge hat er öfters zu prüfen, und kann kein Lehrling oder Gehülfe eintreten, ohne vorher ein Fähigkeitszeugnis von ihm erhalten zu haben." (Amtsblatt Minden 1820:13)

Im Beanstandungsfall war der Kreisphysikus zu sanitätspolizeilichen Anordnungen nur im Falle der 'Gefahr durch Verzug' ermächtigt:

> "Seine Wirksamkeit beschränkte sich in der Regel auf Mitteilung seiner Wahrnehmungen und Vorschläge an den Landrat oder auch an die Ortspolizeibehörde, welche dann ihrerseits, sei es selbständig oder nach Einholung der Ermächtigung des Regierungspräsidenten, die erforderlichen Maßnahmen und Vorkehrungen zu treffen haben." (Grotefend 1890:233; so auch Horn 1863:519)

Die Kreisphysiker hatten offenbar oftmals Schwierigkeiten mit dem administrativen Teil ihrer Arbeit. Nur so ist eine Verfügung des Regierungspräsidenten in **Königsberg** 'betr. die Registraturen der Medizinalbeamten' vom 22. November 1888 (abgedruckt bei Guttstadt 1890:19f) zu erklären, in der beklagt wird,

> "...dass sich die Registraturen der Medizinalbeamten in einem Zustande befinden, welcher den an eine ordnungsmässige Behandlung dieses äusserlichen Theils der Geschäftsverrichtung zu stellenden Anforderungen keineswegs entspricht."

In der Verfügung wurde denn auch genau festgelegt, wie und wo Schriftstücke, Akten, Verfügungen etc. der Kreisphysiker abzulegen, abzuheften und zu binden seien, um eine ordnungsmäßige Arbeit sicherzustellen. Eine ähnliche Verfügung der Regierung zu **Minden** findet sich bei v.Rönne/Simon (1844:245).

8.3.2 Der Kreisarzt nach 1901

Die Kreisphysiker auf der unteren Ebene der Medizinalverwaltung Preußens waren aus der Natur der ihnen übertragenen Aufgaben heraus derjenige Teil der Medizinalverwaltung, der mit der Bevölkerung und mit den mit dem Medizinalwesen betrauten Berufsgruppen den größten Kontakt hatten. Ihre Aufgabe war es, die Einhaltung der gesetzlichen Ordnung zu überwachen. Um so deutlicher zeigte sich am Ende des 19. Jahrhunderts, daß die bisherige Aufgaben- und Personalstruktur der unteren Verwaltungsebene dieses aus verschiedenen Gründen nicht mehr leisten konnte:

- die Tätigkeiten des Kreisarztes waren im wesentlichen durch gerichtsärztliche Aufgaben dominiert, für fürsorgerische Aufgaben blieb kaum Zeit;
- seit 1776, also seit über einhundert Jahren, hatten die Kreisphysiker keine neue Dienstordnung mehr erhalten, viele ihrerer Tätigkeiten übten sie nur noch aufgrund vieler einzelner Gesetze und Verordnungen aus den verschiedensten Teilen des Gesundheitswesens aus; "Viele von diesen Erlassen gerieten allmählich in Vergessenheit oder wurden durch anderer Bestimmungen überholt." (Min. für Volkswohlfahrt 1927:9);
- die Bewegungsfreiheit der Kreisphysiker war übermäßig eingeschränkt:

  > "Selbst wichtige Besichtigungen und notwendige Revisionen konnte er meist nur dann vornehmen, wenn er hierzu einen besonderen Auftrag des ihm vorgesetzten Regierungspräsidenten oder des Landrates erhielt." (dies sogar für Dienstreisen innerhalb des Kreises; Min. für Volkswohlfahrt 1927:10);

- wie oben schon angeführt, war die Bezahlung der Kreisphysiker völlig unzureichend; sie mußten sich ihr Einkommen durch ärztliche Tätigkeiten in öffentlichen Stellen oder durch eine Privatpraxis sichern, was sich negativ auf ihre Arbeitszeit und -leistung in ihrem Amt auswirkte.

Nach jahrzehntelangen Diskussionen (vgl. Pistor 1908/09:614 ff) wurden gegen Ende der 1890er Jahre die Bemühungen um eine Medizinalreform verstärkt; das Wiederaufkommen der Cholera in dieser Zeit hatte die Notwendigkeit dazu noch einmal nachdrücklich aufgezeigt (Knopp 1974:252f). Erreicht werden konnte trotz vieler Anstrengungen aber nur eine Reform der untersten Ebene der Medizinalverwaltung, Zentralinstanz und Provinzialbehörden blieben unangetastet. Auch auf der unteren Ebene konnten nicht alle erhofften Ziele erreicht werden: die durchgängige Schaffung vollbesoldeter Kreisarztstellen scheiterte am Widerstand der Finanzverwaltung. (Min. für Volkswohlfahrt 1927:18)
Nach längeren Vorarbeiten wurde so am 16. Dezember 1899 das **'Gesetz, betr. die Dienststellung des Kreisarztes und die Bildung von Gesundheitskommissionen'** (abgedruckt bei Grotefend/Cretschmar 1904:585 ff) veröffentlicht. Aus organisatorischen Gründen trat dieses Gesetz erst am **1. April 1901** in Kraft - deswegen die auch hier verwandte Bezeichnung 'Kreisarztgesetz von 1901'.
In den Beratungen des Gesetzes war erreicht worden, daß beim Vorliegen besonderer Verhältnisse auch vollbesoldete Kreisarztstellen eingerichtet werden konnten. Dadurch "wurde das Kreisarztgesetz in seiner Bedeutung ganz außerordentlich gehoben" (Min. für Volkswohlfahrt 1927:23). Schrittweise gelang später die Umwandlung dieser Stellen: bis Mitte der 20er Jahre dieses Jahrhunderts waren mehr als die Hälfte aller Kreisärzte auf vollbesoldeten Stellen eingesetzt (Min. für Volkswohlfahrt 1927:48), **1928** schließlich wurden **sämtliche Kreisarztstellen in vollbesoldete Dienststellen umgewandelt** (Min für Volkswohlfahrt 1929:905). § 1 des Kreisarztgesetzes bestimmte Funktionen und Positionen des 'Kreisarztes':

> "Der staatliche Gesundheitsbeamte des Kreises ist der Kreisarzt. Er ist der technische Berather des Landraths, in Stadtkreisen der Polizeibehörde. Der Kreisarzt ist dem Regierungspräsidenten unmittelbar unterstellt."

In § 2 wurden die Anstellungsvoraussetzungen geklärt; die Anstellung selbst erfolgte durch den Minister der Medizinalangelegenheiten. In der Aufgabenbeschreibung des Kreisarztes wurde in § 6 Satz 3 u.a. auch ausgeführt:

> "...hat er über das Apotheken- und Hebammenwesen, über die Heilgehülfen und anderes Hülfspersonal des Gesundheitswesens die Aufsicht zu führen;" (jeweils zitiert nach Grotefend/Cretschmar 1904:586)

"Um dem Staate die volle Arbeitskraft der Medizinalbeamten zu sichern", wurde den Kreisärzten in der Regel die Ausübung einer ärztlichen Praxis untersagt, es wurden aber (sachliche) Ausnahmen zugelassen (Min. für Volkswohlfahrt 1927:24). Für besondere belastete Stadt- und Landkreise wurde die Anstellung von Kreisassistenzärzten (Medizinalassessoren) zugelassen (Min. für Volkswohlfahrt 1927:24). Gleichzeitig wurden in einigen größeren Kommunen auch zunehmend eigene

Kommunalärzte (Stadtmedizinalräte) angestellt (ebd.:52). Neben einer besseren Besoldung wurden den Kreisärzten nun auch in Fragen der sozialen Sicherung (Altersgrenze, Pensionen, Witwenversorgung) die gleichen Rechte wie den übrigen Beamten zugestanden. (Min. für Volkswohlfahrt 1927:50)

Neue Prüfungsordnungen für die Kreisärzte wurden 1901, 1909, 1914 und 1921 erlassen. Die wesentlichsten Änderungen dabei waren die Einführung einer einheitlichen dreijährigen praktischen Tätigkeit als Voraussetzung der Zulassung zur Physikatsprüfung und die Einführung neuer Prüfungsgebiete (Versicherungswesen, Hygiene, gerichtsärztliche Kurse; vgl. Min. für Volkswohlfahrt 1927:56f).
Im Jahre 1901 war durch Königliche Verordnung bestimmt worden, daß Kreisärzten nach zwölfjähriger einwandfreier Dienstführung der Titel **'Medizinalrat'**, nach weiteren zehn Jahren der eines 'Geheimen Medizinalrates' verliehen werden konnte. (Min. für Volkswohlfahrt 1927:49) Nach der Verkündung der Verfassung von 1919 wurden solche Titel nicht mehr verliehen; dafür wurde 1921 für die Kreisärzte der Titel 'Kreismedizinalrat' eingeführt (vgl. Volkswohlfahrt 1921:446) Aber schon ab 1924 wurde wieder die Bezeichnung 'Medizinalrat' verwendet, die Bezeichnung der Dienststelle lautete nun 'Der Kreisarzt' (Min. für Volkswohlfahrt 1927:49).
Durch das Kreisarztgesetz wurde die Zuordnung des Kreisarztes zur mittleren Verwaltungsebene klar herausgearbeitet:

> "Der Kreisarzt erhält dienstliche Aufträge vom Regierungspräsidenten oder einer Abteilung der Regierung. Andere Behörden sollen in der Regel durch den Regierungspräsidenten ihre Gesuche an ihn richten." (Solbrig/Frickhinger 1927:87)

Auf der anderen Seite wurde auch das Verhältnis zum Landrat geklärt:

> "Zum Landrat (in Stadtkreisen Ortspolizeibehörden) steht er im Verhältnis des Beraters in Angelegenheiten des Gesundheitswesens, derart, daß er einerseits Ersuchen in solchen Fällen nachzukommen hat, andererseits vor Erlaß von Polizeiverordnungen und sonstigen allgemeinen Anordnungen, welche das Gesundheitswesen betreffen, zu hören ist." (Solbrig/Frickhinger 1927:87)

Am 23. März 1901 wurde zum Inkrafttreten des Gesetzes auch eine 'Dienstanweisung für die Kreisärzte' (M.Bl. für Med.-Angelegenheiten 1901:2 ff) erlassen. In ihr wurden die Ausführungsvorschriften für das Kreisarztgesetz (Personalangelegenheiten, amtliche Zuständigkeiten etc.) zusammengefaßt veröffentlicht. Zur Apothekenaufsicht bestimmte § 47 Satz 2 der Anweisung:

"Der Kreisarzt hat alle Apotheken seines Amtsbezirkes einmal jährlich, die außerhalb seines Wohnortes befindlichen thunlichst gelegentlich anderweiter Anwesenheit am Orte außerordentlich und unangemeldet zu besuchen und im Allgemeinen, namentlich hinsichtlich der Ordnung und der Sauberkeit in den Räumen, an und in den Arzneibehältnissen sowie hinsichtlich der Beachtung der gesetzlichen Vorschriften über den Betrieb zu mustern." (M.Bl. für Med.-Angelegenheiten 1901:13f)

Unregelmäßigkeiten dabei waren dem Regierungspräsidenten anzuzeigen (§ 48, Satz 3). Zu den Apothekenvisitationen, die regelmäßig durch den Regierungs- und Medizinalrat und einen pharmazeutischen Bevollmächtigten vorgenommen wurden, war der Kreisarzt "rechtzeitig und vertraulich einzuladen" (§ 48, Satz 1). Der Kreisarzt konnte diese Visitationen auch ausnahmsweise in Vertretung ausführen, dies an seinem Wohnort jedoch nur, wenn die Einwohnerzahl des Ortes mehr als 100.000 betrug. (§ 48, Satz 2).
Der Kreisarzt hatte auf die korrekte Zulassung der angestellten Apotheken-Gehilfen zu achten (§ 50). Die Apothekerlehrlinge brauchten ein Zeugnis von ihm, um ihre Lehre antreten zu können (vgl. dessen Musterabdruck bei Laux 1922:69f): generell unterlag ihre Ausbildung seiner Aufsicht (§ 51). In diesen Bestimmungen wurden die grundsätzlichen Regelungen der Apotheken-Betriebsordnung von 1902 (vgl. Kap. 6.6) schon vorweggenommen. Diese Vorschriften wurden auch in der Neufassung der Dienstanweisung vom 1. September 1909 (abgedruckt in Auszügen bei v.Gneist 1925:275 ff) wiederholt.

Die Stellung des Kreisarztes in Preußen blieb dann bis zur Vereinheitlichung des Gesundheitswesens durch die Schaffung von Gesundheitsämtern im Nationalsozialismus (auf die schon eingegangen wurde; vgl. Kap. 9.3.1) unverändert. Schon vor der Schaffung einer reichseinheitlichen Gesundheitsverwaltung auf der untersten Ebene hatte die Medizinalverwaltung an einer Umgestaltung ihres Apparates gearbeitet. So konnte die Medizinalabteilung des Ministeriums schon 1933/34 die gemachten 'Fortschritte' stolz präsentieren:

- eine Erweitung des Kriegsarztgesetzes "unterstellte alle kommunalen gesundheitlichen Einrichtungen der Aufsicht des Kreisarztes im Sinne der Staatsführung und der Wirtschaftlichkeit";
- die "Aussschaltung rassefremder Persönlichkeiten aus der Medizinalbeamtenschaft" war durchgeführt worden;
- die Prüfungsordnung für die Kreisärzte wurde umgestaltet, um die Ärzte für die "neuen Anforderungen des heutigen Staates zu befähigen."

(Frey 1934:158f).

Gleichzeitig wurden die Arbeiten an der Vereinheitlichung der Medizinalverwaltung im Staat und den Gemeinden weitergeführt, deren Umsetzung 1934/35 das Ende der preußischen Kreisärzte als untere Träger der Gesundheitsverwaltung bedeutete.

Trotz dieser faktischen Außerkraftsetzung wurde das Kreisarztgesetz zumindest für Nordrhein-Westfalen - bis zum heutigen Tage (1983) nicht aufgehoben, formell hat es immer noch Gültigkeit. (vgl. Kommissionsbericht 1983:51f).

8.3.3 Die Ortspolizeibehörden

Neben den Behörden auf der Kreisebene als unterer staatlicher Verwaltungsinstanz existierten in Preußen auch einige kommunale Medizinalbehörden. Sie hatten durchweg keinen Anteil an der Apothekenaufsicht und sollen hier nur kurz erwähnt werden.
Vor der Herausbildung der Medizinalverwaltung bestimmten schon die §§ 179 ff der Preußischen Städte-Ordnung vom 13. November 1808, daß in jeder Stadt zur Beaufsichtigung der medizinischen Anstalten eine Deputation aus dem Magistrat und der Bürgerschaft zu bilden sei (vgl. v.Rönne/Simon 1844:113). Dort, wo keine Polizeiverwaltung durch besondere 'Polizeidirectoren' bestand, oblag die Medizinalverwaltung dem Magistrat (Augustin 1818:184). In der kurzen Periode zwischem dem Erlaß der Städte-Ordnung von 1808 und der Eingliederung der Stadt-Physiker in die staatliche Medizinalverwaltung waren diese Physiker Träger der staatlichen Sanitätspolizei in den Städten, obwohl sie städtisch gewählt und besoldet wurden. (vgl. v.Rönne/Simon 1844:259)
Durch eine Verordnung vom 8. August 1835 wurden in den Städten mit mehr als 5000 Einwohnern 'Sanitätscommissionen' als ratgeberische (z.T. auch ausführende) Behörden an die Seite der Ortspolizeibehörden gestellt. (vgl. Horn 1863:44; Hirt 1876:10) Durch das schon angesprochene Kreisarztgesetz von 1901 wurden in Städten gleicher Größenordnung auch 'Gesundheitskommissionen' eingesetzt. Nach einer Verordnung des Ministers der Medizinalangelegenheiten vom 13. März 1901 (abgedruckt bei Grotefend/Cretschmar 1904:612 ff) waren diese ebenfalls ratgeberisch und gutachterlich tätige Behörden, die - wie in den vorangegangenen Unterkapiteln aufgezeigt - ihr Pendant auch auf den höheren Verwaltungsebenen hatten; apothekenaufsichtliche Aufgaben hatten sie keine. Gleiches gilt auch für die bis Ende des 19. Jahrhunderts in den größeren Städten zunehmend angestellten Stadtärzte (Stadtmedizinalräte), deren aufsichtliche Tätigkeiten sich auf die städtischen Anstalten der Gesundheitspflege beschränkten. (vgl. Möllers 1930:32)

Ein wichtiger Bestandteil der staatlichen Medizinalverwaltung und damit auch der Apothekenaufsicht (wenn auch nur als ausführendes Organ) war auf der kommunalen Ebene die **Ortspolizeibehörde:**

> "Für die Gemeinde fungiert die Ortspolizeibehörde, welche Polizeistrafen verfügt, Klagen auf Uebertretungen der Medizinalgesetze durch den Amtsanwalt erhebt, und auch namentlich die Aufsicht und Revision der Drogengeschäfte zu führen hat." (Feldhaus 1891:2)

Die Zuständigkeiten kommunaler Behörden blieben aber auf einen engen Bereich beschränkt:

> "Abgesehen von der Mitwirkung bei dem Erlass von Ortspolizeiverordnungen (§ 143 des Landesverwaltungsgesetzes) haben die Gemeindebehörden im Preussischen Staate mit der Gesundheits-Polizei nichts zu thun; dieselbe ist wie die gesamte Wohlfahrtspolizei eine rein staatliche Einrichtung." (Pistor 1890: 151)

Der Erlaß solcher Polizeiverordnungen war schon durch das bereits erwähnte Gesetz über die Polizeiverwaltung vom 11. März 1850 geregelt worden (§ 5); in § 6f wurde dies ausdrücklich auch für die "Sorge für Leben und Gesundheit" vorgesehen. Alle später erlassenen Polizeiverordnungen auf medizinalpolizeilichem Gebiet beruhten auf diesem Gesetz (Böttger 1880a:7). Es blieb diese Grundlage bis zum Inkrafttreten des Landesverwaltungsgesetzes von 1883.
Ortspolizeibehörde war in den Städten in der Regel die Polizeiverwaltung, die von einem Bürgermeister oder einem Magistratsmitglied geleitet wurde. "In den Landgemeinden (leitete) die Polizei in den östlichen Provinzen der Amtsvorsteher, in Westfalen der Amtmann, in der Rheinprovinz der Landbürgermeister und in Hannover der Landrat." (v.Gneist 1925:274; so auch Möllers 1930:20) Der Gemeindevorsteher war auch diejenige Stelle, die "die vom Kreisarzt angeordneten polizeilichen Maßnahmen, die dieser bei Gefahr im Verzuge treffen (durfte), durchzuführen" hatte (Solbrig/Frickhinger 1927:93). Im übrigen bedurften die nach § 143 des Landesverwaltungsgesetzes (LVG) erlassenen Polizeiverordnungen der Zustimmung des Gemeindesvorstandes. (v.Gneist 1925:274f)

Wie schon angesprochen (Kap. 8.2.3) waren die Verordnungen nach § 132 LVG lange nicht klar genug umrissen. Erst durch ein Urteil des preußischen Oberverwaltungsgerichtes vom 29. Juni 1898 wurde geklärt, daß gegenüber den Apotheken ein von der allgemeinen Polizeigewalt verschiedenes besonderes Aufsichtsrecht nicht bestand und den Medizinalbehörden ein besonderes Ordnungsstrafrecht **nicht** zustand (v.Gneist 1925:515):

"... läßt sich aus der Polizeigewalt die Befugnis zur Verhängung von Strafen, weil in der Vergangenheit die Geschäftsführung den bestehenden Vorschriften nicht entsprochen hat, nicht herleiten. Dazu bedurfte es eines die Polizeibehörden hierzu ermächtigenden Gesetzes, und hieran fehlt es." (OVG-Entscheidungsband XXXIII 1899:361)

Die **Handhabung der Gesundheitspolizei war demnach grundsätzlich Sache der Ortspolizeibehörden,** falls dies ein Gesetz nicht ausdrücklich anders bestimmte bzw. die Angelegenheit nicht aus der Natur der Sache heraus der Landespolizei zugeordnet war; **polizeiliche Verfügungen im Einzelfall sollten also** im Grundsatz **nicht vom Regierungspräsidenten erlassen werden.** (v.Gneist 1925:515f; so auch das Handbuch der Preußischen Verwaltung 1911:94). Diese Zuordnung wurde auch von der Medizinalverwaltung aufgenommen, was ein Ministerialerlaß vom 21. Januar 1902 deutlich machte (vgl. Kap. 8.2.3). Auch in § 30 der 'Anweisung für die amtliche Besichtigung der Apotheken' von 1902 (vgl. Kap. 6.6) wurde festgehalten, daß der Regierungspräsident nur die Zwangsmittel der §§ 132 ff des Landesverwaltungsgesetzes von 1883 anwenden konnte (vgl. M.Bl. für Med.-Angelegenheiten 1902: 78). Die Teilung war also eindeutig:

- nach § 132 des LVG konnten die Regierungspräsidenten, Landräte und Ortspolizeibehörden **präventive** polizeiliche Maßnahmen verfügen und durch die Anwendung von Zwangsmitteln durchsetzen;
- **repressive** Strafverfügungen konnten nur durch die Ortspolizeibehörden verhängt werden.

(vgl. Urban 1927:11)

9. Ausgewählte Aufsichtsgebiete

Nach der Darstellung der Entwicklungsgeschichte der preußischen Medizinal- und Apothekengesetzgebung und der Beschreibung der preußischen Medizinalverwaltung mit den für die Apothekenaufsicht zuständigen Verwaltungsinstanzen und Medizinalbeamten soll nun zum Inhalt der Aufsicht übergegangen werden.
Aus den verschiedenen, gesetzlich bzw. durch Verordnung geregelten und durch die Träger der staatlichen Aufsicht kontrollierten Sachgebiete wurden die drei Gebiete ausgewählt, die den Schwerpunkt der staatlichen Apothekenaufsicht bildeten. Es sind dies:

- **Ausbildungs und Berufszulassungsregelungen,**
- **Privilegien** bzw. **Konzessionen** für den selbständigen Apothekenbetrieb und
- Bestimmungen über den **Arzneimittelverkehr.**

Sachgebiete, die die gewerblichen Probleme der Apotheken betreffen (Steuerrecht, Hypothekenrecht, auch im Zusammenhang mit Konzessionen), und Fragen, die sich mit der rechtlichen und sozialen Stellung der Apotheker (als Schöffen, bei gutachterlichen Tätigkeiten u.ä.) beschäftigen, bleiben ausgeklammert bzw. wurden schon in Kap. 7.2 angesprochen.

9.1 Die Ausbildung und Berufszulassung preußischer Apotheker

Die Überwachung der Apothekerausbildung - nach ihrem Charakter eine eher vorbeugende Überwachung - steht gleichberechtigt neben den Aufsichtsbereichen, die sich mit der eigentlichen Ausübung des Apothekergewerbes und dem Arzneimittelverkehr befassen: eine sichere Arzneimittelversorgung setzt einen einheitlich gebildeten Apothekerstand voraus. Von Mohl (1844:217) stellt auf dieser Grundlage kurz und präzise fest: "Für die persönliche Fähigkeit der Apotheker sorgt der Staat theils durch Bestimmungen über den Unterricht, theils durch Prüfungen."

9.1.1 Apothekenausbildung im ausgehenden Mittelalter

Die Zulassung ausschließlich geprüfter Apotheker - im Interesse einer sicheren Arzneimittelversorgung der Bevölkerung - ist schon aus dem 13. und 14. Jahrhundert bekannt (vgl. die Beispiele bei Adlung/Urdang 1935:131f). Seit Mitte des 16. Jahrhunderts widmete sich die Obrigkeit verstärkt der Ausbildung der Apotheker; eine Vorreiterrolle kam dabei den süddeutschen Reichsstädten zu:

> "Zunächst wurde lediglich eine ausreichende Lateinkenntnis der Lehrlinge gefordert, gegen Ende des 16. Jhs. führte man jedoch bereits mündliche und praktische Examina der Apotheker ein." (Schwarz 1977:103)

Diese Examina wurden durch die Physiker und die entstehenden Medizinalkollegien abgenommen. Die Approbationsregelungen vieler Reichsstädte zeigen, "daß die zur Erlangung eines einfachen Handwerks ausreichenden schulischen Grundkenntnisse für den Apothekerberuf als nicht genügend galten." (Schwarz 1977:103) Dennoch war die Apothekerausbildung in Deutschland in dieser Anfangsperiode nicht so gut geregelt wie etwa in Frankreich, wo sich die Zünfte verstärkt um solche Ausbildungsvorschriften kümmerten. Das Fehlen von Ausbildungsvorschriften führten dann zu "zumeist berufsfremden Regelungen" (Urdang/Dieckmann 1954:69) durch die Obrigkeit. Die Mängel in der Ausbildung bewirkten, daß sich die Pharmazie noch im 17. Jahrhundert, trotz vorgeschriebener Schulkenntnisse und vereinzelter Universitätsbesuche - der erste studierte Apotheker ist 1394 in Erfurt nachweisbar (Müller-Hester 1952:947) - "über das Handwerksmäßige nicht erhöhen" konnte. (Berendes, zit. nach Adlung/Urdang 1935:133)

9.1.2 Frühe preußische Ausbildungsregelungen

Brandenburg-Preußen spielte nach Adlung/Urdang (1935:136f) bei der Entwicklung einer genau geregelten Ausbildung in Deutschland eine führende Rolle. Wie schon ausgeführt (Kap. 6.1) sah die Apothekerordnung für das Herzogtum Preußen von 1683 an der medizinischen Fakultät der Universität Königsberg vor. Im **Medizinaledikt von 1685** (vgl. Kap. 6.2) fanden sich keine näheren Vorschriften über die pharmazeutische Ausbildung. Die Fortschreibung des Edikts von 1693 beinhaltete dann einige Bestimmungen über Auswahl und Prüfungen der Apothekenlehrlinge. Generell wurden im 18. Jahrhundert die Prüfungskompetenzen vor allem den Medizinalkollegien, später auch den Universitäten anvertraut; am Ende dieses Jahrhunderts erschienen die ersten detaillierten Prüfungspläne. (vgl. Schwarz 1977: 103)

Das **Medizinaledikt von 1725** beschränkte sich in seinen Vorschriften auf das Ergebnis des Bildungsgangs, enthielt aber keine Gestaltungsvorschriften und keine Bildungsvoraussetzungen - im Prinzip stand die Apothekerausbildung für jedermann offen (Dann 1926:1117). Es gab ebenfalls keine Bestimmungen über die Lehrzeit (damals in der Regel vier bis sechs Jahre) und keine Vorschriften über ein Examen am Ende der Ausbildung. Nach der Lehrzeit stand eine Gehilfenzeit von mindestens sieben Jahren; danach war zur Approbation die Ablegung eines Examens nach Kursen vor dem Ober-Collegium Medicum in Berlin nötig (Dann

1926:1117) - dies nur für die Apotheker I. Klasse; bei den nur vom Kreisphysikus zu prüfenden Provinzapothekern (II. Klasse) wurden nur geringe wissenschaftliche Kenntnisse verlangt (Dann 1926:1118).

Das **Allgemeine Landrecht von 1794** bestimmte in § 456 generell, daß nur gelernte und von der Medizinalbehörde geprüfte Apotheker dieses Gewerbe ausüben durften (vgl. v.Rönne/Simon 1844:649). Eine erste Ausgestaltungsvorschrift für diese Prüfungen fand sich in einem Reglement vom 1. Februar 1798, mit ihm wurde "eine besondere, aus Mitgliedern der Obercoll.-Med. und Obercoll. med.-chir. bestehende Ober-Examinationscommission eingesetzt." (Lindes 1836:329)
Eine Instruktion des Ober-Collegium Medicum 'was ein Physikus bey einem Examen der Medizinalpersonen zu beobachten' vom 16. Januar 1778 (abgedruckt bei v.Berg 1806:484 ff) schrieb vor, daß ein "Candidatus pharmaciae mit Zuziehung eines approbierten Apothekers" zu prüfen sei, und zwar dergestalt,

> "... daß die Examinatores, jeder separaten, die aus diesen Wissenschaften an den Candidatum zu erlassenden Fragen auf der einen Seite eines in der Mitte gebrochenen Bogens setzen, der Candidatus aber solche auf der anderen Seite dagegen, ohne vergängige Kommunikation derselben, und ohne jemandes Beyhülfe, sofort in Terraino und in Gegenwart derer Examinatorum eigenhändig beantworten müsse, wobey aber außer diesen schriftlichen Fragen auch vorher verschiedene mündliche an den Examinandum zu thun sind." (zit nach v.Berg 1806:485)

9.1.3 Apothekerausbildung nach der Revidierten Apotheker-Ordnung von 1801

Die Revidierte Apotheker-Ordnung von 1801 behielt die Regelungen des Medizinal-Ediktes von 1725 prinzipiell bei, aber die Ansprüche an die Vor- und Ausbildung der Apotheker wurden inhaltlich erhöht und organisatorisch fester umrissen, z.B. wurde die Länge der Lehrzeit auf vier Jahre festgelegt (vgl. Adlung/Urdang 1935:140). Neu war auch die Abschlußprüfung, die der Lehrling vor dem Kreisphysikus ablegen mußten; ein Lehrbrief wurde ihnen erst nach bestandener Prüfung ausgehändigt. (Dann 1926:118) Die Apotheker sollten zur Ausbildung nur solche Lehrlinge annehmen,

> "... die bei einem von der Natur nicht vernchläßigtem Kopfe, durch eine einigermaßen wissenschaftliche Ausbildung und durch eine gute sittliche Erziehung zur Erlernung dieser Kunst hinlaenglich vorbereitet sind." (zit. nach Augustin 1818:69)

Neben einer generellen Verkürzung der Gesellenjahre ('Servierzeit') auf fünf Jahre, wurde eine weitere Verkürzung dieser Zeit (auf drei Jahre) durch einen **fakultativen Hochschulbesuch** möglich:

"Nach Beendigung der Lehrzeit hat der Gehülfe dann 3 Jahre hindurch in einer Apotheke sich zu beschäftigen und 1 Jahr hindurch an Universitäten zu studieren; geschieht Letzteres nicht, so muß er 5 Jahre als Gehülfe beschäftigt sein, bevor er zur Prüfung zugelassen werden kann." (Nicolai 1838:12)

Die Dauer der Lehr- und Gehilfenzeit war vor diesen Bestimmungen unterschiedlich gewesen, in der Regel hatte sie bis zum 18. Jahrhundert fünf bis sechs Lehrjahre und sieben bis zehn Gesellenjahre betragen. Diese Zeit verringerte sich bis Anfang des 19. Jahrhunderts auf etwa vier Lehr- und fünf Gesellenjahre. "Zur Zeit der Reichsgründung schrieb man noch je drei Jahre vor, welche Regelung bis zur Jahrhundertwende Gültigkeit hatte." (Schwarz 1977:104) Nach drei Servierjahren konnte sich der Apothekergehilfe beim zuständigen Provinzial-Medizinalkollegium zur Provisorprüfung, die ihn zur Verwaltung einer Apotheke berechtigte anmelden. Nach seinem Bestehen beantragte er seine Bestätigung und Vereidung vor dem Ober-Collegium Medicum.

"Die eigentliche Staatsprüfung als Apotheker erforderte als Voraussetzung vom Anwärter, daß er Lehr- und Servierzeit ordnungsgemäß erledigt hatte und eine Apotheke bereits in seinem Besitz war." (Dann 1926:1119)

Die Staatsprüfung erfolgte nach einer Verordnung vom 13. Mai 824 für die Apotheker I. Klasse vor der Ober-Examinationskommisison in Berlin (vgl. Walther/Zeller 1830:367f und Kap. 8.1.2). Die genannten Voraussetzungen wurden dann auch in der Prüfungsordnung vom 1. Dezember 1825 beibehalten. Während seiner Ausbildung stand der angehende Apotheker ständig unter der Aufsicht der Medizinalverwaltung:

"Daß der Candidat sich in der Zeit seines Dienstes und Studiums sowohl moralisch gut, als auch fleißig und tüchtig bewiesen habe, darüber muß derselbe Atteste beibringen, welche nicht allein von dem Apotheken-Besitzer, sondern auch vom betreffenden Physikus unterschrieben sein müssen." (Nicolai 1838:13)

In dieser Zeit bildete ein **akademisches Studium keineswegs die Regel** in der Apothekerausbildung, wie die Beispiele bei Dann (1926:1119) zeigen. Allerdings trug die Möglichkeit der gleichberechtigten wissenschaftlichen Ausbildung der Apotheker zum Abbau der Vormundschaft der Ärzte über die Apotheker bei: "Der Apotheker erringt neben dem Arzt die wissenschaftliche Gleichberechtigung." (Hoffmann 1961:21)

Ein tiefgreifender Einschnitt in das System der preußischen Apothekerausbildung stellte die **Abschaffung der Unterteilung in Apotheker I. und II. Klasse** durch eine Verordnung vom 23. November 1853 (vgl. M.Bl. für die innere Verwaltung

1853:277) dar. Das Ende dieser 150 Jahre währenden Unterscheidung wurde allerdings 1864 mit einem Verzicht auf das für Apotheker I. Klasse mittlerweile obligatorisch gewordene Studium erkauft. (Schwarz 1977:104)
In der preußischen Gewerbe-Ordnung vom 17. Januar 1845 wurde in § 42 angeordnet, daß Apotheker zur Ausübung ihres Gewerbes einer Approbation des Ministeriums der Medizinalangelegenheiten bedurften. (vgl. v.After 1865:11; weiter hierzu unter Kap. 9.1.4)

Die Bestimmungen der Revidierten Apotheker-Ordnung von 1801 wurden durch das Prüfungs-Reglement vom 11. August 1864 (M.Bl. für die innere Verwaltung 1864:197 ff; vgl. auch Adlung/Urdang 1935:143) ersetzt und z.T. verschärft. Als Vorbedingung für das Erlernen des Apothekerberufs wurde das Reife-Zeugnis einer höheren Schule vorausgesetzt (Dann 1926:1119f) und die Lehrzeit wurde auf drei Jahre begrenzt. Für Abiturienten wurde sie auf zweieinhalb Jahre festgelegt (vgl. v. Rönne 1884:238f), hierin tauchten zum ersten Mal Bestimmungen über Abiturienten auf (Dann 1926:1120). Die Gehilfenprüfung erfolgte nicht mehr allein durch den Kreisphysikus, sondern durch eine Kommission (Kreisphysikus, Lehrherr und ein weiterer Apotheker). Die Servierzeit wurde auf drei Jahre festgelegt. Ein vorgeschriebenes dreisemestriges Studium konnte ersatzweise durch weitere drei Jahre Servierzeit aufgewogen werden. Diese Ausbildungsregelungen des Jahres 1864 bildeten den Endpunkt der preußischen Gesetzgebung auf dem Gebiet der Apothekerausbildung.

9.1.4 Regelungen durch den Norddeutschen Bund und das Reich nach 1869

Die sich auf die Staatsprüfung der Apotheker beziehende Bekanntmachung des Reichskanzlers, 'betreffend die Prüfung der Aerzte, Zahnärzte, Thierärzte und Apotheker' vom 25.September 1869 (M.Bl. für die innere Verwaltung 1869:256 ff) erschien dann schon - auf der Grundlage der Gewerbeordnung für den Norddeutschen Bund vom Juni 1869 - einheitlich für das gesamte Bundesgebiet. Sie schrieb in dem Teil über die Apothekerprüfung eine Approbation als Voraussetzung für die selbständige Ausübung des Apothekergewerbes vor (§ 1), die eine pharmazeutische Prüfung vor der Oberexaminationskommission in Berlin oder an einer norddeutschen Universität voraussetzte (§ 2).
Diese Bestimmungen gründeten sich in der Gewerbeordnung von 1869, deren § 29 I festgelegt hatte, daß der Apothekenbetrieb nur von approbierten Personen mit genügender Vor- und Ausbildung geleitet werden sollte. (Pistor 1890:14; ders. 1908/09:250).

Im August 1874 wurde eine Kommission mit der Ausarbeitung einer neuen Prüfungsordnung beauftragt, die für das ganze Reichsgebiet Gültigkeit haben sollte; "ihr Vorschlag lehnte sich an die Vorschriften für den Norddeutschen Bund an und erweiterte sie in einzelnen Punkten" (Schwarz 1977:95) - relativ kurze Zeit nach der Gründung des neuen Deutschen Reiches wurden damit die Prüfungsvorschriften schon reichseinheitlich geregelt. Die Prüfungen der Apotheker richteten sich nun nach der Bekanntmachung des Reichskanzlers 'betreffend die Prüfung der Apotheker' vom 5. März 1875 (abgedruckt im Centralblatt für das Deutsche Reich 1875:156 ff), die zum 1. Oktober 1875 die neuen Prüfungsvorschriften in Kraft setzte. Lehrzeit (drei Jahre, Abiturienten zwei Jahre), Servierzeit (drei Jahre) und ein **obligatorisches 3-semestriges Universitätsstudium** wurden festgeschrieben. Die Gehilfen-Prüfung wurde nicht mehr vom Lehrherrn, sondern von einer Kommission, die aus einem höheren Medizinalbeamten und zwei Apothekern (ohne den Lehrherrn) bestand, abgenommen (Grotefend 1892:127). Dabei wurden sowohl praktische als auch wissenschaftliche Kenntnisse gefordert. Zur Abnahme der pharmazeutischen Staatsprüfung wurden an den Universitäten Prüfungskommissionen eingerichtet. Nach Ablegung der Prüfung erfolgte die Erteilung der Approbation (Grotefend 1892:128f). Die Staatsprüfungen wurden weiterhin von der Medizinalabteilung des preußischen Ministeriums der Medizinalangelegenheiten nach den neuen reichseinheitlichen Vorschriften geleitet. (Pistor 1890:147) Die reichsweit gültige Approbation beinhaltete aber kein uneingeschränktes Recht zur Niederlassung:

> "Wer die Approbation als Apotheker erworben hat, ist innerhalb des Reiches in der Wahl des Ortes, wo er sein Gewerbe betreiben will, an und für sich nicht beschränkt; da jedoch die Reichsgewerbeordnung nach § 6 auf die Errichtung und Verlegung von Apotheken keine Anwendung findet, so kommen in dieser Hinsicht die betreffenden Vorschriften des Landesrechts zur Anwendung und ist der approbierte Apotheker bezüglich der Ausübung seines Gewerbes den Beschränkungen des Landesrechts unterworfen." (v.Stengel 1894:444)

Zur selbständigen Ausübung des Apothekergewerbes waren in Deutschland also erforderlich:

a) die **allgemeine Befähigung** zur Ausübung des Gewerbes, bewiesen durch die nach einer Prüfung erteilte Approbation;

b) die **spezielle Berechtigung** für eine **bestimmte Apotheke**, über deren Zuteilung keine Reichsvorschriften existierten und die deshalb nach **Landesrecht** vergeben wurde. (vgl. Meyer 1893:223)

Gleichzeitig mit der Regelung der Staatsprüfung wurden die Gehilfenprüfungen betreffenden Vorschriften der §§ 8-15 des Prüfungs-Reglements von 1864 durch die vom Bundesrat erlassenen und durch Bekanntmachung des Reichskanzlers am 13. November 1875 veröffentlichten Prüfungsvorschriften für Apothekengehilfen (abgedruckt im Central-Blatt für das Deutsche Reich 1875:761 ff) ersetzt. (vgl. v. Rönne 1884:240) Der Ablauf der Apothekerausbildung läßt sich zu diesem Zeitpunkt so zusammenfassen:

> "Die Qualifikation als Apotheker wird durch das Erlernen der Apothekerkunst, das Servieren als Apothekergehülfe, respektive das Studium der pharmazeutischen Wissenschaft auf einer Universität, die Ablegung der Staatsprüfung und die Approbation und Vereidigung erlangt." (v.Rönne 1884:238)

Die Vereidigung bzw. Verpflichtung wurde verlangt,

> "... sobald der Apotheker die Verwaltung einer Apotheke, sei es als Besitzer oder als selbständiger Administrator (Provisor), oder auch nur in Stellvertretung des Besitzers auf kurze Zeit übernimmt." (Wolff 1873:222)

Damit war die Ausbildung der Apotheker durchgängig staatlich geregelt. Aber all diese zitierten Ausbildungsvorschriften können nur einen Teil des Bildes vermitteln, das die Apothekerausbildung ergab. Die 'sozialen' Begleitumstände lassen sich aus den Gesetzen nicht erschließen, wie die folgende Bemerkung aus der Zeit um 1900 zeigt:

> "Mit einiger Berechtigung dürfte über den Mangel gesellschaftlichen Schliffs bei der pharmazeutischen Jugend geklagt worden sein und werden, deren Selbstgefühl, besonders in der Zeit des (wie in anderen Ständen periodenweise eintretenden) Personalmangels und nach eben bestandeneme Staatsexamen, so stark zu wachsen pflegt, daß es die allgemein übliche Rücksicht gegen das Alter vergißt, den erfahreneren Chef höchstens als primus inter pares ansieht und 'Kollege' anredet, in formlosester Art auf offener Postkarte mit ihm korrespondiert, seinen Unwillen ebenso, gelegentlich anonym oder in beleidigender Art in der Zeitung oder durch Drohbriefe an ihn, ausläßt u.s.w." (Schelenz 1904:786f)

Auf der anderen Seite verfeinerte sich die Apothekerausbildung immer mehr, die **Eintrittsvoraussetzungen** wurden **ständig erhöht**: Mit der Prüfungsordnung vom 18. Mai 1904 (M.Bl. für Med.-Angelegenheiten 1904:204 ff) wurde für den Berufseintritt die **Primareife** erforderlich (Dann 1926:1120; Adlung/Urdang 1935: 144), das Universitätsstudium wurde auf vier Semester mit der obligatorischen Teilnahme an bestimmten Übungen festgelegt.

Nach Erlaß der Prüfungsordnung von 1904 war zur Approbation als Apotheker also erforderlich:

a) eine **allgemeine wissenschaftliche Vorbildung** durch das Erreichen der Primastufe nebst Kenntnis des Lateinischen;

b) eine dreijährige **praktische Ausbildung** bei einem approbierten Apotheker;

c) die Absolvierung der **pharmazeutischen Vorprüfung**;

d) danach eine **einjährige praktische Arbeit** als **Gehilfe** eines approbierten Apothekers und

e) ein mindestens **zweijähriges Studium** an einer deutschen Universität.

(vgl. Handwörterbuch der Preußischen Verwaltung 1911:93)

Der Erlaß dieser Prüfungsordnung zeigt auch das Bedürfnis nach einer höheren wissenschaftlichen Ausbildung der Apotheker. (Pistor 1908/09:251) Damit hatte sich die Studiendauer reichsweit angeglichen und auch ausgeweitet:

> "...kann man eine allmähliche Angleichung des Studiums in Inhalt und Länge an die steigenden Erfordernisse der Zeit feststellen; von anfangs zwei Semestern (Bayern 1842, Preußen 1867 und 1870), auf drei Semester (Deutsches Reich (1875) auf vier Semester (Deutsches Reich 1904)." (Schwarz 1977:104)

Nach einer Bekanntmachung des Reichskanzlers vom 24. April 1898 durften von da an auch **Frauen zum Pharmaziestudium zugelassen** werden (Urdang/Dieckmann 1954:70; Hornung 1955:22). Diese Öffnung bekam aber erst dann einen Sinn, als durch einen Beschluß des Bundesrates 1912 die Zeugnisse der Studienanstalten für Frauen als gleichwertiger Nachweise der wissenschaftlichen Vorbildung anerkannt wurden (Solbrig u.a. 1927:12). Frauen sind im Apothekerberuf aber noch sechzig Jahre nach diesen Beschlüssen - zumindest wirtschaftlich - nicht gleichberechtigt vertreten: Zwar stellen sie heute insgesamt über 53% aller Apotheker in der Bundesrepublik, aber unter den Apothekenleitern sind sie mit 33,5% stark unterrepräsentiert. Hingegen bestehen die approbierten Mitarbeiter in den Apotheken, also die angestellten Pharmazeuten, zu über 80% aus Frauen (Zahlen für 1983; vgl. Hügel 1986:54).

Auf Beschluß des Reichsamtes vom 22. Juli 1920 wurde ab 1. Januar 1921 die Eingangsstufe zum Apothekerberuf auf die höchstmögliche Stufe gestellt: die **Reifeprüfung wurde Voraussetzung zum Berufseintritt**. (Dann 1926:1120; Adlung/Urdang 1935:144) Dieser Schritt wurde getan, obwohl es auch - und schon lange vorher - Gegenstimmen gegeben hatte:

"Wer das Zeugnis der Reife auf einer höheren Lehranstalt erworben hat, findet bessere Wege für sein Fortkommen, als die Pharmacie sie ihm eröffnet, und sehnt sich wohl nur selten danach, die nicht beneidenswerthe Stellung eines Apothekerlehrlings einzunehmen; ein fühlbarer Mangel an Hülfskräften würde sehr bald eintreten. Bleibe man daher dieser Neuerung fern." (Pistor 1881:132)

Tatsächlich kam es eher umgekehrt, wie ein Bericht der Medizinalverwaltung aus dem Jahr 1930 zeigt:

"Der Zugang zum Apothekerberuf hat weiter stärker zugenommen als zu den akademischen Berufen. Die Nachfrage nach Praktikantenplätzen ist stärker als das Angebot. Die Ausbildung zum Apotheker ist verhältnismäßtig billig. Die Apothekeninhaber haben dagegen, besonders in lebhaften Geschäften, wenig Neigung, sich mit der Ausbildung von Praktikanten abzugeben." (Min. für Volkswohlfahrt 1932:139)

In jedem Fall wurde mit der Beschränkung auf Abiturienten eine Entwicklung abgeschlossen, die Dann (1926:1120) als einen Weg vom "handwerksmäßigen Vertreter seines Fachs zum Akademiker" beschreibt. Dies zeigt sich auch in der Änderung der Ausbildungsbezeichnung: Durch eine Bekanntmachung des Reichsministers des Innern vom 10. Dezember 1921 wurden die Apothekerlehrlinge in 'Praktikanten' umbenannt, die Gehilfen hießen fortan 'Assistenten'. (Solbrig u.a. 1927:13; vgl. auch Min. für Volkswohlfahrt 1927:327)

9.1.5 Die Prüfungsordnung von 1934

Die Prüfungsordnung von 1904 galt im Deutschen Reich genau drei Jahrzehnte, bis sie durch die Prüfungsordnung für Apotheker vom 8. Dezember 1934 (ApPrO; R.M.Bl. 1934:769) ersetzt wurde. Wesentliche Neuerung dieser Prüfungsvorschrift, die vom 1. April 1935 an Gültigkeit besaß, war die Einführung eines **sechssemestrigen vollakademischen Studiums** für zukünftige Apotheker. (Schwarz 1977:104) Diese Prüfungsordnung von 1934 überdauerte Preußen und das Deutsche Reich und wurde in die Apothekenvorschriften der Bundesrepublik übernommen. (Urdang/Dieckmann 1954:70)

Die Voraussetzung für den Eintritt in den Apothekerberuf war das Reifezeugnis eines Gymnasiums oder einer gleichartigen Schule. Für die Zulassung zur pharmazeutischen Laufbahn wurde in § 6 If ApPrO 'arische Abstammung' gefordert, die bei der Meldung zur Vorprüfung nachgewiesen werden mußte. (Kahler 1937:2f)
Die Ausbildung des Apothekers teilte sich in eine praktische Tätigkeit und in das **wissenschaftliche Hochschulstudium** auf: Zunächst mußte der angehende Apotheker zwei Jahre in einer hierfür zugelassenen Lehrapotheke als Praktikant tätig gewesen sein, danach wurde er vor einem Prüfungsausschuß geprüft. Dieser

Ausschuß bestand aus einem höheren Medizinalbeamten und zwei Mitgliedern mit Stellvertretern, bei deren Ernennung die Standesvertretung der Apotheker zu hören war (§ 6 II ApPrO; Kahler 1937:10).
Danach ging der angehende Apotheker zum Studium an die Universität. Das nach der Prüfungsordnung von 1904 übliche praktische Jahr zwischen pharmazeutischer Vorprüfung und Hochschulstudium war "zum teilweisen Ausgleich der durch die Verlängerung des Hochschulstudiums den Pharmazeuten entstehenden Mehrkosten in Wegfall gekommen." (Kahler 1937:11) Nach Abschluß des Studiums war die pharmazeutische Prüfung vor dem Prüfungsausschuß (aus Hochschullehrern und praktischen Apothekern) der betreffenden Hochschule abzulegen. (vgl. Kahler 1937:13) Im Anschluß an diese Prüfung hatte der Kandidat ein Jahr praktische Arbeit zu leisten, davon sechs Monate ohne Entlohnung ('soziales Berufshalbjahr') - eine Maßnahme, die einerseits zur Vertiefung der praktischen Kenntnisse der angehenden Apotheker, andererseits zur Entlastung allein arbeitender, finanziell aber schwacher Apotheker diente. (Kahler 1937:15)
Nach Ableistung des praktischen Jahres durfte der Kandidat bei der jeweiligen obersten Landesbehörde die Approbation (die nun nach den §§ 2 und 25 der Reichsapothekerordnung 'Bestallung' genannt wurde) beantragen. (Kahler 1935:16). Die 1937 in Kraft gesetzte, in Bezug auf die Berufszulassung der Apotheker an Stelle des § 29 der Reichsgewerbeordnung getretene Reichsapothekerordnung (RApO; vgl. Kap. 8.3.2) garantierte, daß jeder Apotheker nach der Bestallung seinen Beruf im ganzen Reichsgebiet ausüben konnte. Die aufgrund der RApO 1937 erlassene Bestallungsordnung vom 18. April schrieb dazu vor, daß die Bestallung von der jeweiligen obersten Landesbehörde zu erteilen war; für Preußen war das der Reichs- und Preußische Minister des Innern (vgl. Grunwald 1937: 1299) An den - im folgenden zu erörtenden - Problemen des selbständigen Apothekenbetriebs (Konzessionsfrage) änderte die Ausübungsgarantie der Reichsapothekerordnung aber nichts:

> "Sachlich tritt hinsichtlich der Erteilung der Bestallung und ihres Inhalts keine Änderung ein, insbesondere bleibt der im § 29 Abs. 3 GewO beruhende Vorbehalt bestehen, wonach zur Errichtung und Verlegung von Apotheken nach Landesrecht eine behördliche Konzession erforderlich ist." (Kahler 1937:18)

Festzuhalten bleibt, daß die ApPrO den **Endpunkt der preußisch-deutschen Rechtsetzung** auf diesem Gebiet bildete.

9.2 Apothekenprivilegien und -konzessionen

Der Beschreibung der verschiedenen Formen wirtschaftlicher Schutzrecht für Apotheker ist vorauszuschicken, daß es nun diesem Kapitel nicht darum gehen kann, die im 19. Jahrhundert heftig ausgetragene Diskussion um das für und wider von Privilegien mit und ohne Präsentationsrecht eines Nachfolgers nachzuvollziehen oder gar zu bewerten (vgl. als Beispiel dazu Brefeld 1863 [parteinehmend] und Hickel 1976 [beschreibend]). Ziel ist ausschließlich die **Darstellung einer Entwicklung**, in der das Apothekergewerbe trotz wirtschaftlicher und gesellschaftlicher Umbrüche seine wirtschaftlichen Schutzrechte nahezu ungeschmälert beibehalten konnte - eine Tatsache, die bei der Bewertung der staatlichen Apothekenaufsicht als Ganzes (im Sinn der dritten Untersuchungshypothese) zu berücksichtigen ist.

9.2.1 Die Herausbildung von Apothekenprivilegien

Auf die Entstehungsgeschichte der Apotheken in Deutschland auf der Grundlage der Verordnungen Kaiser Friedrich II. von 1241 ist schon in Kap. 5.1 und 5.2 eingegangen worden. Diese Verordnungen über den Arzneimittel- und Gifthandel trugen bereits die entscheidenden Merkmale der späteren Apothekengesetzgebung in sich:

- die Trennung der Ärzte von den Apothekern,
- die Revision und
- die Lizensierung der Apotheken.

(vgl. Adlung/Urdang 1935:1f)

Wie gezeigt, bildeten sich Apotheken in Deutschland weitgehend erst im 14. Jahrhundert in den Städten heraus. Wegen ihrer geringen Zahl waren die Apotheker nicht in der Lage, eigene Zünfte zu bilden. Das sich entwickelnde 'Apothekenprivilegialrecht' gab ihnen dafür die zu ihrer Berufsausübung nötige Sicherheit:

> "Um sich gegen Konkurrenz zu schützen, suchten die Apotheker bald Privilegien nach, die zuerst vom Landesherrn, später von den Kommunen ausgegeben wurden."

Springfeld (1896:3), Adlung (1927:2) und Martens (1955:16) sehen es genauso; anders Dadder (1965:1618f), der das Aufkommen von Apothekenprivilegien als Nachfolgeregelung einer zweihunderjährigen Regulierung des Apothekenwesens durch die Zünfte sieht.

Vom 14. bis zum Beginn des 19. Jahrhunderts bildeten solche Privilegien - mit oder ohne eine Exklusivrecht zur alleinigen Ausübung des Apothekergewerbes an einem bestimmten Ort - die normale gesetzliche Grundlage für den Betrieb einer Apotheke; einmal verliehende Exklusivrecht wurden aber noch bis ins 20. Jahrhundert hinein anerkannt! (vgl. Urdang/Dieckmann 1954:61) Das Recht, Privilegien zu verleihen, hatten die Institutionen und Personen, die mit der 'Privilegialgewalt' ausgestattet waren: alle weltlichen und geistlichen Fürsten und die freien Städte. (Adlung/Urdang 1935:2) Die Apothekenberechtigungen der Landesherren wurden dabei durchgängig als 'Privilegien' bezeichnet, solche der Städte - bei gleicher Bedeutung - auch als 'Konzessionen'. (Augustin 1818:42; Lewinsky 1917:38)
In der Verleihung solcher Privilegien an Apotheker spiegelt sich schon früh deren Sonderrolle als Träger öffentlicher Verantwortung wider:

> "Wenn auch manchmal für die Verleihung finanzielle Gründe maßgebend waren, so war der Hauptbeweggrund im allgemeinen die Sorge um das öffentliche Wohl... Man wollte auch die Unsicherheit, die durch umherziehende Heilmittelhändler hervorgerufen wurde, durch Anlage von Apotheken aus der Welt schaffen." (Adlung 1927:3)

Die Apothekenprivilegien waren ursprünglich als zeitlich begrenzte, an die Personen des Beliehenen gebundene Rechte verliehen worden (Adlung 1927:4). Den Apothekern gelang es aber, diese Rechte schrittweise in vererbliche und veräußerliche Rechte umzuwandeln. Diese Privilegien hielten sich lange Zeit: Noch 1913 verkaufte der Rat der Stadt Rostock das Betriebsrecht für die Fritz-Reuter-Apotheke an den Meistbietenden und erzielte dabei ein Gebot von 89.000 Mark! (Lewinsky 1917:10)

9.2.2 Apothekenprivilegien in Preußen bis zur Einführung der Gewerbefreiheit

Auch in Preußen war zunächst das vererbliche und veräußerliche Privilegium die Regel, das als selbständige Gerechtigkeit verliehen oder auf ein Grundstück bezogen war (Deichmann 1913:7). Wie in den folgenden Unterkapiteln zu zeigen ist, führte die Entwicklung dann "freilich mit mehrfachen Schwankungen" (ders. 1913:8) zur reinen **Personalkonzession**; eine Entwicklung, die natürlich von den

Umwälzungen des gewerblichen Lebens in Preußen im 19. Jahrhundert beeinflußt wurde, ihnen aber lange - und erfolgreich - widerstanden hat.

Auf das Auftauchen der ersten Apothekenprivilegien in Preußen im 14. Jahrhundert ist schon eingegangen worden (Kap. 6.1). Die Praxis der Privilegienvergabe wurde in der weiteren Entwicklung durch die aufkommende preußische Medizinalgesetzgebung kaum verändert. Erst das Allgemeine Landrecht von 1794 brachte eine Veränderung der Zuständigkeiten mit sich: Es bestimmte in seinem § 462, daß von da an nur noch der Staat die Erlaubnis der Errichtung von Apotheken geben durfte. Der bisherige Zustand, nach dem der Landesherr oder die Städte eine Betriebserlaubnis geben durften, wurde damit hinfällig. (vgl. Adlung 1927:21) Zu etwa dem gleichen Zeitpunkt (im Februar 1786) bestimmte Friedrich der Große endgültig, daß Apothekenbetriebsrechte nur noch an ausgebildete Apotheker verliehen werden durften (Schiedermair/Pieck 1981:50); offensichtlich hatte es vorher immer noch in Einzelfällen Ausnahmen von dieser Regel gegeben.

Die Revidierte Apotheker-Ordnung von 1801 verlange in ihrem § 1, daß zur Ausübung des Apothekengewerbes neben dem Approbationspatent auch ein landesherrliches Privilegium zu erlangen sei (vgl. v.Rönne 1884:246). In § 2 wurde festgelegt,

> "... daß die Apotheken, welche einmal an einem Orte fundiert sind, sowohl erblich als überhaupt veräußerlich seien, es sei denn, daß sie nur dem Besitzer für seine Person verliehen werden." (Bitter 1906:93)

Bis 1811 bestanden in Preußen danach nur privilegierte Apotheken, welche ohne Genehmigung der Behörden verkauft werden konnten. (Räuber 1910:116) In dem hier zu erörtenden Gesamtzusammenhang 'Apothekenaufsicht' ist für eine Bewertung der Verleihung der Betriebsrechte auch der Aspekt der 'berufsinternen Selbstkontrolle' interessant:

> "Das Apothekenprivilegialrecht hat, als gemeinsames Recht aller privilegierten Apotheker gedacht, eine große Verwandtschaft mit dem Selbstverwaltungsrecht. Das war besonders der Fall, als es nur privilegierte Apotheken gab. Die Apotheker übten einen Teil der gewerbepolizeilichen Gewalt allein aus, sie waren es, die die Erlaubnis zum Apothekengewerbebetrieb erteilen konnten; nur für Neuanlagen übte der Staat diese Tätigkeit aus." (Radeke 1912:131)

9.2.3 Die Verleihung von Konzessionen nach 1810

Durch das **Gewerbeedikt vom 2. November 1810** wurde in Preußen die Gewerbefreiheit eingeführt; danach wurden keine weiteren Privilegien mehr erteilt. (v.Rönne 1894:246) Zur Ausübung eines Gewerbes war nun nur die Aushändigung eines Gewerbescheines nötig, der Apothekern nach Erteilung der Approbation zuerkannt werden sollte. Die Gewerbefreiheit für Apotheker entfaltete sich aber nicht, da eine Königliche Order vom 12. Dezember 1809 die Bestätigung verliehender Konzessionen für Apotheker - gleich denen verschiedener anderer Gewerbe - durch das Ministerium des Innern forderte (Räuber 1910:116). Es wurden allerdings keine Privilegien oder Realberechtigungen mehr verliehen, sondern nur noch persönliche Konzessionen erteilt (Adlung/Urdang 1935:22; vgl. auch Eulenberg 1874:473).

Für die Neuanlage von Apotheken machte das Gesetz über die polizeilichen Verhältnisse der Gewerbe vom 7. September 1811 zur Erteilung eines Gewerbescheines ein Zeugnis der Medizinaldeputation der jeweiligen Regierung zur Voraussetzung (vgl. Räuber 1910:116; Lewinsky 1917:39). Das in diesem Gesetz auch angekündigte Sondergesetz für die Apotheken erschien am 24. Oktober 1811 als Verordnung. 'betr. Anlegung neuer Apotheken'. In dieser Verordnung wurde zur Erteilung eines Gewerbescheines die erforderliche Qualifikation und die Ablegung einer Prüfung gefordert. Die Anlage neuer Apotheken wurde von der **Bedürfnisfrage** abhängig gemacht, die Zustimmung von Kreisphysikus und Polizeibehörde war dazu notwendig. (Räuber 1910:116f)

Die Gründe für diesen schnellen Rücktritt von der Gewerbefreiheit für Apotheker lagen nach Hickel (1976:1186) in der "Furcht vor unabsehbaren Folgen für die Arzneimittelversorgung (Giftverkauf, uneinheitliche Qualität und Preise für die Arzneimittel)". Die Einführung der Konzession sollte aber immerhin die Ersetzung der veräußerlichen und vererblichen landesherrlichen Privilegien durch eine unvererbliche und unveräußerliche, lediglich an die Person des Inhabers geknüpfte "Personal-Erlaubnis" (Brefeld 1863:18) bringen. Damit geriet der Apotheker endgültig in die Sonderstellung eines zwar **gewerblichen**, aber unter **starker staatlicher Einflußnahme** stehenden Berufes:

> "Bis dahin war das Wesen der Privilegien durch die allgemeinen Bestimmungen über die Rechte derselben begründet worden, hatten sämtliche Gewerbe ihre Taxe, die sie nicht überschreiten durften, gehabt. Nun aber galt das Prinzip für die Beziehungen aller übrigen Gewerbe Gewerbefreiheit, während dem Apothekergewerbe nach wie vor Privilegium und Taxe blieb. Dadurch ... wurde die Apotheke nunmehr ausgesprochenermaßen zu einem Kinde der Medicinalpolizei, der Apotheker zu einem unter sanitätspolizeilicher Aufsicht stehenden Schützlinge des Staates." (Böttger 1882:4)

Die Umsetzung der neuen Bestimmungen wurde in der ursprünglich beabsichtigten Form (reine Personalkonzession) aber **überhaupt nicht erreicht**:

"Die Medizinalbehörden hatten sich die Durchführung dieses Prinzips nicht nur leichter gedacht, als sei sich im praktischen Leben wirklich gestaltete, sondern sie waren auch der Ansicht, dass mit den neuen Gesetzen die alten Privilegien aufgehoben seien. Sie hatten sich gründlichst verrechnet." (Springfeld 1896:7)

Tatsächlich wurden die nach 1811 verliehenden persönlichen Konzessionen für die neu errichteten Apotheken - aus Gründen, die noch aufzuzeigen sind - als verkäuflich behandelt, "nur mußte der Nachfolger der Regierung präsentiert werden." (Räuber 1910:116) An den bis dahin verliehenen Privilegien änderte sich ohnehin nichts, sie konnten weiterhin "verpfändet, vererbt oder veräussert werden." (Böttger 1880:24) Was de facto durch das Edikt von 1810 für die Zukunft aufgehoben wurde, war lediglich die Verleihung von Exklusivberechtigungen gegen Entschädigung. (Brefeld 1863:19)

Kompliziert wurde diese Rechtslage noch durch die während der französischen Besetzung preußischer Gebietsteile in der Zeit der Herrschaft Napoleons dort durchgeführten wirtschaftlichen Reformen: In den Gebieten Preußens, die unter Kaiserlich Französischer, Königlich Westphälischer oder Großherzoglich Bergischer Herrschaft gestanden hatten, waren die Apotheken-Privilegien schon durch das Gesetz vom 21. Germinal XI bzw. durch die verschiedenen Patentsteuergesetze (Kgr. Westphalen: Westphälisches Gesetz vom 5. August 1808) endgültig - wenn auch für Westfalen nur indirekt (vgl. v.Rönne/Simon 1844:637) - aufgehoben (v.Rönne 1884:242; Horn 1863a:338; vgl. auch Adlung 1931), "und eine allgemeine Gewerbefreiheit unter gewissen polizeilichen Beschränkungen gegen Lösung eines Gewerbesteuerpatents eingeführt worden." (Bornhak 1886:154) Diese Entwicklung hatte zur Folge, daß

- in den **altpreußischen Gebieten**, sowie in dem fremder Gesetzgebung nicht unterworfenen Fürstentum Erfurt die Privilegien - so sie nicht ausdrücklich auf eine bestimmte Person ausgestellt worden waren - andauerten;
- analog zu den altpreußischen Gebieten in den **neupreußischen Landesteilen**, in denen früher das Gemeine Recht galt (u.a. Herzogtum Westphalen) genauso verfahren wurde, jedoch bezüglich der Präsentation der Nachfolger streng auf den Wortlaut des jeweiligen Privilegiums geachtet wurde;
- in den oben aufgeführten, **unter französischem Einfluß gestandenen Gebieten**, alle Real-Apotheken-Privilegien aufgehoben und nicht wieder hergestellt waren.

(Brefeld 1863:19f; genauso Springfeld 1896:8)

Inwieweit in diesen Gebieten einheitliches preußisches Recht (wieder) eingeführt wurde, ist unklar, jedenfalls wurde von der Verwaltung so verfahren, als ob dieses Recht dort auch eingeführt worden sei. (vgl. dazu Kuhn 1907)

Dieses Nebeneinander von privilegierten und konzessionierten Apotheken in Preußen schuf sofort Probleme. Die neuen, konzessionierten Apotheker wiesen immer wieder darauf hin, wie schlecht ihre Lage sei, denn "wenn ein konzessionierter Apotheker früh verstarb, saßen oft Witwe und Kind in der tiefsten Not." (Deichmann 1913:11) Deshalb gingen die Behörden immer mehr dazu über, die Vergünstigungen, die für die Hinterbliebenen privilegierter Apotheker galten (etwa hinsichtlich der längerfristigen Verwaltung der Apotheke) auch für die konzessionierten Apotheken zuzulassen. (vgl. Deichmann 1913:11; Horn 1863a:339; v.Gneist 1925:308)
Zudem wurde von seiten der Regierung "von dem Rechte, die Anlage neuer Apotheken zu genehmigen, sehr wenig Gebrauch gemacht. Infolgedessen stiegen die Preise der Apotheken derart, daß schon in den dreißiger Jahren des vorigen Jahrhunderts Klagen über die hohen Apothekenpreise laut wurden." (Pistor 1908/09:246) Dabei waren die Apotheker vielfach dazu übergegangen, ihre Apotheken zu verkaufen, ohne vorher eine Genehmigung der Regierung für den Rechtsnachfolger zu beantragen. (Kahler 1937:30) Aus diesem Grunde wurde mit der **Verordnung vom 8. März 1842** der Versuch gemacht, die "freie Verfügung des Staates über die Apotheken-Concessionen wieder herzustellen" (Horn 1863a:341) und die reine Personalkonzession für eingeführt erklärt. Diese Maßnahme führte zwangsläufig zu heftigen Protesten der Apothekerschaft, die um den Wert ihrer Betriebsberechtigungen fürchtete:

> "Diese Order rief in Apothekerkreisen einen Sturm der Entrüstung hervor, und mit Hilfe mächtiger Gönner erreichten die Apotheker einen Rückschritt in dieser Bewegung." (Pistor 1908/09:246)

Aufgrund dieser Bemühungen wurde demnach durch **Kgl. Order vom Oktober 1846** verordnet:

> "... zu dem vor 1842 geübten Verfahren der Weiterverleihung von Konzessionen bis zur gesetzlichen Regelung des Apothekenwesens zurückzukehren, als die Konzessionen zum Weiterbetriebe dem von dem abgehenden Inhaber präsentierten und qualifizierten Geschäftsnachfolger anstandslos zu erteilen." (zit. nach Pistor 1908/09:246)

Da sich der Staat damit quasi verpflichtet hatte, dem präsentierten Nachfolger die Konzession zu erteilen, waren die **Konzessionen praktisch veräußerlich und den Privilegierten gleichgestellt worden**, wenn sie auch rein rechtlich unveräußerlich und unvererblich geblieben waren und jedesmal vom Staat neu verliehen wurden (Günzel 1905:34). Das "Experiment der Jahre 1844/46" (Springfeld 1896:10) war gescheitert. Die Konzession zur Fortführung einer Apotheke wurde dabei von der jeweiligen Königlichen Regierung erteilt, Konzessionen zur Anlage neuer Apotheken waren dagegen vom Ober-Präsidenten der Provinz zu erteilen (Wolff 1873:217); die Voraussetzungen und Kriterien für die Anlage der Apotheken sollen hier nicht erörtert werden).

Die später erlassenen Gewerbeordnungen änderten nichts am Verfahren bei der Konzessionierung der Apotheken. Die preußische Gewerbeordnung vom 17. Januar 1845 schrieb in § 42 vor, daß die Apotheker zur Berufsausübung einer Approbation des Ministers der Medizinalangelegenheiten bedurften. Apotheker, die nicht im Besitze eines Privilegieums waren, benötigten zusätzlich eine Konzession des Oberpräsidenten der Provinz (§ 54). (vgl. v. After 1865:17; Horn 1863a:337) Die Gewerbeordnung vom 12. Januar 1869 fand nach ihrem § 6 keine Anwendung auf die Errichtung und Verlegung von Apotheken (vgl. Kap. 7.2.1). Das Gleiche galt für die darauf aufbauende Reichsgewerbeordnung vom 26. Juni 1900 (vgl. Kuhn 1907:60f) - diese Nichtanwendung der Gewerbeordnungen führte auch dazu, daß die durch die Gewerbeordnungen eigentlich aufgehobenen, früher verliehenen Exklusivprivilegien für die Apotheken weiterhin galten, da sie in Folge dieser Regelung als **landesrechtliche Bestimmungen** weiterhin in Kraft blieben. (Kahler 1937:26)

9.2.4 Die Einführung der reinen Personalkonzession 1894

Auch in der zweiten Hälfte des 19. Jahrhunderts wurden Apotheken in Preußen (nicht selten unmittelbar nach ihrer Eröffnung) zu hohen Preisen weiterverkauft Um dies zu unterbinden - und um eine absehbare Änderung der Konzessionsvergabe schon im vorhinein abzusichern - wurde durch Königliche Order vom 21. Juli 1896 bestimmt, daß neu konzessionierte Apotheken innerhalb der ersten zehn Jahre nach ihrer Errichtung nicht mehr verkauft werden durften, bzw. keine Präsentation eines Geschäftsnachfolgers mehr zulässig war. (vgl. Pistor 1890:174f; v.Bitter 1906:93)

Der Endpunkt dieser Bemühungen wurde durch die Königliche Order vom 30.Juni 1894 erreicht, mit der die **reine Personalkonzession** endgültig eingeführt und das Präsentationsrecht (für einen Nachfolger) für die Zukunft aufgehoben wurde. Alle danach in Preußen vergebenen Apothekenkonzessionen waren unvererblich und unveräußerlich! (Adlung/Urdang 1935:26; Urdang/Dieckmann 1954:61) Allerdings galt auch hier die Einschränkung, daß im Falle des Todes eines Apothekers dessen

Witwe bis zu ihrer Wiederverheiratung(!) und den Kindern bis zur Volljährigkeit die Fortführung des Apothekenbetriebes durch einen Verwalter zu gestatten sei. (Pistor 1908/09:248) Gleichzeitig wurde versucht, die Apothekenverkäufe einzuschränken. So warnte etwa die Königliche Regierung zu Minden in einer Verordnung vom 3. Januar 1895 vor solchen Verkäufen: Bei der Neuanlage von Apotheken würde in Zukunft auf die hohen Kaufsummen der bestehenden Apotheken keine Rücksicht mehr genommen werden! (vgl. Räuber 1910:118)

In Preußen gab es nach diesem Schnitt also **drei verschiedene Arten von Apothekenbetriebsberechtigungen**:

- privilegierte, damit veräußerliche und vererbliche Apotheken;
- seit 1811 konzessionierte, gesetzlich unveräußerliche und unvererbliche Apotheken, die durch die irrtümliche Auslegung der gesetzlichen Bestimmungen mit Genehmigung der Regierung vererblich und veräußerlich geworden waren;
- seit der Order von 1894 errichtete, unvererbliche und unveräußerliche Apotheken.

(vgl. Pistor 1908/09:248)

Die Zahl der Letzteren stieg in Preußen nach 1900 zunehmend an: Gab es 1900 erst 300 derart auf eine Person konzessionierte Apotheken in Preußen, so stieg deren Zahl bis 1926 auf 1204 an (von insgesamt 2654 Apotheken, davon noch 700 Privilegierten; der Rest bestand aus konzessionierten Apotheken mit Präsentationsrecht; Min. für Volkswohlfahrt 1927:362f).
War damit die Form der Apothekenbetriebsgrundordnung rechtlich (und wirtschaftlich) entscheidend verändert worden, blieb in der Sache der besonder Status des Apothekengewerbes erhalten:

> "Die Errichtung der Personalkonzession zeigt eine innere Verwandtschaft mit dem Selbstverwaltungskörper des öffentlichen Rechts. Entsprechend dieser Stellung sind dem Apotheker Pflichten auferlegt, die denen eines Beamten ähnlich sind." (Dadder 1965:1620; er nennt dazu u.a. Präsenzpflicht, Aufsichtspflicht und Weisungsgebundenheit)

Die grundsätzlichen Apothekenbetriebsrechte in Preußen wandelten sich auch nicht in der Zeit der nationalsozialistischen Diktatur. Die faktische Auflösung der preußischen Medizinal- und Apothekenverwaltung änderte nichts an der fortbestehenden Organisation der Apothekenwesens auf der Grundlage der Revidierten Apotheker-Ordnung von 1801; die oben beschriebenen Arten von Apothekenbetriebsrechten existierten weiter. (vgl. auch Kahler 1937:34f) Kaum verändert wurden auch die Verfahren bei der Vergabe neuer Konzessionen. Die

Beobachtung des betreffenden Gebietes und die Nachprüfung der Kriterien für die Neuzulassung von Apotheken - die nach der Dienstanweisung von 1909 den Kreisärzten oblegen hatte - wurde nach 1935 auf die neu eingerichteten Gesundheitsämter übertragen. Auf die Veränderungen bei der Konzessionserteilung durch die Oberpräsidenten nach 1932 ist schon hingewiesen worden (vgl. Kap. 8.2.1).

Einzig die Kriterien für die Neuvergabe von Betriebsrechten an Apotheker wurden den 'neuen Gegebenheiten' angepaßt: Schon ein Erlaß vom 26. Oktober 1933 hatte die Neuerteilung von Apothekenkonzessionen von der Vorlage eines 'Ariernachweises' abhängig gemacht. (Frey 1934:164) Hinsichtlich dieser Verleihung erschien am 31. Mai 1939 ein Runderlaß des Reichsministers des Innern (abgedruckt bei v.Schwerin/Mang 1939/40:715 ff) der neben den üblichen Kriterien (Bestallungsurkunde, abgeleistete praktische Tätigkeiten) auch den Nachweis "deutschen oder artverwandten Blutes" (§ 1 III) und die "politische, sittliche und sachliche" Zuverlässigkeit des Bewerbers (§ 2 I) forderte. Auch die eigene Klientel unter den Apothekern wurde bedient:

> "Wer bis zum 14.9.1930 Mitglied der NSDAP geworden ist (Mitgliedsnummer bis 340 000) oder wer bis zum 30.1.1933 Mitglied der NSDAP oder ihrer Gliederungen geworden ist und nachweisbar vor der Machtübernahme aktiv tätig war, kann in angemessenen Rahmen vor dienstälteren Berwerbern berücksichtigt werden." (§ 8; zit. nach v. Schwerin/Mang 1939/40:717f)

9.3 Vorschriften über die Arzneimittelabgabe und den Apothekenbetrieb

Bevor sie die hier zu beschreibenden Reglementierungsgebiete (Arzneibücher, Arzneitaxen, Betriebs- und Einrichtungsvorschriften) näher eingegangen wird, soll vorausgeschickt werden, was nicht in diesem Unterkapitel behandelt wird: die Bestimmungen, welche grundsätzliche Berechtigung (ausschließlich) der Apotheker zum Arzneimittelverkauf betreffen (aufbauend auf die diesbezüglichen Vorschriften des Medizinaledikts von 1725 und der Revidierten Apotheker-Ordnung von 1801; vgl. Ziurek 1855:96 ff);

- die allgemeinen Bestimmungen über den Gifthandel, geregelt vor allem in den Verordnungen vom 10. Dezember 1800 (abgedruckt bei Schering 1863:109 ff) und vom 13. August 1895 (M.Bl. für die innere Verwaltung 1895:265 ff);
- die Vorschriften hinsichtlich der Bindung des Arzneimittelverkaufs an die Rezeptpflicht (vgl. für die Frühzeit die Ausführungen bei Scherf (1786:283 ff) und Augustin (1818:58 ff).

Bei den drei hier behandelten Aufsichtsgebieten rund um den Arzneimittelverkauf wird - wie schon in der Einleitung zu dieser Arbeit ausgeführt - auf die Darstellung rein technischer (chemischer, allgemein naturwissenschaftlicher) Regeln verzichtet, da es hier nur darum geht, die **grundsätzlichen** Ziele und Formen des Staatseinflusses aufzuzeigen.

9.3.1 Pharmakopöen

Eine Pharmakopöe (Arzneibuch) läßt sich nach Urdang beschreiben als "ein pharmazeutisches Standardwerk mit der Aufgabe, Art, Qualität, Zusammensetzung und Stärke der Arzneimittel einheitlich festzulegen." (ders. in Bull. World Health Org. 7 (1951), 577-603, zit. nach Dann 1960:1491). Zudem muß dieses Werk auch innerhalb einer politischen Einheit anerkannt und von deren Behörden den Apothekern verbindlich vorgeschrieben sein. Dies dient in erster Linie der Sicherheit der Arzneimittelkunden:

> "Damit das Publikum und der Arzt die Sicherheit haben, dass die verordneten Heilmittel auch eine bestimmte Beschaffenheit haben und dadurch eine Gewähr für den beabsichtigten Erfolg geben, wird es nöthig, bestimmte Vorschriften von Seiten der Medicinalpolizei darüber zu geben. "(Pistor 1881:133)

Die erste amtliche Pharmakopöe in Deutschland wurde 1546 in Nürnberg von dem Arzt Valerius Cordus verfaßt; weitere folgten in Augsburg (1564) und Köln (1565). (Adlung 1927a:1101; Fischer 1933:83) Ihre Herausgabe war kein Zufall:

> "Den deutschen Städten, insbesondere den freien Reichsstädten gebührt das Verdienst, zuerst in Deutschland für die Apotheken amtliche Vorschriften über das Vorrätighalten von Arzneimitteln und deren Güte und Zusammensetzung erlassen zu haben." (Adlung 1927a:1102)

Solche Arzneibücher wurden bis zum Ende des 16.Jahrhunderts ausschließlich von Ärzten verfaßt. Erst ab 1604 wurden diese Verzeichnisse vereinzelt auch von Apothekern geschrieben. (vgl. Adlung 1927a:1102)

In Brandenburg-Preußen wurde 1698 das "Dispensatorium Brandenburgicum" als erstes Arzneibuch ausgegeben, es war die erste Pharmakopöe, "die für eine größere politische Einheit verbindlich wurde" (Urdang/Dieckmann 1954:82). Das Dispensatorium enthielt

> "... außer einer Einführung, den Inhalt des Medizinaledikts vom Jahre 1685, verschiedene andere kurfürstliche Verordnungen, den Apothekereid, das eigentliche Dispensatorium und als Anhang einen Neudruck der Taxe vom Jahre 1693." (Adlung 1929:1559)

1713 bzw. 1731 erschienen weitere Ausgaben dieser Pharmakopöe. Die vierte Ausgabe von 1744 enthielt als Neuerung ein Verzeichnis derjenigen Arzneimittel, die nur von den Apothekern der größeren Städte vorrätig zu halten waren und derjenigen Mittel, die auch die Apotheker kleinerer Städte ständig führen mußten ('Designatio'; Adlung 1927a:1105). Zusammen mit dem 1725 erlassenen Medizinaledikt hatte der preußische Staat damit ein Instrument zur Überwachung des Arzneimittelhandels in der Hand, "hinter dessen Effektivität ähnliche Regulationen in den außerdeutschen Ländern noch während des ganzen 19. Jahrhunderts weit zurückblieben." (Hickel 1973:10)

Nach einer weiteren Ausgabe 1758 erschien 1781 das letzte 'Dispensatorium Borusso-Brandenburgicum', wie der Titel mittlerweile erweitert worden war; "schon hier ward der in der älteren Pharmacopoe aufgestellte Wust von Arzneiformeln auf die wirksameren beschränkt." (Augustin 1818:974). 1799 erschien die 'Pharmacopoea Borussica', die von den vorher erlassenen Dispensatorien deutlich abwich: Sie enthielt weniger Mittel und führte eine neue Kennzeichnung ein. Darin spiegelte sich nicht zuletzt auch die gestiegene Bedeutung naturwissenschaftlicher Kenntnisse und Methoden in der Pharmazie wider. (vgl. Arends 1931:974) In der Kürze und Prägnanz war die Pharmaokopöe von 1799 beispielhaft für viele andere Länder; sie brachte so auch die Durchsetzung der Prinzipien eines modernen Arzneibuches mit sich (Hickel 1973:9). Ihre Bestimmungen wurden in der Revidierten Apotheker-Ordnung von 1801 noch einmal bekräftigt. Zudem war sie das erste deutsche Arzneibuch, das "nicht in der Hauptsache von Ärzten, sondern von Apothekern beeinflußt und geschrieben worden war. (Urdang/Dieckmann 1954:85) An der Wende zum 19. Jahrhundert zeichneten sich die erschienen Pharmakopöen generell durch eine Vereinfachung der Zusammensetzung und eine Verringerung der Zahl der vorgeschriebenen Arzneimittel aus, die Apotheker wurden "vom Ballast einer Vielzahl ähnlich zusammengesetzter, z.T. überdies in ihrer Wirkung recht unsicherer Arzneien" befreit (Ganzinger 1961:25).

Bis zur VII. Ausgabe von 1862 wurden weitere sechs Auflagen der preußischen Pharmakopöe eingeführt, die dritte davon (von 1813) 1815 auch in den neuen Provinzen ausgegeben. (Augustin 1818:339) Der Erlaß der Pharmakopöen führte aber auch teilweise zu heftigen Auseinandersetzungen: Durch die Bestimmungen der V. Ausgabe von 1829 war die industrielle Produktion von Chemikalien erleichtert worden. Die Proteste der zwischenzeitlich durch die Herausbildung eigener Standesorganisationen (vgl. Kap. 10.2.1) gestärkten Apotheker führten zur Rücknahme dieser Bestimmungen in der VI. Ausgabe von 1846 (Hickel 1973:12). Allerdings ging dieser Einfluß bis zum Erlaß der VII. Pharmakopöe 1862 wieder verloren, die industrielle Produktion wurde endgültig erleichtert und die Zahl der

Arzneimittel, die auch aus chemischen Fabriken bezogen werden durften, stark erhöht.
Nachdem die VII. Ausgabe der Pharmacopoea Borussica nach 1863 in fast allen deutschen Ländern (Ausnahmen: Bayern, Württemberg, Hannover) übernommen worden war, hatten schon 1865 die Bemühungen um eine deutsche Einheitspharmakopöe Erfolg: ein von einer Kommission aus neun Apothekern erarbeiteter Entwurf wurde 1865 als 'Pharmacopoea Germaniae' veröffentlicht. Obwohl dieses Arzneimittelbuch offiziell nur in Sachsen eingeführt wurde, war damit ein entscheidender Schritt hin zur Vereinheitlichung getan. Diese Tendenz verstärkte sich, als nach 1871 ein Teil der bisher bei den Ländern liegenden gesetzlichen Kompetenzen auf das Deutsche Reich übergingen: Durch einen Beschluß des Bundesrates konnte schon am 1. Juni 1872 mit Wirkung zum 1. November desselben Jahres die Pharmacopoea Germanica eingeführt werden. Sie ersetzte alle bisher gültigen Landespharmakopöen (vgl. Adlung 1927a:1106; ebenso die Einführungsverordnung im M.Bl. für die innere Verwaltung 1872:250f). Auch die Pharmacopoea Germanica erschien in lateinischer Sprache:

> "Die lateinische Sprache ist beibehalten worden, weil die ärztlichen Verordnungen lateinisch verschrieben zu werden pflegen, und weil diese Sprache von Allen verstanden wird, die eine wissenschaftliche Bildung genossen haben." (Wolff 1873:301f)

Offensichtlich galten diese strengen Kriterien der Wissenschaftlichkeit nicht mehr, als 1882 die zweite Ausgabe der Pharmacopoea Germanica erschien - zu diesem Arzneibuch wurde erstmalig auch eine **deutsche Ausgabe** erstellt. (Adlung 1927a:1106) Ab 1887 war die Ausarbeitung der Pharmakopöe die Aufgabe einer beim Reichsgesundheitsamt in Berlin angesiedelten 'Ständigen Kommission zur Bearbeitung des deutschen Arzneibuchs', die aus Apothekern, Ärzten und Tierärzten bestand, und zu der auch Vertreter der Großindustrie zugezogen werden konnten (Günzel 1905:17f); die Kommission ging später im Reichsgesundheitsrat auf (Adlung 1927:1106). Die III. Ausgabe des Arzneibuches für das Deutsche Reich (1890) wurde erstmalig von dieser Kommission erarbeitet. Sie erschien übrigens als erstes deutsches Arzneibuch ausschließlich in deutscher Sprache!
1909 erschien eine IV., 1911 eine V. Ausgabe des 'Deutschen Arzneibuches'. Bedingt durch die Kriegsereignisse wurde erst 1926 eine VI. Ausgabe erarbeitet - rund 300 Jahre nach dem Erscheinen des ersten amtlichen Arzneibuches in Deutschland trat das VI. Deutsche Arzneibuch zum 1. Januar 1927 in Kraft. (Adlung 1927a:1101) Es behielt Gültigkeit für die restliche Zeit der Existenz Preußens und des Deutschen Reiches und galt darüber hinaus in Ost- und Westdeutschland bis in die sechziger Jahre hinein. (Hickel 1973:15, Anm. 36; zur

weiteren Entwicklung vgl. Kap. 12.2.1) Mit Wirkung zum 1. Oktober 1934 ist zudem in Deutschland erstmalig ein **Homöopathisches Arzneibuch** erschienen, eingeführt durch einen Runderlaß des Reichs- und Preußischen Innenministers vom 22. September 1934 (vgl. Kahler 1937:105)

Anzumerken bleibt, daß in Preußen-Deutschland (und etwa auch in Frankreich) die Pharmakopöen immer vom Staat herausgeben wurden, im Gegensatz zu den angloamerikanischen Ländern, wo Standesorganisationen dies besorgten. (Hickel 1973:169,171) In Preußen wurde die Gültigkeit dieser Verzeichnisse zudem noch ausdrücklich durch Gesetz festgehalten. (dies. 1973:170;173, Anm.3)

9.3.2 Arzneitaxen

Die Lenkung der Preise durch Taxen auf bestimmte Güter ist in der städtischen Wirtschaft schon seit der Mitte des 11. Jahrhunderts nachweisbar. Solche Taxen galten vor allem einigen "lebensnotwendigen Konsumgütern, deren Natur und Mangel leicht zu höheren, auch ungerechtfertigt überhöhten Preisen Anlaß gab" - und dies galt auch für Arzneimittel (Zimmermann 1968:38). Es wurde angedeutet, in Berlin sei schon im Jahre 1488 eine erste Arzneitaxe erlassen worden (Min. für Volkswohlfahrt 1927:361); Adlung (1929:1159) hält diese Vermutung aber für einen "Irrtum". Die erste sicher nachweisbare Taxe für Brandenburg erschien jedenfalls 1574. Sie enthielt etwa 1600 Mittel, "1050 einfache und 550 zusammengesetzte" (Gelder 1927:548; vgl. auch Adlung 1929:1161). Erst über einhundert Jahre später erschien in Preußen 1693 wieder eine neue Taxe, die in der Folgezeit mehrfach überarbeitet wurde; seit 1715 erschien sie als eigenständige Vorschrift (vgl. Mylius 1740 (C.C.M.V):78 ff).
1749 erschien dann die 'Preußische und Churfürstliche Brandenburgische Medizinaltaxa vom Jahre 1749' die bis zum Ende des Jahrhunderts Gültigkeit behielt (Adlung 1929:1614) - damit gab es in Preußen in der zweiten Hälfte des 18. Jahrhundertes ein "Tax-Interregnum" (Brefeld 1863:26), was nicht ohne Folgen blieb:

> "In der Folge aber wurde bei der allmählich zunehmenden Erhöhung der Preise diese alte Taxe nicht mehr beobachtet, so daß lange Zeit gar keine Taxe für die Apotheker bestand und man sich mit interimistischen Taxen von Jahr zu Jahr behalf, die zwar den Apothekern zur Achtung von dem Ober-Medicinal-Collegium vorgeschrieben wurden, jedoch nicht zur Wissenschaft des Publikums kamen." (Augustin 1818:99)

Im Jahre 1800 erschien eine neue Taxe, die von einer eigens dazu bestellten Kommission erarbeitet worden war. (Brefeld 1863:26) Auch das 1725 herausgegebene Medizinaledikt und die Revidierte Apotheker-Ordnung von 1801 verpflichteten die Apotheker, ihre Arzneimittel nach einer vom zuständigen Ministerium festzulegenden Taxe zu verkaufen. (vgl. Horn 1863a:385) Die Apotheken waren aber auch verpflichtet, armen Kranken einen "angemessenen Rabatt" beim Kauf von Arzneimitteln zu gewähren, wie ein Schreiben des Ministers der Medizinalangelegenheiten an der Landrat des Kreises Wiedenbrück und die Königliche Regierung zu **Minden** vom 24. November 1835 nachdrücklich deutlich macht. (vgl. v.Rönne/Simon 1844:719f)
"In Erwägung, daß die bisherigen Taxen für die Medizinal-Personen unvollständig, und in vielen Punkten zweifelhaft waren", wurde durch ein Edikt vom 21. Juni 1815 (abgedruckt bei Schering 1863:288 ff) eine neue Taxe eingeführt. Der erkannte Mangel wurde aber auch später nicht abgestellt: Wieder wurde über fünfzehn Jahre hinweg keine neue Arzneitaxe erlassen, was zu neuen Klagen über zu hohe Arzneimittelpreise führte. Dem wurde durch eine Preisherabsetzung begegnet, wogegen wiederum die Apotheker protestierten. Diese Proteste bleiben aber erfolglos, 1832 wurde die neue Taxe eingeführt. (vgl. Schering 1904:730) Die Notwendigkeit einer solchen Taxe wurde durch eine Ministerialverfügung vom 1. April 1848 (abgedruckt bei Horn 1863a:385 ff) damit begründet, daß der **Sicherung der wirtschaftlichen Existenz der Apotheker** (im Interesse einer reibungslosen Arzneimittelversorgung) trotz des in der Bevölkerung geäußerten Unmuts und der "mannigfachen Beschwerden" über die zu hohen Arzneimittelpreise der Vorrang zu geben sei. Es gab aber auch andere Erklärungsansätze:

> "Die monopolistische Richtung, in welche das Apothekenwesen in den deutschen Landen entgegen Frankreich, Belgien, England, genommen hatte, macht auch schon früh das Bedürfniß von Arznei-Taxen hervortreten." (Brefeld 1863:25)

1832 wurde die alte Taxkommission aufgelöst und die aus Apothekern bestehende 'Technische Kommission für pharmazeutische Angelegenheiten' (vgl. Kap. 8.1.2) mit der Ausarbeitung der Arzneitaxe betraut - dabei vermischten sich staatliche **Kontrolle und Selbstkontrolle** gerade auf dem wichtigen Gebiet der wirtschaftlichen Fragen des Apothekergewerbes:

> "Die Anfertigung der Arzneitaxe ist merkwürdigerweise den Apothekern selbst zugestanden. Ein monopolistisches Gewerbe macht sich seine Taxe selbst!" (Brefeld 1863:29)

Der Erlaß der Gewerbeordnungen ändert nichts an dieser Praxis. So bestimmte § 80 der Gewerbeordnung für den Norddeutschen Bund vom 21. Juni 1869:

> "Die Taxen für die Apotheker können durch die Centralbehörden festgesetzt werden, Ermäßigungen derselben durch freie Vereinbarung sind jedoch zulässig."

Die Taxen hatten dabei den Charakter von **Maximalsätzen**: die Apotheker durften keine höhere Preise verlangen, als die Taxen es festschrieben, sie konnten Arzneimittel aber mit Ermäßigung abgeben. (vgl. Meyer 1893:224). Ob die Vorschriften der seit 1853 alljährlich erlassenen preußischen Taxen auch so exakt nachprüfbar waren, wie es ihre detaillierten Preisangaben unterstellten, ist zweifelhaft:

> "Ich behaupte sogar, daß es höchst schwierig, ja für einen Laien - und wäre er der geübteste Rechnungsmann - fast unmöglich ist, den Apothekern in der Festsetzung der Preise nach den von ihnen kund gegebenen Regeln zu folgen und sie ihnen nachzurechnen." (Brefeld 1863:28)

Auch in der Frage der Arzneitaxen setzten sich die **Zentralisierungstendenzen** innerhalb des Deutschen Reiches immer mehr durch: Nach den Bestimmungen der Reichsgewerbeordnung von 1900 stand das Recht zur Festsetzung der jeweiligen Taxe den Ländern zu. Dieses Verfahren wurde aber schon 1905 dahingehend abgeändert, daß vom Reichsgesundheitsrat alljährlich eine Deutsche Arzneitaxe herausgegeben wurde, die vom Reichsrat beschlossen und dann auf Ersuchen des Reichsministers des Innern durch die Länder (mittels einer ebenfalls im Reichsrat erarbeiteten Einführungsverordnung) in Kraft gesetzt wurde. (vgl. Kahler 1937:102) Während der NS-Diktatur wurden diese Zentralisierungstendenzen nochmals verstärkt: Die Arzneitaxe wurde jetzt einschließlich der Einführungsverordnung vom Reichs- und Preußischen Minister des Innern aufgrund der vom Reichsgesundheitsrat ausgearbeiteten Vorschläge festgelegt und durch ihn für Preußen in Kraft gesetzt; danach wurden "die außerpreußischen Länder ersucht, für ihr Staatsgebiet die gleichen Anordnungen zu treffen." (Kahler 1937:102)

9.3.3 Bestimmungen über die Einrichtung der Apotheken

Die Einschränkungen, die hinsichtlich der Darstellung rein technischer Regelungen in der Einleitung zum Unterkapitel 9.3 gemacht wurden, gelten insbesondere auf dem hier dazustellenden Gebiet, weswegen die entsprechenden Vorschriften hier nur kurz umrissen werden sollen.

Die Vorschriften zur Einrichtung der Apotheken in Preußen gründeten sich bis zum Erlaß der Apothekenbetriebsordnung von 1902 im wesentlichen auf den

Titel III der Revidierten Apotheker-Ordnung von 1801, sowie auf die ergänzenden Erlasse der Medizinalverwaltung. Die Vorschriften dienten dazu, die Sauberkeit und Ordnung innerhalb der Apotheken und die Frische und Güte der Arzneimittel sicherzustellen. Voraussetzung dazu war die korrekte Lage der Apotheke:

> "Die Apotheke muss in einem geräumigen, hellen, trockenen Zimmer oder Saale zu eben Erde angebracht sein. Wo es thunlich ist, befinde sich unter ihr ein Keller. Nördliche Lage ist vorzuziehen, andernfalls sind durch geeignete Einrichtungen die Sonnenstrahlen zur Sonnenseite abzuhalten, um die Lufttemperatur in der Apotheke kühl zu erhalten." (Schürmayer 1848:395)

Die Apotheke hatte in Preußen vorschriftsmäßig aus verschiedenen Räumen zu bestehen, deren Funktion jeweils klar bestimmt war: Officin, Laboratorium, Stoß- und Materialkammer, Kräuter- und Trockenböden, Arzneikeller, Glaskammer und Giftkammer. (vgl. Pistor 1881:135f) In dem eigentlichen Verkaufsraum, der 'Officin', wurde viel Wert auf die Trennung von Apotheker und Kunden gelegt:

> "... recht zwecksmäßig ist, wenn vor der Officin ein Warteraum für das Publikum eingerichtet und mit ersterem nur durch ein Expeditionsfenster verbunden ist; andernfalls ist der Receptirtisch, welcher stets gut beleuchtet sein muss, durch den womöglich durchbrochene Umwährung von dem wartenden Publikum zu trennen, damit der Receptarius bei seiner Arbeit nicht gestört wird." (Pistor 1881:136)

Nicht nur in der Officin, sondern in allen Räumen war auf Ordnung und Reinlichkeit zu achten:

> "Ordnungslose Aufstellung der Gefässe, das Einlegen von Papierbeuteln mit Rückständen oder Resten von Arzneistoffen in Kasten, das Zusammenlegen mehrerer Arzneikörper in einem und demselben Vorrathsgefässe und ähnliche Ordnungswidrigkeiten sind streng zu tadeln." (Wolff 1873:136)

Besondere Sicherheitsvorschriften galten natürlich für das Laboratorium und die Giftkammer. Auch die Ordnung innerhalb der Räume war geregelt: auf die genaue Kennzeichnung der Gefäße, deren Beschaffenheit und die Aufstellung in bestimmten Gruppen wurde großer Wert gelegt. Eine Uhr mußte übrigens nicht ständig in der Apotheke vorhanden sein:

> "Zuweilen steht eine solche in der Apotheke, man sieht ihr aber gleich an, daß sie nur eine Gastrolle am Revisionstage gibt. Sie kann ruhig im Familienzimmer weiter pendeln!" (Schulze 1906:219)

Bei der Einrichtung der Apotheke wurde auch auf das Vorhandensein genau gehender Waagen und geeichter Gewichte gesehen. Lange Zeit hatte für die Apotheken die 'Anweisung zur Verfertigung der Probemaasse und Gewichte' vom

16. Mai 1816 Gültigkeit, deren § 25 das Medizinalgewicht so festlegte: "... hat das Medicinal-Pfund 12 Unzen, die Unze 8 Drachmen, die Drachme 3 Scrupel, die Scrupel 20 Gran" (zit. nach Horn 1863a:370). Ein solches Medizinalpfund hatte umgerechnet etwa 350 Gramm. Später wurde diese Gewichtseinteilung an das normale Handelsgewicht angeglichen: In der Folge des Gesetzes 'betreffend das preußische Medizinal-Gewicht' vom 16. März 1867 durfte in den Apotheken ab dem 1. Januar **1868** nur noch das neue, in Pfund und Gramm unterteilte Gewichtsmaß angewandt werden (vgl. die Ausführungsanweisung zu diesem Gesetz vom 29. August 1867 im M.Bl. für die innere Verwaltung 1875:252f). Durch ein Zirkular vom 31. Juli 1875 (M.Bl. für die innere Verwaltung 1875:181) wurde zudem bestimmt, daß in den Apotheken nur noch Präzisionswaagen zu verwenden seien. 1894 wurde angeordnet, daß diese Waagen alle fünf Jahre von den zuständigen Eichbehörden (den 'Königlichen Aichungs-Inspektionen' für die einzelnen Provinzen) zu prüfen seien (vgl. M.Bl. für die innere Verwaltung 1894:103). Diese Frist wurde schon 1895 auf zwei Jahre reduziert und die Prüfung auf die Eichämter übertragen (Bekanntmachung vom 10. Juli 1895; M.Bl. für die innere Verwaltung 1895:194). Eine anderweitige polizeiliche und medizinalpolizeiliche Überwachung der Waagen und Gewichte in den Apotheken fand fernerhin nicht mehr statt (§ 11 der Bekanntmachung). Einzig bei den normalen Handelswaagen wurde eine Ausnahme gemacht: "Zur Erleichterung der den Apothekenvorständen ... erwachsenden Mühe und Kosten" wurde nach einer Bekanntmachung vom 25. Juli 1896 (M.Bl. für die innere Verwaltung 1896:129) gestattet, diese Waagen vom nächstliegenden Gemeindeeichamt prüfen zu lassen.

Ein Großteil der Bestimmungen über die Einrichtung und den Betrieb von Apotheken wurde 1902 in der **Apothekenbetriebsordnung** vom 18. Februar zusammengefaßt. Da einerseits die Betriebsordnung in Kap. 6.6 schon eingehend beschrieben worden ist, andererseits ihre Bestimmungen vorwiegend - in unserem Sinne - 'technische' Regelungen umfassen, braucht hier auf die technischen Regelungen dieser Verordnung nicht mehr im einzelnen eingegangen werden. Es sei nur darauf hingewiesen, daß die Apothekenbetriebsordnung die vorherigen detaillierten Regelungen hinsichtlich der Einrichtung und Anordnung und hinsichtlich des Zustandes der Behältnisse und der Herstellung der Arzneimittel beibehielt (vgl. Böttger/Urban 1910:256 ff; Urban 1927:304 ff). Neben der Apothekenbetriebsordnung behielten auch nach 1902 die Bestimmungen (u.a.) der Maß- und Gewichtsordnung und verschiedener anderer Spezialgesetze über einzelne Arzneimittel bzw. Gifte ihre Gültigkeit (vgl. Böttger/Urban 1910:255).

10. Mittel der Apothekenaufsicht

10.1 Regelmäßige und außerordentliche Visitationen (Revisionen)

10.1.1 Frühe Vorschriften für die Kreisphysiker

Daß die Visitation der Apotheken - die 'Ortsbesichtigung' durch Vertreter der Behörden - ein Hauptträger der kommunalen und staatlichen Apothekenaufsicht seit dem Mittelalter war, ist in Kap. 5 ausführlich dargestellt worden; - einschließlich der Begleiterscheinungen dieser 'gesellschaftlichen' Ereignisse, die sich noch lange verfolgen lassen: Erst **1887** wurde beispielsweise in Mecklenburg die durch Verordnung vom 20. Dezember 1774 offiziell vorgeschriebene Bewirtung der Revisionskommissionen als Pflichtleistung aufgehoben. (Adlung/Urdan 1935:95)
Daß Anspruch und Wirklichkeit der Revision oftmals weit auseinanderklafften, ist ebenfalls schon erläutert worden. Dieses Problem wurde aber auch schon in der zeitgenössischen Literatur kritisiert:

> "In einer Apotheke nachzusehen, ob die bereiteten und einfachen Arzneymittel gut sind, ist in einem Staat, wo medicinische Polizey eingeführt, ein der Arzneywissenschaft sehr nöthiges Geschäft. So wie dieses noch zur Zeit verrichtet wird, ist es Sand dem Publikum in die Augen geworfen." (Mönch 1783: 187)

So ist es nicht verwunderlich, wenn in Preußen sehr bald nach dem Eingreifen des Staates in die Medizinalverhältnisse in den Städten und auf dem Lande Versuche unternommen wurden, für die Revisionen der Apotheken **einheitliche** Richtlinien festzulegen. Wie in Kap. 6.2 aufgezeigt, ging in Preußen **das Besichtigungsrecht der Städte** mit dem Churfürstlich Brandenburgischen Medizinaledikt von 1685 auf den Staat über. Das Edikt enthielt deshalb in Art. 11 auch die Bestimmung, daß die Apotheken durch das neu eingerichtete Collegium Medicum jährlich visitiert werden sollten; eine Bestimmung, die auch in der Fortschreibung dieses Ediktes von 1693 beibehalten wurde (vgl. Augustin 1818:49).
Diese Visitationenen wurden mit dem Erlaß des Medizinaledikts 1725 **auf die Provinzial-Medizinalkollegien übertragen** (vgl. dazu Kap. 6.3.1). Als Ausführungsanweisung für diese Visitationen erschien **1784** eine Instruktion des Ober-Collegium Medicum, 'was ein Physikus bei Visitation der Apotheken zu beobachten habe' (abgedruckt im Magazin für Med. Polizey 1784:322 ff). In dieser Instruktion waren schon die wesentlichen Observierungspunkte genannt, die sich auch später im Laufe der Jahrhunderte prinzipiell kaum veränderten:

- die Besitzverhältnisse der Apotheke (Privilegium);
- das Vorhandensein der Gesetzbücher (Medizinalverordnung von 1725, Dispensatorium Borusso-Brandenburgicum, Medizinaltaxe);
- der äußerliche Zustand der Räume, die Gefäße und Instrumente und die Qualität der Arzneimittel;
- der Kenntnisstand der Lehrlinge:

> "... und sind die Lehrburschen und Gesellen mit dem Vor- und Zuname zu benennen, auch deren Alter anzuführen, und wie lange sie resp. gelernt und serviret haben? Welche auch eine Probe von ihrer Hand vorzuzeigen, da der Apotheker mit darauf zu sehen hat, daß sie eine gute leserliche Hand schreiben, wie denn auch jeder eine oder ein Paar Vorschriften aus dem Dispensario mündlich zu verdeutschen hat, und wenn sie nicht so viel Latein verstehen, haben die kommissarii ihnen ernsthaft anzudeuten, auf die Erlernung dieser Sprache allen Fleiß zu verwenden, und dem Besitzer der Apotheke oder dem Provisor zu befehlen, besonders die Lehrburschen, bei Strafe, nicht eher als Gesellen ausschreiben zu lassen, bis sie sowohl die gehörige Fertigkeit der lateinischen Sprache, als auch sattsame Kenntnisse in der Apothekerkunst, erlanget." (Magazin für Med. Polizey 1784:323f)

Die Ergebnisse solcher Visitationen waren zu sammeln und an die Medizinalverwaltung weiterzuleiten:

> "Nach obigen Momentis nun hat der Physikus die Visitation einer jeden in seinem Physikatdistrikt gelegenenen Apotheke zu verrichten, und die protokolla darüber auf einem Viergroschenstempelbogen aufzunehmen, auch selbige nach geendigter Visitation, mittelst allergehorsamsten Berichts, an das Oberkollegium Medikum zur weitern Verfügung einzuschicken." (Magazin für Med. Polizey 1784:324)

1786 erschien eine erweiterte Fassung dieser Instruktion unter dem Titel "wie bey Visitationen der Apotheken zu verfahren" (abgedruckt bei Augustin 1818:50 ff), in der zwar die Prüfungsziele und -mittel genauer ausgeführt wurden, das grundsätzliche Schema aber beibehalten wurde.

10.1.2 Revisionen nach der Revidierten Apotheker-Ordnung von 1801

Die Revidierte Apotheker-Ordnung von 1801 stellte in ihrem Titel II ('Von der Oberaufsicht über die Apotheken') klar, daß alle Apotheken unter der strengen Aufsicht der Medizinalverwaltung standen. Aus diesem Grund wurden "außer der den Medizinalbehörden obliegenden allgemeinen Wachsamkeit über die Apotheken, noch insbesondere die Visitationen derselben eingeführt." (Walther/Zeller 1830:447) Der Zeitraum für solche Visitationen wurde in der Apotheker-Ordnung auf drei

Jahre festgesetzt (§ 2). Die Visitationen hatten dabei - nach einem Ministerialreskript vom 9. August 1810 - **unvermutet** stattzufinden (ebd.:449). Bei den Visitationen (die dann später 'Revisionen' genannt wurden) waren im wesentlichen zu prüfen:

- die Approbation und das Privilegium;
- das Vorhandensein der Pharmacopoea borussica und der Arzneitaxe;
- verschiedene Ausrüstungsgegenstände und Instrumente;
- die Räumlichkeiten;

sowie auch weiterhin die Ausbildungsnachweise und den Kenntnisstand der Lehrlinge und Gehilfen (§§ 3-6). Offenkundig war, daß eine solche Allgemeine Revisionsanweisung für die Sicherstellung einer einheitlichen Apothekenaufsicht nicht ausreichend war:

> "Damit die Visitation in einem Lande eine gleichförmige sei und der Willkühr des Vititators kein zu grosser Spielraum eingeräumt wurde, so muss eine gesetzliche Instruction bestehen, welche die Objecte der Visitation und die Art und Ordnung des Vollzugs festsetzt." (Schürmayer 1848:396)

Dieser allgemeinen Forderung war in Preußen schon durch eine Revisionsanweisung in einem Circular-Reskript des Ministeriums vom 21. Oktober **1819** (abgedruckt bei Staas 1891:37) nachgekommen worden. Die Verordnung bestimmte u.a., daß bei Visitationen der Apotheken ein Deputierter des Magistrats oder der Polizeibehörde des betreffenden Ortes hinzugezogen werden mußte und entsprach damit einer lange geäußerten Forderung:

> "Das Interesse der Communen erfordert es, dass ein Mitglied des Raths-Collegiums, oder der Ortsvorsteher als Commissarius dem Geschäfte beiwohnt, denn hat er davon vielleicht auch gar keine Kenntnis, so sieht er doch, was bei demselben geschieht, und wie es geschieht. Manches kann auch der Beurtheilung eines Nichttechnikers nicht entgehen." (Niemann 1828:673)

Inwieweit aber noch im 19. Jahrhundert solche Magistratspersonen tatsächlich regelmäßig zu Visitationen zugezogen wurden, ist auch der zeitgenössischen Literatur nicht zu entnehmen. Über die Visitation war ein Protokoll anzufertigen, das vom Deputierten des Magistrats oder der Polizeibehörde und dem Apothekenbesitzer zu unterzeichnen war und an die Medizinalbehörde eingeschickt wurde. Vorgeschrieben war auch, daß die Visitation an einem oder höchstens zwei Tagen durchzuführen war.

Zu diesen Bestimmungen erging am 13. März 1820 eine ergänzende Circular-Verfügung (abgedruckt bei Wolff 1873:93 ff), die anordnete, daß neben den oben beschriebenen regelmäßigen Visitationen auch **außerordentliche Visitationen** stattfinden sollten. Ganz allgemein sollte - nach einem Reskript der Regierung zu **Potsdam** vom 27. Februar 1861 - der Physikus die Apotheken seines Kreises "stets im Auge behalten" (vgl. Lion 1862:42f). Großer Wert wurde in der genannten Circular-Verfügung von 1828 auch darauf gelegt, die regelmäßigen Visitationen "nie zu einer im Voraus bestimmten Zeit, sondern unvermuthet und auch nur theilweise in den einzelnen Districten" stattfinden zu lassen (§ 2), damit unzuverlässigen Apothekern keine Chance zur Vertuschung etwaiger Mißstände gegeben werde - eine Befürchtung, die nicht unbegründet war, wie noch sechzig Jahre später Pistor (1881:138) bestätigt:

> "Der Apotheker oder Arzneiwaarenhändler darf auch nicht eine Stunde vorher von der bevorstehenden Visitation unterrichtet sein; sonst werden die gröbsten Unordnungen bis zum Eintritt der Revisoren unter Aufbietung aller Kräfte von unzuverlässigen Besitzern beseitigt, wie die Erfahrung jedesmal lehrt, wenn das Eintreffen der Revisoren auf irgend eine Weise vorher bekannt geworden war."

§ 3 des Reskripts von 1820 bestimmte klar, daß neben dem Regierungs- und Medizinalrat bzw. dem Kreis-Physikus die Revision jedesmal auch von einem praktischen Apotheker durchzuführen waren. Die betreffenden Apotheker durften nicht aus den jeweiligen Assessoren der Pharmazie an den Provinzial-Medizinalkollegien ausgewählt werden; vielmehr konnten alle selbst tadelsfreien Apotheker zu diesem Geschäft hinzugezogen werden (§ 5). Die Zuziehung der Apotheker war sinnvoll, da sie den Revisionskommissionen eine Art Arbeitsteilung ermöglichte:

> "Während der pharmaceutische Commissarius die chemische Prüfung der einzelnen Präparate und zwar sämmtlicher gebräuchlicher Mittel ohne Ausnahme und um so schärfer und genauer, je höher der Heilwerth des einzelnen Mittels anzuschlagen ist, vornimmt und die specifischen Gewichte feststellt, sieht der Medicinalbeamte das Gift- und Laborationsbuch ein, prüft die Personalien des Besitzers, dessen Privilegium oder Concession, sowie den Kaufcontract, überzeugt sich von dem Vorhandensein eines Herbarium, der erforderlichen Lehrmittel und der das Apothekenwesen betreffenden Gesetze incl. der Pharmakopöe." (Pistor 1881:140)

Von der betreffenden Regierung wurden anschließend an die Revision belobende oder rügende Visitationsbescheide ausgestellt. Diese waren von den Apothekern aufzubewahren und auf Verlangen wieder vorzuzeigen. Die Visitationskosten trug - außer bei bedeutenden Mängeln - der Diätenfonds der jeweiligen Königlichen Regierung (Eulenberg 1874:529). Eventuelle Streitigkeiten waren dem Provinzialkollegium Medicum zu melden. Das bedeutete aber nicht, daß das Kollegium eine Art 'Beschwerdeinstanz' bildete: Nach einer Ministerialverfügung vom 10. April

1858 (Archiv der deutschen Medizin 1858:137) kamen solche Aufgaben ausschließlich der jeweiligen Königlichen Regierung zu. Zudem wurde in Preußen ab **1872** auch die Anrufung der Verwaltungsgerichte gegen die Akte der staatlichen Apothekenaufsicht zugelassen. (Schiedermair 1954:539)
Zusätzlich wurde bestimmt, daß sowohl der Kreis-Physikus als auch der pharmazeutische 'Commissarius' keine Apotheken an ihren Wohnorten visitieren durften (Ministerialverfügungen vom 20. Juni 1825 und 18. Februar 1861; vgl. Eulenberg 1874:531). Nach einem Erlaß vom 25. Mai 1867 (abgedruckt bei Pistor 1894:225f) galt diese Einschränkung aber nicht für den Regierungs- und Medizinalrat; dieser unterlag keinen Beschränkungen. Eine Ministerial-Verfügung vom 20. Januar 1854 hatte davor schon ausdrücklich betont, daß die regelmäßigen Visitationen in der Regel vom Regierungs- und Medizinalrat auszuführen seien, (nur ausnahmsweise durften sie vom Kreis-Physikus vorgenommen werden; vgl. Eulenberg 1874:531)

10.1.3 Die Revisionsanweisungen von 1893 und 1902

Die Vorschriften über die Visitation der Apotheken aus den Jahren 1819 und 1820 wurden mit der Zeit von den Fortschritten der Wissenschaft, die sich auch auf das pharmazeutische Gewerbe auswirkten, überholt. Deshalb wurden 1892 unter der Leitung der Medizinalabteilung des Ministeriums und unter der Beteiligung von Regierungs- und Medizinalräten sowie praktischen Apothekern, in einer Kommission neue Revisionsvorschriften erarbeitet. Diese neuen Vorschriften schlossen sich "soweit möglich" an die Bestimmungen von 1819 und 1820 an. (Pistor 1908/09:251)
Die neuen Bestimmungen erschienen in einem Circular-Reskript vom 16. Dezember **1893** als 'Vorschriften über die Errichtung und den Betrieb von Apotheken' mit den 'Anweisungen für die amtliche Besichtigung der Apotheken' (M.Bl. für die innere Verwaltung 1894:12 ff). In der Besichtigungsanweisung wurde vorgeschrieben, daß innerhalb von **drei Jahren** mindestens eine Besichtigung stattfinden sollte (§ 1). Die Besichtigungen sollten durch den Regierungs- und Medizinalrat (ausnahmsweise auch durch einen ihn vertretenden Physikus) und einen **Apotheker** stattfinden (§ 2). Die Apothekenbesitzer hatten zu Besetzung dieser Stelle Vorschläge zu machen (§ 3) - ein deutlicher Schritt hin zur Selbstkontrolle der Kontrollierten! Der revidierende Apothekenbesitzer durfte allerdings nur in Orten mit über 100.000 Einwohnern am eigenen Wohnort an Revisionen teilnehmen; dies auch nur in Ausnahmefällen und auch nicht in der seiner eigenen Apotheke am nächsten gelegenenen Apotheke (§ 6).

Auch diese Revisionsvorschriften erwiesen sich später als erneuerungsbedürftig. In einer Umarbeitung wurden "einzelne Vorschriften zweckmäßiger und klarer, andere milder gestaltet" (Pistor 1908/09:253). Sie erschien am 18. Februar 1902 als 'Anweisung für die amtliche Besichtigung der Apotheken' (M.Bl. für Med.-Angelegenheiten 1902:74 ff) zusammen mit der **Preußischen Apothekenbetriebsordnung** (vgl. Kap. 6.6). In der Revisionsanweisung wurden die Vorschriften von 1893 über die Abstände der Visitation (drei Jahre) und die Besichtigungs-Kommissionen (Regierungs- und Medizinalrat und ein Apotheker) beibehalten. Die Vorschläge zur Besetzung des Apothekervertreters in den Revisionskommissionen wurden nun von den **Apothekerkammern** nach Rücksprache mit den Apothekenbesitzern gemacht (§ 3). Hinsichtlich der Beschränkung von Revisionssorten für den pharmazeutischen Vertreter blieb es ebenfalls bei den Bestimmungen von 1893 (§ 6).
Die Besichtigungsanweisung enthielt auch Vorschriften über den **Ablauf** der Revisionen: Die Bestimmungen über die Prüfung technischer Geräte, die Qualität der Arzneimittel, die Geschäftsunterlagen und der Verhältnisse der Gehilfen und Lehrlinge (§§ 8 ff) blieben in der Tradition der schon früher getroffenen Regelungen. Die Besichtigungen sollten **einen Arbeitstag von acht Arbeitsstunden**, in Ausnahmefällen ('bei groben Unregelmäßigkeiten') auch zwei Tage in Anspruch nehemen (§ 22). Ihre Kosten fielen der Staatskasse zur Last, lediglich für enventuell notwendige Nachbesichtigungen hatte der Apotheker aufzukommen (§ 23). Bei Unregelmäßigkeiten hatte der Regierungspräsident einen Bescheid zu erlassen. Neben den Vorschriften über die allgemeine Revision fand sich in der Anweisung zusätzlich - analog zu den Bestimmungen des Kreisarztgesetzes von 1901 - die Vorschrift, daß der Kreisarzt alle Apotheken seines Bezirks einmal jährlich unangemeldet zu besuchen und sie "im Allgemeinen zu mustern habe" (§ 28).
Die Besichtigungsanweisung ersetzte faktisch als Rechtsgrundlage für die Revisionen die bis dahin noch gültigen Bestimmungen des Titels II der Revidierten Apotheker-Ordnung von 1801. Formal blieben diese aber - zumindest in den altpreußischen Gebietsteilen - weiter in Geltung, da sie ein **Gesetz**, die Revisionsanweisung von 1902 aber nur eine **Ministerialverordnung** darstellte, die ein solches Gesetz nicht aufheben konnte. Deshalb durfte die Verordnung von 1902 auch nur im Rahmen der über hundert Jahre älteren Ordnung bleiben, "ihr jedenfalls nicht widersprechen" (Urban 1927:362).

Der I. Weltkrieg und seine Folgen bedeuteten auch für die Medizinalverwaltung Preußens einen tiefen Einschnitt. Abgesehen von den Veränderungen auf der Leitungsebene (vgl. Kap. 8.1.4) litt auch die eigentliche Apothekenaufsicht unter den Kriegsfolgen:

> "Die Apothekenbesichtigungen mußten in vielen Regierungsbezirken eingeschränkt werden, da es vielfach an den notwendigen Zugverbindungen fehlte und auch die pharmazeutischen Bevollmächtigten in ihrer Eigenschaft als Apothekenbesitzer nicht abkömmlich waren ... Auch mußten vielfach mehrere Besichtigungen an einem Tage stattfinden." (Min. für Volkswohlfahrt 1921:152)

Auch wenn nach 1919 die Besichtigungen zunehmend wieder in regelmäßigen Abständen stattfanden (Min. für Volkswohlfahrt 1922:175), war doch bis Mitte der zwanziger Jahre noch immer nicht wieder der frühere Standard erreicht. (Min. für Volkswohlfahrt 1927:367), wie ein Beispiel aus jener Zeit zeigt:

> "Ein ungenügendes Ergebnis hatte die Besichtigung der Apotheke in M. Eine große Reihe von Standgefäßen in der Offizin, der Materialkammer und dem Arzneikeller war nicht vorschriftsmäßig und nicht dauerhaft bezeichnet. Die Spezialitäten waren in der Offizin, die Uebervorräte im Arzneikeller zum großen Teil unübersichtlich aufgestellt und mangelhaft bezeichnet. Der Giftschrank in der Offizin war überfüllt und daher unübersichtlich ... Die Giftpillenmaschine war stark verschmutzt und nicht vorschriftmäßig bezeichnet. Die Giftbelehrung für Phosphor und Strychnin fehlten. Der Name des Abgebenden war in das Giftbuch nicht handschriftlich eingetragen. Es fehlte das Verzeichnis der für alle Apotheken verbindlichen Mittel nach DAB VI (*Deutsches Arzneibuch VI. Ausgabe; der Verf.*). Laboratorium und Stoßkamme wurden als Abstellräume benutzt. Die letztere war nicht betriebsfähig. Die Ordnung im Arzneikeller war mangelhaft. Die Beschaffenheit der Arzneimittel war zwar im allgemeinen ausreichend, jedoch entsprachen verschiedene Arzneimittel nicht den Vorschriften des DAB VI, andere waren verdorben." (Min. für Volkswohlfahrt 1932:140f)

Offenbar hatten die wirtschaftlichen Schwierigkeiten der öffentlichen Kassen anfang der dreißiger Jahre auch Auswirkungen auf die Apothekenrevisionen: im **Mai 1932** setzte der Minister für Volkswohlfahrt die Bestimmungen der Besichtigungsanweisung von 1902, die eine Revision jeder Apotheke innerhalb von drei Jahren forderten, aus **Mangel an Geldmitteln** außer Kraft. Diese Verordnung wurde erst nach Auflösung der eigenständigen preußischen Medizinalverwaltung auf der Ministerialebene durch einen Runderlaß des (Reichs-) Ministers des Innern vom 21. März 1934 (M.Bl. für die innere Verwaltung 1934:543 ff) aufgehoben und der vorherige Zustand wiederhergestellt.

10.1.4 Apothekenrevisionen nach 1934/35

Die Veränderungen durch die Reformen von 1934/35 wurden im Einzelnen schon behandelt (vgl. Kap. 7.3.1 und 8.2.3), auf sie soll deshalb hier nur in ein paar zusammenfassenden Bemerkungen eingegangen werden. Einen Teil der Reform

machte die Bestimmung aus, daß - vereinfacht ausgedrückt - die bisherigen Aufsichtsfunktionen der Kreisärzte (unvermutete jährliche Besuche, Überwachung der Ausbildung) auf die Gesundheitsämter übertragen wurden (vgl. die Dritte Durchführungsverordnung zum GVG vom 30. März 1935; u.a. bei Riemerschmid/ Sigl 1952:165).
Der Haupteffekt der Reform lag aber außerhalb Preußens: In einigen deutschen Staaten war schon seit längerem die Überwachung der Apotheken **ausschließlich** Pharmazeuten überlassen, so z.B. in Hessen (seit 1867), Sachsen (1836) und Thüringen (1920). Dort wurde nun überall das preußische System einer **kombinierten** Apothekenrevision durch einen Vertreter der Medizinalbehörde und einen Vertreter des Apothekerstandes übernommen und damit dieses Verfahren für das gesamte Deutsche Reich einheitlich festgelegt. (Urdang/Dieckmann 1954:72)
Nach dem schon erwähnten ministeriellen Runderlaß vom 28. Mai 1935 (vgl. Kap. 8.2.3) wurden die zu den Revisionen hinzugezogenen Apotheker ehrenhalber zu **'Pharmazieräten'** ernannt und auf die Dauer von fünf Jahren auf Vorschlag des jeweiligen Regierungspräsidenten berufen. In § 10 dieses Erlasses wurden auch die anderen Landesregierungen ersucht, ihre Apothekenbetriebsordnungen diesen Vorschriften anzupassen.
Diese Beteiligung der Apotheker an der Revision ihrer Standeskollegen ließ natürlich im Einzelfall eher auf Verständnis bei der Revisionskommission hoffen, als dies ausschließlich bei 'berufsfremden' Kontrolleuren der Fall gewesen wäre - nicht zu Unrecht, wie der folgende Ausschnitt aus einem Vortrag auf einer Tagung des **'Verbandes der Pharmazeutischen Regierungsbevollmächtigten Preußens'** von 1934 zeigt:

> "Eine Revision muß in der Art vorgenommen werden, daß der revidierte Apotheker den Eindruck bekommt, daß die Kommission nicht zu ihm kommt, um recht viele monita zu suchen und zu finden, sondern, daß sie nur die Absicht hat, auf nicht Zutreffendes hinzuweisen und namentlich den Apotheker darauf aufmerksam zu machen, was in seiner Apotheke nicht in Ordnung ist, was hier neu zu schaffen ist, was dort abzustellen ist, und mit welch geringen Hilfsmitteln und Kosten auch in den kleinsten Apotheken, in denen oft Gas und Wasserleitungen fehlen, die unbedingt nötigen Untersuchungen nach D.A.B. 6 durchzuführen sind ... Namentlich müssen wir uns hüten, etwas zu beanstanden, was in unserer eigenen Apotheke oftmals unbeabsichtigter Weise oder wegen unrichtiger oder zu scharfer Anforderungen des Arzneibuches auch nicht stimmt." (Aye 1934:639)

Ganz sicher sind diese Ratschläge eines Fachmannes befolgt worden.

10.2 Aufsicht mittels Selbstverwaltung

10.2.1 Erste Gründungen von Apotheker-Vereinen

Erste, lokal begrenzte Apothekerorganisationen tauchten schon am Ende des 18. Jahrhunderts auf, so etwa 1794 die Berliner und 1798 die Magdeburger Apotheker-Konferenz. (Urdang/Dieckmann 1954:87) Aber erst in der ersten Hälfte des 19. Jahrhunderts formierten sich größere Interessenorganisationen der Apother: Am 7. und 8. September 1820 gründete sich in **Minden** der 'Apotheker-Verein in Westfalen'. Nach seinen 'Grundsätzen (abgedruckt bei Horn 1863a:432 ff) lag der Zweck des Vereins vor allem in der Förderung der pharmazeutischen Wissenschaft und des Apothekenwesens im allgemeinen, sowie in der gegenseitigen Unterstützung in Unglücksfällen und bei Krankheiten (§§ 1-4). Aus diesem Verein ging dann schon ein Jahr später der 'Apotheker-Verein für das nördliche Teutschland' hervor, zu dessen Gründung sich an die hundert Apotheker zusammenfanden (Schelenz 1904:652). Auch er machte sich die "Wahrung wirtschaftlicher, berufspolitischer und wissenschaftlicher Interessen des Apothekerstandes zur Aufgabe" (Hickel 1973:12).
Im September 1850 wurde dann aus den Ländervereinen von Bayern, Württemberg, Baden und Hessen der Süddeutsche Apotheker-Verein gegründet. Beide Vereine verschmolzen nach der Reichsgründung im September **1872** zum **'Deutschen Apotheker-Verein'** mit Sitz in Berlin. Nach dessen 'Erneuerter Satzung' vom Februar 1893 machte auch dieser Verein sich zur Aufgabe:

- die Fortbildung der Pharmazie zu fördern;
- die "sittlichen, gesellschaftlichen und materiellen Interessen des Apothekerstandes zu wahren" und
- hilfsbedürftige Kollegen zu unterstützen.

(vgl. Pistor 1894:260)

Die ebenfalls schon seit dem frühen 19. Jahrhundert gemachten Versuche, die angestellten Apotheker in Deutschland in einem Verband zu organisieren, führten erst 1904 zum Erfolg, als der 'Verband konditionierter Apotheker für das Deutsche Reich' gegründet wurde, der sich 1910 in 'Verband Deutscher Apotheker' umbenannte. (vgl. Urdang/Dieckmann 1954:88)
Auf der Seite der Berufs- und Standesorganisationen bestanden also bei der Gleichschaltung der Apothekerschaft unter dem NS-Regime "der Deutsche Apotheker-Verein (Sitz Berlin) mit 31 Gauen, der Verband Deutscher Apotheker (Reichsfachgruppe des Gewerkschaftsbundes der Angestellten, Sitz Berlin) und der

Verband der Besitzer unverkäuflicher Apotheken." (Möllers 1930:73) Darüber hinaus existierten Mitte 1933 im gesamten Reichsgebiet noch 18 kleinere pharmazeutische Organisationen und Vereinigungen, die sich um die verschiedensten ökonomischen und sozialen Belange der insgesamt 15.000 Apotheker kümmerten. (Wieland 1935:176)

10.2.2 Beratende Apothekergremien

Auf die Existenz und die Aufgaben der beratenden Apothekergremien auf der Ministerialebene der preußischen Medizinalverwaltung ist schon in Kap. 8.1 eingegangen worden. Ihre Funktionenen sollen deshalb hier nur kurz in Erinnerung gerufen werden. Es handelte sich um:

- die **Technische Kommission für pharmazeutische Angelegenheiten** (seit 1832), die im wesentlichen für die Bearbeitung und Revision der Arzneitaxe zuständig war;
- der **Apothekerrat**, der 1896 gegründet wurde, um den Apothekern eine weitergehende Interessenvertretung zu geben und der als allgemeines Beratungsorgan der Medizinalverwaltung wirkte.

(vgl. Pistor 1908/09:548)

Beide Gremien gingen 1921 in dem neu geschaffenen **Landesgesundheitsrat** auf. Auf einer Sitzung im Mai 1900 sprach sich auch der Apothekerrat für die Schaffung einer eigenständigen Standesvertretung der Apotheker aus. Die Interessenvertretung sollte dienen:

> "a) zur Erhaltung der Apotheken als zuverlässiger, staatlich beaufsichtigter Arzneizubereitungsstätten;
> b) zur Erhöhung der Verantwortlichkeit der Apotheker;
> c) zur Wahrung der Interessen des Apothekerstandes."
> (zit. nach Pistor 1908/09:548)

Ein klareres Beispiel für die Vermischung öffentlicher und privater (Standes-) Interessen läßt sich wohl kaum finden!

10.2.3 Die Einrichtung von Apothekerkammern

Kurz nach der Jahrhundertwende wurde den Forderungen der Apotheker nachgegeben und eigene Berufskammern für sie eingerichtet (die Ärzte hatten ihre Kammern übrigens schon 1887 erhalten; vgl. Crea 1890:128). Vorläufer offizieller pharmazeutischer Körperschaften gab es in einigen Ländern zu diesem Zeitpunkt schon länger: 1842 waren in Bayern 'Apotheker-Gremien' und 1865 in Sachsen

'Pharmazeutische Kreisvereine' ins Leben gerufen worden. Beide hatten neben sozialen Aufgaben auch eine eingeschränkte Disziplinargewalt über ihre Mitglieder. Ordentliche Apothekerkammern wurden in Braunschweig 1865 eingerichtet; nach Preußen (1901) folgten dann noch Baden (1906) und erst nach dem I. Weltkrieg Hessen (1923), Württemberg (1925), Thüringen und Bayern (1926 bzw. 1927). (vgl. Urdang/Dieckmann 1954:88f) Von all diesen Kammern besaß aber nur die badische eine echte Disziplinarbefugnis. (Solbrig u.a. 1927:389)

Die Errichtung der preußischen Kammern erfolgt durch eine Verordnung vom 2. Februar 1901 'betreffend die Errichtung einer Standesvertretung der Apotheker' (M.Bl. für Med.-Angelegenheiten 1901:123 ff). Für jede Provinz wurde eine Apothekerkammer eingerichtet, die ihren Sitz am Amtssitz des jeweiligen **Oberpräsidenten** hatte, der im übrigen auch die **Staatsaufsicht über die Kammer** und ihren Vorstand ausübte (§ 11). Die Aufgabe der Kammern lag in der "Wahrung und Vertretung der Standesinteressen der Apotheker"; sie waren zu diesem Zweck auch befugt, "Vorstellungen und Anträge an die Staatsbehörden zu richten" (§ 2). Nach einem Erlaß des Ministers der Medizinalangelegenheiten vom 23. April 1901 (M.Bl. für Med.-Angelegenheiten 1901:127 ff) standen den preußischen Apothekerkammern zwar **keine disziplinarischen Befugnisse** über die Apotheken ihre Bezirkes zu, aber sie konnten "Apothekern welche die Pflicht ihres Berufes in erheblicher Weise oder wiederholt verletzt, oder sich durch ihr Verhalten der Achtung, welche ihr Beruf erfordert, unwürdig gezeigt haben" das aktive und passive Wahlrecht zur Apothekerkammer entziehen (§ 4 der Verordnung vom 2. Februar). Eine eigene Ehrengerichtsbarkeit - wie sie etwa der Ärzteschaft verliehen war - bestand für die Apotheker aber nicht (Min. für Volkswohlfahrt 1927:91).
Neben den Kammern wurde auch ein reichsweiter 'Apothekerkammerausschuß' eingerichtet, der im wesentlichen eine vermittelnde Funktion hatte - einerseits zwischen den einzelnen Kammern, andererseits zwischen diesen und der Ministerialverwaltung. (vgl. Solbrig u.a. 1927:39) Mit der Gründung der Apothekenkammern schieden die Apotheker nach einem Reskript des Ministers für Handel und Gewerbe vom 30. September 1903 auch aus der Handelskammerorganisation aus (M.Bl. der Handels- und Gewerbeverwaltung 1903:334).

Um die finanziellen Verhältnisse der Kammern neu zu regeln und das Wahlverfahren zu ändern, wurde in der Zeit der Republik eine neue rechtliche Grundlage für die Kammern erlassen: das **Gesetz über die Apothekerkammern und den Apothekerkammerausschuß** vom 21. April 1923 (G.S. 1923:123 ff). Etwas später erging auch eine Ausführungsbestimmung zu diesem Gesetz (Volkswohlfahrt 1923:

231). Beide Vorschriften änderten aber nichts an der grundsätzlichen Organisation und den Aufgaben der Apothekerkammern.

10.2.4 Die Gleichschaltung der Apothekerschaft im Nationalsozialismus

Die Neuordnung der Apothekerorganisation unter dem nationalsozialistischen Regime ging derart schnell und zielgerichtet vor sich, daß man davon ausgehen muß, daß einem geordneten Apothekenwesen und einer einheitlichen Reichsapothekerschaft im Nationalsozialismus große Bedeutung beigemessen wurde. Schon am **29. März 1933** unterstellte der Deutsche Apotheker-Verein die Geschäfte seines Gesamtvorstandes einem kommissarischen Leiter. Zusammen mit der Arbeitsgemeinschaft Deutscher Apotheker wurden die bisher so organisierten Apotheker durch den "zum Standesleiter gewordenen Kommissar" am 22. April 1933 in die **'Standesgemeinschaft Deutscher Apotheker'** überführt. (Wirtz 1938:43) Auch alle anderen Apothekerorganisationen wurde in die Standesgemeinschaft integriert, bzw. lösten sich auf und ihre Mitglieder traten über - teils freiwillig, teils unter Zwang:

> "Andere *(Vereinigungen)*, deren Denkweise im Geiste des alten Systems erstarrt waren, wurden aufgelöst, nachdem bereits der wertvollere Teil der Mitglieder von sich aus den Austritt aus ihren Reihen vollzogen und sich der Standesgemeinschaft angegliedert hatten." (Wirtz 1938:43)

Zugleich erfolgte durch eine gemeinsame Anordnung der Oberpräsidenten am 8. Juni 1933 die **Auflösung der preußischen Apothekerkammern**, deren Aufgaben auf die Standesgemeinschaft übergingen. Das bisherige Kammersystem "war in dem nach nationalsozialistischen ständischen Gesichtspunkten geordneten Staate unbrauchbar." (Wirtz 1938:47)
Nach dem Zusammenschluß standen außerhalb dieser 'Gemeinschaft' "nur solche Elemente, die zur Mitarbeit an den großen Standesaufgaben nicht geeignet waren." (Wirtz 1938:43). Die Standesgemeinschaft wurde dann am 3. Januar **1935** in die 'Deutsche Apothekerschaft' umgewandelt. Diese erhielt eine Satzung (abgedruckt bei Schwerin/Mang 1939/40:641 ff) die voll auf die Aufgaben des 'Reichsapothekerführers' und seiner Verwaltungsstellen zugeschnittten war: Neben der Vorsorge für die sichere Arzneimittelversorgung der Bevölkerung, die reibungslose Zusammenarbeit der Apotheker und deren Ausbildung wachte sie auch über "Berufsehre und Berufsethik (Berufsaufsicht)" der Apotheker und "unterstützt(e) die Bestrebungen des Staates und der NSDAP" (§ 2; zit. nach v.Schwerin/Mang 1939/40:641) - eine völlige Vermischung rein beruflicher, öffentlicher und staatlicher Interessen!

Als Unterbau dieser Standesorganisation wurden 1935 auch sechzehn Bezirke der Deutschen Apothekerschaft eingerichet (darunter die Bezirke 'Rheinland' und 'Westfalen-Lippe'). Damit war eine durchgängige Organisation geschaffen.

> "... und bis zum Ende des nationalsozialisitischen Regimes war es allein dieser allumfassenden Organisation gestattet, die professionellen und kommerziellen Belange der deutschen Apothekerschaft zu vertreten." (Urdang/Dieckmann 1954:87)

Abschließend wurden die Belange des Apothekenwesens 1937 durch den Erlaß der Reichsapothekerordnung geregelt, auf deren Grundlage im gleichen Jahr eine **Reichsapothekerkammer** eingerichtet wurde. "Damit war eine offizielle, allumfassende pharmazeutische Körperschaft zur Überwachung der Ausübung des Apothekerberufes geschaffen." (Urdang/Dieckmann 1954:89) Auf die Reichsapothekerordnung und die Einrichtung der Reichsapothekerkammer ist schon in Kap. 7.3.2 eingegangen worden, desgleichen auf die flankierenden Maßnahmen in der Berufsausbildung und -zulassung (vgl. Kap. 9.1.4).
Anders als bei der - immer noch auf der Basis freiwilliger Mitgliedschaft arbeitenden - Deutschen Apothekerschaft wurde damit eine reichseinheitliche Körperschaft mit **Zwangsmitgliedschaft** geschaffen, die alle Belange des Apothekerberufes regelte. Aufgrund der Reichsapothekerordnung wurde auch eine eigene **Berufsgerichtsbarkeit** der Apotheker eingerichtet, die über die Apotheker Strafen bis hin zum Berufsverbot verhängen konnte (vgl. die 'Verfahrensordnung für die Apothekenberufsgerichte' vom 8. Oktober 1937; RGBl. I 1937:1122f)

Bei all diesen Maßnahmen, die den Eindruck einer umfassenden und völlig durchorganisierten Regelung des Apothekenwesens erwecken, sei aber noch einmal daran erinnert, daß sich diese reichsgesetzlichen Regelungen lediglich auf die **Berufsausübung** und die damit zusammenhängenden sozialen Belange der Apotheker bezogen. Der **Apothekenbetrieb** blieb in seinen landesgesetzlichen Regelungen unangetastet; diese überstanden auch das 'Tausendjährige Reich'. Und bei den Auseinandersetzungen um die angestrebte Schaffung eines reichseinheitlichen Arzneimittelgesetzes hielt sich sogar die NSDAP aus den zwischen Industrie, Kleinhandel und Apothekergewerbe bestehenden Interessengegensätzen heraus und die Entwicklung verlief schließlich im Sande. (vgl. Linz 1953:511f)

Teil III: Apothekenaufsicht in Nordrhein-Westfalen

11. Die bundesgesetzliche Regelung des Apotheken- und Arzneimittelwesens

11.1 Das Apothekengesetz

11.1.1 Veränderungen durch die Besatzungsmacht

Mit der Kapitulation im Mai 1945 war das 'Tausendjährige Reich' zu Ende gegangen, ohne auf dem Gebiet des Apotheken(betriebs)wesens eine einheitliche und zukunftsoffene Regelung erreicht zu haben. Das preußische System der verschiedenen nebeneinander bestehenden Privilegien und Konzessionen hatte einen weiteren Abschnitt der deutschen Geschichte nahezu unverändert überstanden, was sicher auch dem Beharrungsvermögen der durch dieses System geschützten Apotheker zu verdanken war!

Es schien, als ob sich das in der Besatzungszeit ändern sollte: Die Situation in den ersten Nachkriegsjahren war dadurch gekennzeichnet, daß immer noch die in Kap. 9.2. beschriebenen Betriebsrechte (Privilegien, Realkonzessionen und Personalkonzessionen) bestanden; das "gemischte System" (Schiedermair/Pieck 1981:64) existierte weiter. Wie ein "Schock" (Riemerschmid 1952:421) wirkte deshalb die Direktive der Militärregierung der US-amerikanischen Zone (Bayern, Hessen, Württemberg-Baden und Bremen) vom 28. März 1949, die auch für die Apotheken "unter Aufhebung aller entgegenstehenden Bestimmungen" (Schiedermair/Pieck 1981:66) den Grundsatz der Gewerbefreiheit einführte:

> "Diese Anordnung bedeutete den völligen Wegfall der Personalkonzession für die damalige US-Zone. Nunmehr war die Errichtung einer neuen Apotheke allein von der Erteilung einer ... Lizenz abhängig. Diese mußte approbierten Apothekern deutscher Staatsangehörigkeit erteilt werden, die über eine angemessene Berufserfahrung verfügten." (Schiedermair/Pieck 1981:66)

Fortan waren (nach einer Erläuterung des bizonalen Kontrollamtes) keine Beschränkungen

- der **Gesamtzahl** der Apotheken,
- des **benötigten Platzes**,
- der Anzahl der Apotheken, die im **Besitz einer Person** waren,
- der **Niederlassung** der Apotheken und

- der **Verkaufsfreiheit** hinsichtlich der Kunden

mehr zulässig (vgl. die Aufstellung bei Riemerschmid 1952:420); jegliche Bedürfnisprüfungen oder ähnliche Einschränkungen waren hinfällig. "Die Apothekengesetzgebung kam in Bewegung." (Hoffmann 1961:47) Anzumerken bleibt, daß damit zum zweiten Mal nach der napoleonischen Gesetzgebung um 1800 der Versuch einer Aufbrechung der verhärteten Strukturen des deutschen Apothekenwesens von **außen** gekommen war - beide Male nach einem verlorenen Krieg!

In der sowjetischen Besatzungszone wurden durch eine Verordnung der 'Deutschen Wirtschaftskommission' vom 22. Juni 1945 alle Apotheken enteignet, den Apothekern aber das Recht zur persönlichen Weiterführung auf Lebenszeit eingeräumt. Nach einer gesetzlichen Regelung der DDR im Jahre 1958 wurden später die Allgemeinapotheken als öffentliche Apotheken unter der Leitung der Abteilung Gesundheits- und Sozialwesen des Rates des betreffenden Kreises weiterbetrieben.

11.1.2. Das 'Apothekenstoppgesetz' von 1953

Die Verwaltungen der Länder der Westzonen hingegen verfuhren aber weiterhin so, als ob die bisher verliehenden Apothekenbetriebsrechte Gültigkeit behalten hätten (vgl. für Bayern Riemerschmid 1952:421). Durch die Direktive der Militärregierung kam zu den bisher bestehenden Apothekenbetriebsrechten demnach noch das Rechtsinstitut der **Lizenz** hinzu, das sich von der eigentlich beabsichtigten Gewerbefreiheit darin unterschied, daß bei der Lizenzverteilung der Nachweis der Qualifikation zum Apotheker gefordert wurde. (Köhnlechner 1954:484)
Zusätzlich bestanden in einigen Ländern - hauptsächlich im Gebiet des ehemaligen Großherzogtums Hessen, vereinzelt auch im ehemaligen Land Schaumburg-Lippe - noch ungefähr dreißig verpachtete **Gemeindeapotheken**, deren Träger die Gemeinde als juristische Person war (Blanke 1950:1; vgl. Eberhard 1955:175). Wie in Hessen (vgl. Rauch 1978:195 ff) existierten sie zumeist aus einer historischen Tradition heraus.

Ein Land, das sehr bald Konsequenzen aus dieser neuen Rechtslage zog, war **Bayern**: Nachdem aus "den Direktiven der Militärregierung für den Betrieb von Apotheken Zulassungsbedingungen festgelegt werden konnten und im Interesse einer ordnungsmäßigen Arzneiversorgung der Bevölkerung eine gewisse Ordnung des Apothekenwesens unumgänglich war" (Riemerschmid/Sigl 1952:23), erließ

Bayern am 16. Juni 1952 ein eigenes Apothekengesetz. Das Gesetz trat zwar (nach Riemerschmid/Sigl 1952:26f) ausdrücklich an die Stelle schon bestehender landesgesetzlicher Vorschriften über das Apothekenwesen und griff damit nicht in schon bestehende Bundesbelange ein (Zulassungsvorschriften u.ä.) bzw. regelte eine Rechtsmaterie, auf der der Bund noch keine Vorstöße unternommen hatte; aber die Konflikte mit dem Bund sollten unausweichlich bleiben. Jedenfalls wurde durch das Gesetz das Lizenzsystem durch eine besondere apothekenrechtliche Betriebserlaubnis ersetzt: "Die Lizenz amerikanischer Prägung entsprach nicht der Ordnungsidee, die der deutschen Gesundheitsverwaltung zugrundeliegt." (Schiedermair/Pieck 1981:66)
Auch Nordrhein-Westfalen erließ - allerdings erst nach dem Apothekenstoppgesetz von 1953 - eine landesgesetzliche Regelung des Apothekenwesens, in der die Betriebserlaubnis eingeführt wurde: am 4. Juni 1957 wurde das 'Gesetz über die vorläufige Regelung der Betriebserlaubnis für Apotheken' (GVBl. NW. 1957:159f) vom Landtag beschlossen. Das Gesetz bestimmte, daß zum Betrieb einer Apotheke eine Erlaubnis, in der der Ort und das Betriebsgrundstück der Apotheke anzugeben waren, nötig sei (§ 1 I); vorher erteilte Betriebsberechtigungen (außer den Personalkonzessionen) bedurften einer Bestätigung (§ 1 II). Diese wurden - wie auch die grundsätzliche Erlaubnis - vom zuständigen Regierungspräsidenten erteilt (§ 1 IV). Die Erlaubnis war - neben Gründen der formalen Qualifizierung - nur zu versagen, wenn

> "...der Betrieb einer Apotheke an dem beantragten Ort oder auf dem beantragten Betriebsgrundstück mit einer gleichmäßigen Arzneimittelversorgung der Bevölkerung im Widerspruch stehen würde;" (§ 3; GVBl. NRW 1957:159)

Zu diesem Gesetz erschien am 14. Juni 1957 auch eine entsprechende Verwaltungsvorschrift. (vgl. Mandt 1962:32)
Zwischenzeitlich verstärkten sich die Bestrebungen um eine bundesgesetzliche Regelung des Apothekenwesens. Es zeigt sich aber, daß die "gegensätzlichen Auffassungen, die sich der Schaffung eines Bundesapothekengesetzes entgegenstellten", nicht schnell überbrücken ließen (Schiedermair/Pieck 1981:79). Neben der Frage der **Bundeskompetenz** auf diesem Gebiet (zumal da mit Bayern und Württemberg-Baden zwei Länder relativ schnell eigene Landesapothekengesetze vorgelegt hatten) stand vor allem die Frage nach den rechtlichen Grundlagen der Apothekenzulassung in der Diskussion: Wäre es nach den Apothekern gegangen, so wäre in Zukunft nach dem Grundgesetz einer 'gelenkten Niederlassungsfreiheit' mit Konzessionen verfahren worden, die außer bei einer zu erwartenden Beeinträchtigung der Arzneimittelversorgung der Bevölkerung grundsätzlich zu erteilen waren (der sogenannte 'Frankfurter Entwurf' von 1950; vgl. Bernhardt 1953:371;

Mandt 1962:19). Dies war so aber nicht durchzusetzen. Gleichzeitig ging die "ungehemmte Vermehrung von Apotheken" in der amerikanischen Zone (Bernhardt 1953:371) weiter: von 1949-1952 vergrößerte sich ihre Zahl um fast 60 vH!
Um diesen Zustrom aufzuhalten, wurde im **Mai 1952** aus der Mitte des Bundestages ein Gesetz eingebracht, das wenigstens die Vermehrung von Apotheken im Gebiet der amerikanischen Zone 'stoppen' sollte: das **'Gesetz über die vorläufige Regelung der Errichtung von Apotheken'**, das am 13. Januar 1953 beschlossen wurde (BGBl. I 1953:9) Dieses 'Apothekenstoppgesetz' bestand in seinem Regelungsteil nur aus dem § 1, der bestimmte:

> "Bis zum Inkrafttreten einer bundesgesetzlichen Regelung des Apothekenwesens darf die Erlaubnis zur Errichtung einer Apotheke nur auf Grund der Bestimmungen erteilt werden, die am 1. Oktober 1945 in den einzelnen Ländern des Bundesgebiets galten."

Damit war faktisch wieder das System der Personalkonzessionen eingeführt und die fast vier Jahre lang praktizierte Niederlassungsfreiheit in den Ländern der amerikanischen Zone (von 1949-1953) beendet worden. Somit wurde auch wieder nach den eigentlich abgeschafften Grundsätzen der Ausschreibung und der Vergabe nach dem sog. 'Betriebsberechtigungsalter' verfahren: "Die Rückkehr zur Personalkonzession bedeutet(e) eine Abwendung von der Niederlassungsfreiheit und die Wiedereinführung der uneingeschränkten Bedürfnisprüfung ... in den Ländern der amerikanischen Zone." (Bernhardt 1953:372) Das Gesetz war nur auf sechs Monate begrenzt, wurde dann aber noch zweimal verlängert und 1955 durch das gleichlautende 'Zweite Apothekenstoppgesetz' (BGBl. I 1955:840) ersetzt (vgl. Hoffmann 1961:48).

11.1.3 Die Urteile des Bundesverfassungsgerichts von 1956 und 1958

Faktisch war das Apothekenstoppgesetz das erste Apothekengesetz auf Bundes- (oder Reichs-) Ebene in Deutschland. Diese Tatsache forderte mehrere Länder zum Widerspruch dahingehend auf, ob dem Bunde die Kompetenz für ein solches Gesetz überhaupt zustehe. Unter diesen Ländern war auch Bayern, das beim Bundesverfassungsgericht eine Normenkontrollklage erhob und beantragte, das Gesetz für verfassungswidrig und damit nichtig zu erklären.
In seinem Urteil vom 3. Mai 1956 bejahte das Bundesverfassungsgericht die Gesetzgebungskompetenz des Bundes und wies die Klage Bayerns ab. In seinem Urteil stellte es einen klaren Leitsatz auf:

> "Die Zuständigkeit des Bundes, gesetzliche Bestimmungen über die Errichtung von Apotheken zu erlassen ist ... zu bejahen. Sie ergibt sich aus Art.74 Nr.11 GG." (zit. nach Schiedermair/Pieck 1981:552)

In der 'konkurrierenden' Gesetzgebung nach Art. 74 des Grundgesetzes wird den Ländern die Gesetzgebungskompetenz über die darin genannten Sachgebiete (u.a. das 'Recht der Wirtschaft' mit dem Gewerbe) zuerkannt, solange der Bund diese Gesetzgebungskompetenz nicht an sich zieht oder einer seiner Vorläufer (Reich, Besatzungsmächte) schon an sich gezogen hatte (vgl. Bernhardt 1967:1) In der Begründung des Urteils führte das Gericht aus, daß es den Betrieb einer Apotheke unter das Ausüben eines Gewerbes einordnete, "wie Rechtsprechung, Wissenschaft und die frühere Gewerbegesetzgebung der Länder stets angenommen haben." (zit. nach Hahnenfeld 1956:1025); weder die Beteiligung der Apotheker am Gesundheitswesen (Arzneimittelversorgung) noch die Tatsache, daß diese wesentliche Teile ihrer Berufsvorschriften aus eigenem Standesrecht bezogen, änderte etwas an dieser Einordnung (ebd.: 1025f). Üben die Apotheker aber ein 'Gewerbe' aus, dann gehören sie zum Bereich der **Wirtschaft** und unterliegen damit der oben ausgeführten Gesetzgebungskompetenz des Bundes.
Das Verfassungsgericht erklärte das Apothekenstoppgesetz aber aus einem anderen Grund für nichtig: der Verweis auf bisher geltendes Landesrecht (Stichtag 1. Oktober 1945) war aus rechtsstaatlichen Gesichtspunkten nicht haltbar, da große Unklarheit darüber bestand, welche landesgesetzlichen Bestimmungen überhaupt noch in Geltung waren:

> "Wenn nicht einmal die mit der Sache befaßten Behörden hinsichtliche der am 1.10.1945 geltenden Vorschriften übereinstimmten, kann dem Rechtsunterworfenen nicht zugemutet werden, von sich aus zu ermitteln, welche Bestimmungen Anwendung finden." (zit. nach Hahnenfeld 1956:1026)

Damit waren das **Apothekenstoppgesetz** und seine Verlängerungen nichtig. Es hatte aber dennoch seinen Zweck erfüllt, "nämlich die Periode der unbeschränkten Niederlassungsfreiheit ... in den Ländern der amerikanischen Besatzungszone zu beenden und eine Ausdehnung auf andere Bundesländer zu verhindern." (Mandt 1962:29)

Auch das nächste Kapitel der Apothekengesetzgebung wurde vom Bundesverfassungsgericht geschrieben. Am 11. Juni 1958 erging sein Urteil zum Berufsausübungsrecht der Apotheker, dessen Leitlinien weit über den Bereich des Apothekenwesens hinaus bestimmend wurden. In dem Urteil spiegelten sich die Veränderungen wider, die sich im Bild des Apothekers langsam abzeichneten:

> "Allmählich brach sich auch im Apothekenwesen die Vorstellung Bahn, das Recht zum Apothekenbetrieb entstehe nicht wie bei der Konzession durch staatliche Verleihung, sondern erwachse ohne Zutun der öffentlichen Verwaltung in der Person dessen, der die vorgeschriebenen Zulassungsvoraussetzungen, seien sie objektiver oder subjektiver Natur, erfüllt." (Hoffmann 1961:47f)

Das Verfassungsgericht legte in den Leitsätzen seines Urteils klar fest, daß die Freiheit der Berufswahl nur eingeschränkt werden durfte (und darf) "soweit der Schutz besonders wichtiger Gemeinschaftsgüter es erfordert," (BVerfGE VII 1958:378) Der Eingriff hatte dabei abgestuft und immer in Relation zu dem schutzwürdigen Gemeinschaftsgut zu erfolgen. Das Gericht entwickelte aus dieser Sicht heraus die bekannte **Stufentheorie** des Eingriffs in die Berufsausübung, die auch für andere Eingriffsfälle zum Maßstab wurde. Am strengsten waren dabei die Kriterien für 'objektive Zulassungsbeschränkungen' (wie sie die bisher bei der Konzessionsvergabe geübten Bedürfnisprüfungen darstellten):

> "Dem Sinn des Grundrechts (*auf freie Berufsausübung; der Verf.*) wirken sie strikt entgegen, denn sogar derjenige, der durch Erfüllung aller von ihm geforderten Voraussetzungen die Wahl des Berufes bereits real vollzogen hat und hat vollziehen dürfen, kann trotzdem von der Zulassung zum Beruf ausgeschlossen werden." (BVerfGE VII 1958:379)

Damit wurde der Grundsatz der Berufsfreiheit auch für das Apothekenwesen als Grundrecht anerkannt (Schiedermair 1960:411); somit wurde eine Tradition der Überwachung der Apotheken (mittels Begrenzung ihrer Anzahl durch die öffentliche Hand), die in ihrer grundsätzlichen Ausrichtung im deutschen Raum **seit dem 13. Jahrhundert** Bestand gehabt hatte (vgl.Kap. 5.1.2) beendet und das Apothekenwesen in dem wichtigen Teilbereich des Betriebsrechts auf eine neue Grundlage gestellt. Schlechter gestellt wurden durch das Urteil natürlich die Besitzer der alten Realrechte an Apotheken (Privilegien), deren besondere Betriebsberechtigungen - 148 Jahre nach der Einführung der Gewerbefreiheit in Preußen - schlagartig ihren wirtschaftlichen Wert verloren. (vgl. dazu Dadder 1964:1229)

11.1.4 Das Bundesgesetz über das Apothekenwesen von 1960

Trotz vielfältiger Bemühungen - auch der Berufsorganisationen der Apotheker (vgl. Mandt 1962:22) - war es während der Geltungsdauer der Apothekenstoppgesetze und auch in den Jahren bis zum zweiten Apothekenurteil des Bundesverfassungsgerichts der Verwaltung (Bundesinnenministerium) und dem Bundestag nicht gelungen, ein allgemein akzeptiertes Apothekengesetz vorzulegen bzw. zu verabschieden - wobei die Apothekerverbände natürlich weiterhin auf der 'gelenkten Niederlassungsfreiheit' (s.o.) beharrten: die "Inhaber öffentlicher Apotheken" sollten weiterhin "grundsätzlich das Recht (haben), ihren Nachfolger selbst zu bestimmen" (so ein Gesetzesvorschlag von 1954; vgl. Mandt 1962:23)
Auch die Bundesregierung brachte in der zweiten Wahlperiode des Bundestages einen eigenen Gesetzentwurf ein, der vorsah, daß die Berechtigung zum Apo-

thekenbetrieb in Zukunft nur noch in der Form der Personalkonzession verliehen werden sollte. Schon dieser Entwurf mit der teilweisen Abkehr vom Besitz von Apothekenrechten und der Hinwendung zur Personalkonzession wurde aus den Reihen der Apothekerschaft leidenschaftlich bekämpft (vgl. Scheer 1954). Die Bundesregierung zog dann aber den am Anfang der dritten Wahlperiode erneut eingebrachten, aber immer noch nicht verabschiedeten Gesetzentwurf zurück, nachdem das Bundesverfassungsgericht 1958 in seinem Apothekenurteil die Niederlassungsfreiheit für die Apotheker festgesetzt hatte. (vgl. Hoffmann 1961:49) In dieser Periode wurden aus der Mittel des Bundestages zwei weitere Gesetzentwürfe für ein Apothekengesetz (bzw. ein Arzneimittelgesetz mit Bestimmungen über Apotheken) eingebracht, von denen einer (der sogenannte 'Dittrich-Entwurf') zur Grundlage des zukünftigen Gesetzes wurde. Er war mit Hilfe einer von den Apothekerverbänden eingesetzten Kommission erarbeitet worden, hatte also das Vertrauen der organisierten Apotheker. Anzumerken ist hier vielleicht noch, daß dieser Gesetzentwurf, da er aus der Mitte des Parlaments eingebracht wurde, keine amtliche Begründung hat, "ein Umstand, der sich noch heute für die einheitliche Auslegung mehrerer Bestimmungen des ApoG nachteilig auswirkt." (Schiedermair/ Pieck 1981:96; Anm.11) Schließlich verabschiedete der Bundestag im Juli **1960** das **Gesetz über das Apothekenwesen** ohne Gegenstimme und bei nur einer Enthaltung. Nach seiner Ausfertigung am 25. August (BGBl. I 1960:697ff) trat das Apothekengesetz am 1. Oktober 1960 in Kraft - **fast neunzig Jahre nach der Reichsgründung** und den ersten Diskussionen im Reichstag **wurde in Deutschland damit zum ersten Mal das Apothekenwesen auf zentralstaatlicher Ebene geregelt!**

Das Apothekengesetz legt in seinem § 1 fest, daß den Apotheken die Sicherstellung einer ordnungsgemäßen Arzneimittelversorgung der Bevölkerung obliegt. Zu diesem Zweck wurde für den Betrieb einer Apotheke eine Erlaubnis vorgeschrieben (§ 1 II), die nur für den jeweiligen Apotheker und nur für die genau bezeichneten Räume gelten soll (§ 1 III):

> "Das Leitbild des Gesetzes, das im Zeichen des Schutzes der Volksgesundheit steht, ist eine öffentliche Apotheke, die einem unabhängigen und eigenverantwortlichen Apotheker gehört." (Hoffmann 1961:52)

Dabei spielte das örtliche Bedürfnis als Zulassungsbedingung keine Rolle mehr und die Erlaubnis zum Betrieb einer Apotheke war und ist nicht mehr übertragbar: jeder der die Voraussetzungen dafür aufweist (Bestallung als Apotheker, entsprechendes Alter, persönliche Zuverlässigkeit, ausreichende Räume), hat nach § 2 des Apothekengesetzes (ApoG) einen Anspruch auf Erteilung der Betriebserlaubnis. Zu den Anträgen auf Erteilung der Betriebserlaubnis ist auch die zuständige Standesorganisation hinsichtlich der persönlichen Zuverlässigkeit und

ausreichenden Berufserfahrung des Apothekers zu hören. (Hügel 1959:3) Mit dieser Einschränkung der Niederlassungsfreiheit wurde "eine Trennungslinie zwischen der Apotheke als Handels- und Gewerbebetrieb auf der einen Seite und der Betriebserlaubnis auf der anderen Seite gezogen." (Schiedmair/Pieck 1981:89) Die Erlaubnis ist nach § 6 ApoG erst nach einer Bescheinigung der zuständigen Behörde, wonach die Apotheke den gesetzlichen Anforderungen entspricht (sog. 'Abnahme') zu erteilen. In Nordrhein-Westfalen waren für diese Abnahme lange Zeit die Regierungspräsidenten zuständig, sei dem 1. Januar 1982 ist diese Prüfung Sache der Kreise und kreisfreien Städte (Ahrens 1985:BR III 1; FN 4)
Auch die schon aus den alten preußischen Apothekenvorschriften bekannte Regelung, wonach die Erben bei dem Tod des Erlaubnisinhabers die Apotheke für eine bestimmte Zeit verwalten lassen dürfen, findet sich im Apothekengesetz: § 13 setzt hierfür die Frist auf längstens ein Jahr fest. (vgl. Schlegel 1960:17) Nebentätigkeiten des Apothekers - etwa eine über den Rahmen seines Apothekenbetriebs hinausgehende Herstellung von Arzneimitteln - unterliegen gewissen (etwa räumlichen) Beschränkungen. (vgl. Cyran 1963:1033)

In seinem dritten Apothekenurteil vom 13. Februar 1964 bestätigte das Bundesverfassungsgericht diese Linie des Apothekengesetzes, indem es die Bestimmung, wonach ein Apotheker nur eine Betriebserlaubnis erhalten könne, für verfassungsmäßig erklärte und das Leitbild des "Apothekers in seiner Apotheke" (Dittrich 1964:1050) bekräftige. Dabei hatte das Gericht aber nicht nur die sichere Arzneimittelversorgung der Bevölkerung im Auge, auch die wirtschaftlichen Interessen der Apotheker wurden berücksichtigt und die Gefahr abgewendet,

> "...daß die Zulassung des Mehrbesitzes und Mehrbetriebs von Apotheken die Gefahr der Konzentration zahlreicher Apotheken in der Hand weniger 'Unternehmer' mit sich gebracht und dadurch den jungen, zu Selbständigkeit strebenden Apothekern praktisch die Chance genommen hätte, von ihrem Niederlassungsrecht Gebrauch machen zu können." (Dittrich 1964:1050)

Damit hatte das dritte Apothekenurteil "das gesundheitspolitische Konzept, das auf dem Apothekengesetz von 1960 beruht, bestätigt." (ders. 1964:1052)
Neben dem in diesem Kapitel schwerpunktmäßig abgehandelten Fragen des Apothekenbetriebsrechts ist im ApoG auch noch ein anderes, für diese Untersuchung wichtiges Sachgebiet abgehandelt worden: die Frage der Apothekenaufsicht durch staatliche Behörden, die in den §§ 18-20 ApoG in der ursprünglichen Version geregelt wurden, mittlerweile aber nicht mehr in Kraft sind.
§ 18 I ApoG legte fest: "Der Betrieb der Apotheken einschließlich der Kranken- haus- und Zweigapotheken untersteht der Aufsicht der zuständigen Behörde." (zit. nach Schlegel 1960:22) Zur Überwachung der Apotheken war diese Behörde be-

fugt, die Apotheken zu betreten, Proben zu entnehmen u.a. (§ 18 II); die Befolgung ihrer Anordnungen konnte aufgrund der jeweiligen landesrechtlichen Bestimmungen mit Zwangsmitteln durchgesetzt werden, die bis zur Apothekenschließung gingen (§ 18 III). Die Apotheker wurden zur Unterstützung der mit der Überwachung beauftragten Personen verpflichtet (§ 19), die ihrerseits auf strikte Wahrung des Berufsgeheimnisses verpflichtet waren (§ 20).
Wie die beauftragten Behörden bei der Überwachung der Apotheken vorzugehen hatten, richtete sich zunächst nach der schon besprochenen Dritten Durchführungsverordnung zum Gesetz über die Vereinheitlichung des Gesundheitswesens (GVG) vom 30. März 1935 (der Dienstordnung für die Gesundheitsämter) und den damals noch bestehenden landesrechtlichen Vorschriften, insbesondere den verschiedenen Apothekenbetriebsordnungen. (Hoffmann 1961:282) Damit war der Zuständigkeitsbereich der Apothekenaufsicht abschließend geklärt:

> "Es gehört nicht zum Zuständigkeitsbereich der Apothekenaufsicht, zu sorgen, daß Vorschriften anderer Art, etwa steuerrechtliche, zollrechtliche oder handelsrechtliche Vorschriften eingehalten werden... Neben der Apothekenaufsicht bestehen die Rechte der Straf-, Steuer- und Zollbehörden für ihren Bereich." (Hoffmann 1961:284)

Zum Vollzug des neuen Rechts wurde es für die Überwachungsbehörden auch notwendig, verstärkt Apotheker als **pharmazeutische Beamte** einzustellen; die Fachminister der einzelnen Bundesländer verständigten sich darauf, die neuen Fachbeamten auf der Ebene der staatlichen Mittelinstanz (Bezirksregierungen, Regierungspräsidien bzw. -präsidenten und Regierungen) einzusetzen. (Gloggengießer 1983:1869) Zur Ausführung der Besichtigungen nach dem ApoG (und dem Arzneimittel-gesetz von 1961; vgl. Kap. 11.2.1) veröffentlichte der nordrhein-westfälische Innenminister am 18. Januar 1966 einen Runderlaß, 'betr. amtliche Besichtigung von Apotheken' (abgedruckt bei Etmer u.a. 1985:13; näheres in Kap. 11.2)
Neben der schon beschriebenen Abnahmebesichtigung durch den Regierungspräsidenten nach § 6 ApoG und einer besonderen Besichtigung nach dem Arzneimittelgesetz waren alle Apotheken innerhalb von je vier Jahren grundsätzlich mindestens einmal vom Regierungspräsidenten zu besichtigen. Zu diesen Besichtigungen entsandte der Regierungspräsident den Pharmazie-Dezernenten und den zuständigen Amtsarzt, in besonderen Fällen auch den Medizinalhauptdezernenten bei der Regierung (Ziff. 2.1 des Runderlasses). Bei einer Verhinderung des Pharmazie-Dezernenten konnte auch einer der vom Innenminister benannten ehrenamtlichen **Pharmazeutischen Sachverständigen für das Apothekenwesen** an dessen Stelle an der Besichtigung teilnehmen (Ziff. 2.2). Ohne Ausnahmen (etwa bezüglich der Einwohnerzahl) waren diese Sachverständigen nicht zu Besich-

tigungen an ihrem Wohnort zugelassen! Die Besichtigung hatte während der Geschäftszeit stattzufinden und sich im wesentlichen auf die Nachprüfung der "amtlichen Unterlagen, Nachweise, wissenschaftlichen oder sonstigen Hilfsmittel, die nach der Apothekenbetriebsordnung in der Apotheke vorhanden sein müssen" zu beschränken; dabei waren insbesondere die Betäubungsmittel- und Giftbücher zu prüfen und Arzneimittelproben zu entnehmen (Ziff.3). Nach der Besichtigung war ein **Besichtigungsbescheid** zu erstellen und an Ort und Stelle zu unterschreiben. Beanstandungen mußten beseitigt und die Beseitigung dem Regierungspräsidenten angezeigt werden; eventuell anfallende Nachbesichtigungen wurden durch den zuständigen Amtsarzt gemacht. Dessen Teilnahme an den Besichtigungen hielt sich auch weiterhin in dem schon aufgezeigten Rahmen der Verordnung für die Gesundheitsämter vom März 1935 (Ziff. 6).
Die der Besichtigungsanweisung zugrunde liegenden Paragraphen des Apothekengesetzes wurden mit Wirkung zum 1.1.1975 (§ 20) bzw. 1.1.1978 (§§ 18 und 19) durch Art. 9 Nr.6 des **Gesetzes zur Neuordnung des Arzneimittelrechts** von 1976 (das auch das zweite Arzneimittelgesetz enthielt; vgl. Kap. 11.2.2) aufgehoben und durch die entsprechenden Vorschriften des Arzneimittelgesetzes ersetzt. (Schiedermair 1981:696)
§ 21 des Apothekengesetzes von 1960 enthielt eine Ermächtigung für den Bundesminister des Innern, durch Rechtsverordnung mit Zustimmung des Bundesrates eine Apothekenbetriebsordnung zu erlassen (vgl. Schlegel 1960:24); eine Ermächtigung, der der nunmehr dafür zuständige Bundesgesundheitsminister 1968 nachkam (vgl. Kap. 12.2.2). Durch ein Übergangsgesetz vom 29. Juli 1964 (abgedruckt bei Wilson/Blanke 1985 B/0) gingen auf dem Gebiet des Gesundheitswesens alle bestehenden Zuständigkeiten des Bundesinnenministers auf den Bundesgesundheitsminister über, so auch die noch bestehenden Zuständigkeiten im Rahmen des Apothekengesetzes und des Arzneimittelgesetzes von 1961 (§ 1 Nr. 15 bzw. 16).

In § 31 I des Apothekengesetzes wurden abschließend sämtliche noch bestehenden Apothekengesetze und -verordnungen der deutschen Länder aufgehoben. Für die hier besprochenen Länder Preußen und Nordrhein-Westfalen waren das:

- das nordrhein-westfälische Gesetz über die vorläufige Regelung der Betriebserlaubnis für Apotheken vom 4. Juni 1957;
- die kurfürstliche Medizinalordnung für die Herzogtümer Jülich und Berg vom 8. Juni 1773;
- die Verordnung des Generalgouverneurs für den Mittelrhein 'betr. Aufhebung der Niederlassungsfreiheit' vom 17. Mai 1814;

- die Verordnung des Generalgouverneurs für Nieder- und Mittelrhein 'betr. Einschränkung der Niederlassungsfreiheit' vom 25. November 1814;
- Das Allgemeine Landrecht für die Preußischen Staaten vom 1. Juni 1794, Teil II, Tit. 8, Abschnitt 6 und die §§ 456-462;
- die Revidierte Apotheker-Ordnung vom 11. Oktober 1801;
- die preußischen Kgl. Verordnung wegen Anlegung neuer Apotheken vom 24. Oktober 1811;
- die preußische Kabinettsorder 'betr. Präsentation des Geschäftsnachfolgers bei nichtprivilegierten Apotheken' vom 5. Oktober 1846;
- die preußische Circular-Verfügung 'betr. die Überlassung nicht privilegierter, bloß konzessionierter Apotheken an die von ausscheidenden Besitzern präsentierten, vorschriftsmäßig qualifizierten Nachfolger' vom 21. Oktober 1846;
- die preußische Kabinettsorder betr. die Präsentation von Geschäftsnachfolgern vom 30. Juni 1894;
- § 34 der preußischen Allgemeinen Gewerbeordnung vom 17. Januar 1845;
- und das preußische Edikt über die Einführung einer allgemeinen Gewerbesteuer vom 28. Oktober 1810, soweit es sich auf Apotheken bezog.

(vgl. Ahrens 1985 BR III 1:26f)

Dies war dann auch der formale Endpunkt einer langen Entwicklung gerade des preußischen Apothekenwesens. § 31 II ApoG legte fest, daß mit dem Inkrafttreten einer vom Bundesgesundheitsminister erlassenen Apothekenbetriebsordnung alle früheren landesrechtlichen Apothekenbetriebsordnungen ihre Geltung verlieren sollten.
Eine Änderung steht dem Apothekenbetriebsrecht aber durch die Einführung der **EG-weiten Niederlassungsfreiheit** ins Haus. Im September 1985 verabschiedete der EG-Ministerrat eine Richtlinie (die innerhalb von zwei Jahren in nationales Recht umzusetzen ist; vgl. Hügel 1986:236 ff), mit der nach 16 Jahre dauernden Verhandlungen (!) die gegenseitige Anerkennung der Diplome und die Niederlassungsfreiheit innerhalb der Gemeinschaft vereinbart worden ist. Fast scheint es so, als würden nun auf EG-Ebene die alten wirtschaftlichen Schutzrechte der Apotheker wieder 'ausgegraben': Auch nach der Vereinheitlichung dürfen Apotheker in anderen EG-Ländern nur Apotheken übernehmen, die schon seit mindestens drei Jahren bestehen, selbst aber keine neuen Apotheken gründen. (vgl. Süddeutsche Zeitung, 19.09.1985)

1980 wurde das Apothekengesetz durch das 'Gesetz zur Änderung des Gesetzes über das Apothekenwesen' vom 4. August (BGBl. I 1980:1142 ff) geändert; die Änderungen bezogen sich aber im wesentlichen nur auf die Einführung neuer Bestimmungen über Krankenhausapotheken; die hier behandelten Sachgebiete blieben durch das Änderungsgesetz unberührt. Solche Änderungen bewirkte aber eine Neufassung der Apothekenbetriebsordnung zum 1. Juli 1987 (vgl. Kap. 12.2.3).

11.2 Die Arzneimittelgesetze

11.2.1 Das Arzneimittelgesetz von 1961

Ähnlich unübersichtlich wie das Apothekenrecht bot sich bis in die sechziger Jahre hinein auch das Arzneimittelrecht der Bundesrepublik dar. Es gab kein einheitliches Arzneimittelgesetz des Bundes, die Vorschriften über die Herstellung und den Verkehr mit Arzneimitteln waren in einer Vielzahl von Gesetzen und Verordnungen niedergelegt. Die amtliche Begründung zum Arzneimittelgesetz von 1961 (abgedruckt bei Kloesel/Cyran 1962:32 ff) nennt dabei u.a. die Gewerbeordnung, die Apothekenbetriebsordnungen der Länder, einige Spezialgesetze und Spezialverordnungen (Opiumgesetz, Verordnung über Impfstoffe und Sera von 1929), verschiedene Polizeiverordnungen und das Strafgesetzbuch. Damit war zwar die Herstellung von Arzneimitteln, solange sie in Apotheken stattfand, relativ gut geregelt, für die industrielle Herstellung von Arzneimitteln gab es aber keine entsprechenden Vorschriften. (ebd.:33)
Schon bald nach der Gründung der Bundesrepublik waren Bestrebungen unternommen worden, diesem Mangel abzuhelfen und ein Bundes-Arzneimittelgesetz zu schaffen - nach Art. 74 Nr.19 besitzt der Bund das Gesetzgebungsrecht für den Verkehr mit Arzneimitteln. (vgl. Kloesel/Cyran 1962:34; Deutscher Bundestag 1978:1) 1958 bzw. 1959 wurden von der SPD-Bundestagsfraktion und der Bundesregierung je ein Entwurf für ein Arzneimittelgesetz eingebracht, die - bei Abweichungen in Einzelfragen - in die gleiche Richtung gingen und die Grundlage der Gesetzesberatungen wurden (vgl. Kloesel/Cyran 1962:37). Auf dieser Grundlage wurde am 16. Mai 1961 das Gesetz über den Verkehr mit Arzneimitteln (kurz AMG 61) beschlossen und ausgefertigt (BGBl. I 1961:533 ff).

Für die hier behandelte Frage der staatlichen Apothekenaufsicht sind die grundsätzlichen Inhalte der ersten Abschnitte des AMG 61 (Begriffsbestimmungen, Anforderungen an Arzneimittel und deren Herstellung) nicht so wichtig. Erwähnt sei aber der § 28 AMG 61, der den Arzneimittelbetrieb im Einzelhandel grundsätzlich den Apotheken vorbehielt (mit gewissen Ausnahmen für Ärzte und Tierärzte); für die Abgabe von Arzneimitteln auf Rezept verordnete das Gesetz sogar ein absolutes Apothekenmonopol (§ 28 III; vgl. auch Marcetus 1961:1145)

Für die Apothekenaufsicht wichtig ist der Abschnitt VII des AMG 61 ('Überwachung'; §§ 40-42). Die Tatsache, daß der Gesetzgeber statt von 'Aufsicht' von 'Überwachung' spricht, läßt Schiedermair (1981:696) folgern, daß damit die Distanzierung von Vorstellungen deutlich gemacht werden soll, "die sich historisch betrachtet mit der Staatsaufsicht verbinden und die vielleicht die letzten Spuren der polizeistaatlichen Epoche noch nicht abgestreift haben." Dem ist entgegenzuhalten, daß die Grundlage einer solchen Bewertung wohl eher in eventuellen tatsächlichen Veränderungen der materiellen Staatsaufsicht gesucht werden sollte, als in der Orientierung dienenden Gesetzesüberschriften.
§ 40 I AMG 61 legte fest, daß "Betriebe, in denen Arzneimittel zum Zwecke der Abgabe an andere gewonnen, hergestellt...feilgehalten oder abgegeben werden." insofern der Überwachung der "zuständigen Behörde" unterlagen (BGBl. I 1961: 541). Die Behörden hatten sich durch "in der Regel alle zwei Jahre vorzunehmende Besichtigungen" von der Einhaltung der Vorschriften des AMG 61 zu überzeugen und konnten dabei auch Proben entnehmen (§ 40 II). Für die Apotheken galten diese Überwachungsvorschriften nur für Arzneimittel, die nach § 20 AMG 61 in das sog. 'Spezialitätenregister' eingetragen werden sollten; die sonstigen Vorschriften über die Überwachung der Apotheken bleiben durch diese Vorschriften unberührt (§ 40 IV Nr.2) - die Überwachung der Apotheken nach § 40 AMG 61 bildet also einen auf bestimmte Fälle ausgerichteten Sonderfall, der **zusätzlich** zur schon geschilderten Überwachung nach dem Apothekengesetz eingeführt wurde (vgl. dazu Kloesel u.a. 1985:103f).

Zur Regelung der Betriebsbesichtigungen in Nordrhein-Westfalen erging am 18. Januar 1966 der schon erwähnte Runderlaß des Innenministers 'betr. die amtliche Besichtigung der Apotheken', der sich zwar im wesentlichen mit den Apothekenbesichtigungen nach dem Apothekengesetz beschäftigte, in Ziff. 1.2 aber auch die Überwachung nach dem AMG 61 regelte. Danach sollte jede von der Überwachung betroffene Apotheke vom Regierungspräsidenten alle zwei Jahre besichtigt werden. Für den Ablauf und die Teilnahme an den Besichtigungen galten die gleichen Vorschriften wie für die Besichtigungen nach dem ApoG.
Diese Vorschrift wurde ersetzt durch einen Runderlaß des Innenministers betreffend die 'Überwachung des Verkehrs mit Arzneimitteln' vom 21. März 1967 (abgedruckt bei Ahrens 1985 F2:3), der allgemein die Überwachung der betroffenen Betriebe einschließlich der Apotheken regelte. Die Besichtigungen waren auch hier noch vom Regierungspräsidenten - vertreten durch den Pharmazie-

dezernenten - durchzuführen. Ziff. 7.1 der Erlasses stellte klar, daß die Verordnung keinen Einfluß auf die Überwachung der Apotheken nach § 18 ApoG hatte; hierbei war weiterhin nach dem Runderlaß vom Januar 1966 zu verfahren.

11.2.2 Das Arzneimittelgesetz von 1976

Schon etwas mehr als ein Jahrzehnt nach der Inkraftsetzung des Arzneimittelgesetzes von 1961 begannen die Vorarbeiten zu einer Neufassung des Arzneimittelrechts des Bundes. Die Gründe dafür, daß das erste Gesetz von 1961 überarbeitungsbedürftig war, lagen nicht in dem hier zu besprechenden Bereich der Apotheken, sondern im Feld der industriellen Herstellung von Arzneimitteln. Insbesondere die Vorsorge- und Schutzbestimmungen bei Arzneimitteln waren nicht mehr ausreichend, zumal auch im **internationalen Rahmen** strengere Bestimmungen Gültigkeit bekamen. (vgl. Feiden 1978:8f) Deshalb stand im Vordergrund der Neuordnung des Arzneimittelrechts auch "die Erhöhung der Arzneimittelsicherheit durch Verbesserung der gesetzlichen Möglichkeiten zur präventiven Kontrolle des Arzneimittelverkehrs." (ebd.:14)
Ein Referentenentwurf des Gesundheitsministeriums für ein neues Arzneimittelgesetz wurde im Dezember 1973 vorgelegt. Nach der Verabschiedung durch das Kabinett durchlief der Entwurf das parlamentarische Gesetzgebungsverfahren, bis er - nach einigen Sachdebatten - im Juni 1976 von Bundestag und Bundasrat einstimmig beschlossen und am 24. August **1976** als **Gesetz zur Neuordnung des Arzneimittelrechts** ausgefertigt wurde (BGBl. I 1976:2445 ff).
Mit dem Neuordnungsgesetz wurde eine "totale Revision des damals geltenden Arzneimittelrechts" (Deutscher Bundestag 1978:1) durchgeführt. Das Gesetz besteht aus zehn Artikeln, deren erster das ‘Gesetz über den Verkehr mit Arzneimitteln’ (kurz **AMG**) ist. Die ersten Abschnitte des Gesetzes (Begriffsbestimmungen, Anforderungen an Arzneimittel, Herstellung derselben etc.) können hier unberücksichtigt bleiben, da sie mit der Apothekenüberwachung nur indirekt zu tun haben. Wichtig für die Apotheken ist im AMG der Abschnitt XI (§§ 64-69), der die Überwachung regelt, und der § 82 mit der Ermächtigung zum Erlaß einer Verwaltungsvorschrift zur Durchführung des Gesetzes.
§ 64 I AMG legt fest, daß "Betriebe und Einrichtungen, in denen Arzneimittel hergestellt, geprüft, gelagert, verpackt oder in den Verkehr gebracht werden" der Überwachung der zuständigen Behörden unterliegen. Die mit der Überwachung der Betriebe beauftragten Personen müssen hauptamtlich tätig sein. Bei normalen Apotheken, die keine Arzneimittelherstellung nach § 13 AMG betreiben, können auch von der zuständigen Behörde Sachverständige mit der Überwachung beauftragt werden (§ 64 II) - damit wurde die geübte Praxis nach dem Apothekengesetz

weiterhin ermöglicht, die **Überwachung der Apotheken zumindest teilweise durch ehrenamtliche Pharmazieräte wahrnehmen zu lassen** (Sander/Köbner 1985, § 64 AMG:5): Die beaufsichtigende Behörde "hat in der Regel alle zwei Jahre Besichtigungen vorzunehmen und Arzneimittelproben amtlich untersuchen zu lassen" (§ 64 III). Die mit der Überwachung beauftragten Personen sind dabei befugt, im gegebenen Fall auch **vorläufige Anordnungen** zu treffen, die bis zur Schließung des Betriebes gehen können, wenn "es zur Verhütung dringender Gefahren für die öffentliche Sicherheit und Ordnung geboten ist" (§ 64 IV). Die Modalitäten der Probeentnahme werden in § 65 geregelt: Bis dahin **konnten** Proben zur späteren Untersuchung entnommen werden, nun **müssen** sie entnommen werden; Untersuchungen an Ort und Stelle spielen deshalb kaum eine Rolle mehr (Oeser 1978:147). § 66 legt den Betroffenen eine Duldungs- und Mitwirkungspflicht bei der Überwachung auf.
Die Überwachung nach den §§ 64 bis 69 AMG ist als Ausführung eines Bundesgesetzes nach dem Grundsatz der Länderexekutive (Art. 83 GG) **Ländersache**. Welche Behörden für die Durchführung der Überwachung zuständig sind, bestimmt das Landrecht, "was teils durch Rechtsverordnung, teils durch Verwaltungsvorschriften oder Runderlasse geschehen ist" (Ahrens 1985:89a1). In der Regel ist für die Durchführung der Überwachung in den Ländern die **mittlere Verwaltungsebene** zuständig, in Nordrhein-Westfalen ist mit der Überwachung des Einzelhandels mit Arzneimitteln nach dem neuesten Stand aber die Kommunalebene (Kreise und kreisfreie Städte) beauftragt. (Ahrens 1985:89) Die für den Vollzug des AMG zuständigen Behörden, Stellen und Sachverständigen sind vom Bundesgesundheitsminister bekanntgemacht worden (näheres dazu in Kap. 13.2) Diese Behörden sind bei der Apothekenüberwachung an das AMG gebunden. Darüber hinausgehende, etwa durch einen Rückgriff auf das allgemeine, landesgesetzliche Polizeirecht legitimierte Maßnahmen sind - so auch das Bundesverfassungsgericht - nicht zulässig. (Schiedermair/Pieck 1981:448) Durch diese Einschränkung werden natürlich weder die Befugnisse der Strafverfolgungsbehörden, noch der die Finanz- und Zollbehörden beein-trächtigt; die Gewerbeämter hingegen können keine Aufsichtsfunktionen über die Apotheken übernehmen.

§ 82 AMG ermöglicht dem Bundesgesundheitsminister mit Zustimmung des Bundesrates "die zur Durchführung des Gesetzes erforderlichen allgemeinen Verwaltungsvorschriften" zu erlassen. Der Bundesminister für Jugend, Familie und Gesundheit kam dieser Aufforderung nach und erließ am 25. August 1983 eine 'Allgemeine Verwaltungsvorschrift zur Durchführung des Arznei-mittelgesetzes (AMGVwV)' (abgedruckt bei Ahrens 1985:BR IV 0.2), die am **1. Januar 1984** in Kraft getreten ist. Sie soll durch das Aufstellen einheitlicher Grundsätze "die

Durchführung des Arzneimittelgesetzes wirkungsvoller...gestalten." (§ 1 I) und regelt - die Apotheken betreffend - im wesentlichen das Vorgehen bei der Besichtigung und der Probeentnahme.
Besichtigungen nach § 64 AMG sollen in der Regel alle zwei Jahre vorgenommen werden (§ 3 II der Vorschrift); sie sollen während der Geschäftszeit und in der Regel unangemeldet stattfinden (§ 3 III) und mit einer Niederschrift des Besichtigungsergebnisses abschließen: "Soweit wesentliche Beanstandungen vorliegen, ist ein schriftlicher Bescheid zu erteilen mit der Aufforderung, die Beanstandungen innerhalb einer festzusetzenden Frist abzustellen." (§ 3 IV). Für die mit der Überwachung beauftragten Personen wird die "erforderliche Sachkenntnis" gefordert und definiert: "Die erforderliche Sachkenntnis wird durch die Approbation als Apotheker erbracht." (§ 7) Auch die - mit der Durchführung des Gesetzes beauftragten - Bundesländer können zur Ausführung des AMG in ihrem Bereich Verwaltungsvorschriften erlassen; diese finden Anwendung, sofern sie nicht den gesetzlichen Vorschriften (AMG) und der Verwaltungsvorschrift des BMJFG widersprechen (Cyran u.a.1985:112). Durch einen von der Bundesregierung dem Bundesrat im Dezember 1985 zugeleiteten Entwurf eines 'Zweiten Gesetzes zur Änderung des Arzneimittelgesetzes' soll die Arzneimittelsicherheit verbessert werden; u.a. sollen die GLP-Regeln (Good-Laboratory Practices) im Arzneimittelrecht verankert werden (vgl. Hügel 1986: 103 ff).
Um die Einheitlichkeit der Apothekenüberwachung sicherzustellen, wurden in Art. 9 Nr.6 des Gesetzes zur Neuordnung des Gesundheitswesens die von der Apothekenaufsicht handelnden §§ 18, 19 und 25 I Nr.3 des Apothekengesetzes von 1960 außer Kraft gesetzt. **Seit diesem Tag gründet sich die staatliche Apothekenaufsicht ausschließlich auf die Vorschriften der §§ 64 bis 69 AMG.** Das hatte auch zur Folge, daß die neben der Apothekenüberwachung durch die Gesundheitsämter durchgeführten Apothekenmusterungen (hinsichtlich der Ordnung und Sauberkeit in den Apotheken) ab dem 31.12.1977 nicht mehr durchgeführt werden konnten, weil solche Musterungen dem Ausschließlichkeitsanspruch der Apothekenaufsicht nach den §§ 64 ff AMG widersprochen hätten (Schiedermair/Pieck 1981:453). Der nordrhein-westfälische Sozialminister hat die mit dieser Apothekenüberwachung befaßten Vorschriften der Verordnung von 1935 durch einen Erlaß vom 4. Januar 1979 noch einmal ausdrücklich für gegenstandslos erklärt (Pfeil u.a. 1980:340). **202 Jahre**, nachdem in der schon genannten 'Instruction für die Land-, Kreis- und Stadtphysiker in den Königlich Preußischen Landen' den Physikern empfohlen wurde, auf die Apotheken ihres Bezirks 'ein wachsames Auge' zu haben, **ging dieser Teil der staatlichen Apothekenüberwachung**, der lange Zeit das 'zweite Bein' der Apothekenaufsicht gewesen war, **am 1. Januar 1978 zu Ende.**

12. Die Aufsichtsgebiete nach dem Bundesrecht

Wie in der Einleitung dieser Untersuchung angekündigt, sollen die zentralen Aufsichtsgebiete anhand derer das Apothekenwesen in Preußen analysiert wurde, auch in ihrer Entwicklung in der bundesdeutschen und nordrhein-westfälischen Apothekenaufsicht dargestellt werden.
Für das Gebiet 'Privilegien und Konzessionen' ist das schon in Kap. 11.1 geschehen, als die Entstehung des Bundesgesetzes über das Apothekenwesen geschildert wurde. In diesem Kapitel sollen nun auch noch die anderen, dieser Untersuchung zugrundeliegenden Aufsichtsgebiete (Ausbildung und Berufszulassung, Vorschriften über die Arzneimittelabgabe und den Apothekenbetrieb; vgl. Kap. 9) beleuchtet werden.

12.1 Ausbildungs- und Berufszulassungsbestimmungen

12.1.1 Das Weitergelten bisheriger Vorschriften

Zu den Bestandteilen des Apothekenrechts, die aus dem Bestand des Deutschen Reiches nahezu unverändert in den Rechtsbestand der Bundesrepublik übernommen wurden, gehörte das Ausbildungs- und Berufszulassungsrecht, das im wesentlichen auf der Prüfungsordnung für Apotheker von 1934 und der Bestallungsordnung von 1937 beruhte (vgl. Kap. 9.1.4 bzw. 7.3.2). Der Ausbildungsgang für Apotheker gliederte sich demnach in den ersten Jahren der Bundesrepublik in:

- das Abitur und ausreichende Lateinkenntnisse (als Voraussetzung);
- ein Apothekenpraktikum von zweijähriger Dauer;
- ein sechssemestriges Studium an einer Universität;
- die einjährige Kandidatenzeit vor dem Erhalt der Bestallung als Apotheker.

(vgl. Urdang/Dieckmann 1954:70f)

Schon 1952 wurde aber von den Apothekenverbänden vorgeschlagen, die Kandidatenzeit auf eineinhalb Jahre zu verkürzen und dafür das Hochschulstudium auf acht Semester zu verlängern (Hornung 1955:72). Es gab sogar schon damals weitergehende Bestrebungen, "das Praktikum und Vorexamen ganz fallen zu lassen und unmittelbar nach dem Abitur mit der Hochschule zu beginnen" und gleichzeitig "Mitarbeiter zweiter Klasse" in den Apotheken (aber mit einem höheren Status als die bisher beschäftigten 'Apothekenhelferinnen') zu schaffen (ders. 1955:73).

In der **DDR** wurde dieser Weg schon **1951** beschritten, als dort das vierjährige Universitätsstudium eingeführt und die Apothekenpraktika auf das Semesterferien verlegt wurden; gleichzeitig wurde ein "mittleres pharmazeutisches Personal" in den Apotheken geschaffen. (Urdang/Dieckmann 1954:71)

12.1.2 Die Bundes-Apothekerordnung von 1968 und die Approbationsordnung für Apotheker von 1971

Eine besondere Zulassungsbeschränkung für die höheren Heilberufe hat in Deutschland eine lange Tradition. Sie fand zuerst ihre rechtliche Grundlage im § 29 der Reichsgewerbeordnung. An die Stelle dieser Bestimmung trat 1937 die Bestallungsordnung, die mit wenigen Änderungen bis zum 30. September 1968 in Kraft geblieben ist. (Schiedermair/Pieck 1981:200) Die Zulassung zum ärztlichen und zu anderen Heilberufen ist nach Art. 74 Nr.19 GG Sache des Bundes (konkurrierende Gesetzgebung). Nach einer Entscheidung des Bundes-verfassungsgerichts vom 21. Oktober 1954 war diese Zuständigkeit sehr eng auf den Begriff der 'Zulassung' zu beschränken, später erkannte das Verfassungsgericht auch weitergehende Bundeskompetenzen auf diesem Gebiet an (vgl. Bernhardt 1967:2)
Seit **1968** gilt die **Bundes-Apothekerordnung** und auf deren Grundlage seit **1971** die **Approbationsordnung für Apotheker** vom 23. August 1971. Die Apothekerordnung vom 5. Juni 1968 (BGBl. I 1968:601 ff) regelt die Grundlagen des Approbationsverfahrens für Apotheker. Sie legitimiert die Notwendigkeit dieser besonderen Berufszulassung mit der Aufgabe des Apothekerberufs, "die Bevölkerung ordnungsgemäß mit Arzneimitteln zu versorgen" (§ 1). Diese Approbation ist auf Antrag zu erteilen. Ihre Erteilung gründet sich neben persönlichen Voraussetzungen des Antragsstellers (deutsche Staatsangehörigkeit, Unbescholtenheit, körperliche und geistige Gesundheit) auf eine vorgeschriebene Ausbildungszeit von viereinhalb Jahren, von denen zwölf Monate auf die praktische Ausbildung entfallen müssen" und eine bestandene pharmazeutische Prüfung. (BGBl. I 1968:601) Damit wurde auch die erst 1937 eingeführte Bezeichnung 'Bestallung' wieder fallengelassen und zur traditionellen 'Approbation' zurückgekehrt; die Bundes-Apothekerordnung änderte auch das Arzneimittelgesetz von 1961 in diesem Sinn (§ 16).
Bis zur Einführung der Bundesapothekerordnung hatte immer noch die Bestallungsordnung von 1937 (RGBl. I 1937:1118f) Gültigkeit, sie war 1951 lediglich dahingehend geändert worden, daß - unter Beibehaltung der sonstigen Bestimmungen der Prüfungsordnung von 1934 - für die Apothekerkandidaten nach bestandener pharmazeutischer Prüfung eine einjährige praktische Tätigkeit verordnet wurde (BGBl. I 1951:1007). Mit der Bundesapothekerordnung wurden

neben der Bestallungsordnung von 1937 (bis auf einen Teilparagraphen, der das Muster der zu erteilenden Approbation enthielt) auch Teile der Reichsapothekerordnung vom 18. April 1937 aufgehoben (§ 19) - die im übrigen auch später eingeschränkt und in Teilen gestrichen wurde, letztlich **aber nie ganz aufgehoben** wurde, wenngleich sie heute (1983) nur noch in dem § 4 I existiert, der die Apotheker zur gewissenhaften Berufsausübung aufruft (vgl. Kommissionsbericht 1983:51).
§ 5 der Apothekerordnung wies den Bundesgesundheitsminister an, durch eine Rechtsverordnung mit Zustimmung des Bundesrates "in einer Approbationsordnung für Apotheker die Mindestanforderungen an das Studium der Pharmazie und die praktische Ausbildung..." zu regeln (BGBl. I 1968:602). Diese Verordnung erschien als 'Approbationsordnung für Apotheker' vom 23. August 1971 (BGBl. I 1971: 1377 ff). In ihrem § 1 I legte sie die nunmehr geltenden Bestandteile der pharmazeutischen Ausbildung fest:

- ein mindestens **dreieinhalbjähriges Studium** der Pharmazie an eine wissenschaftlichen Hochschule;
- eine **praktische Ausbildung** von zwölf Monaten;
- die in drei Prüfungsabschnitten abzulegende **pharmazeutische Prüfung**.

Wesentlichste Änderungen gegenüber der vorherigen Ausbildung waren also:

- der **sofortige Beginn der Ausbildung mit dem Hochschulstudium**;
- die **Verkürzung der praktischen Ausbildung**; wobei auf der anderen Seite der Stellenwert des wissenschaftlichen Praktikums innerhalb des Studiums erhöht wurde;
- die **Abschaffung der pharmazeutischen Vorprüfung**.

(vgl. Ahrens 1985 BR 12:3; Anm. 1-4)

Die in der Approbationsordnung vorgesehenen Prüfungen sind nach § 4 "vor der nach Landesrecht zuständigen Stelle (Landesprüfungsamt)" abzulegen; in Nordrhein-Westfalen ist das nach einer Zuständigkeitsverordnung vom Januar 1980 (vgl. Kap. 13.2.4) das **Landesprüfungsamt beim Ministerium für Arbeit, Gesundheit und Soziales** in Düsseldorf. (vgl. auch Ahrens 1985 BR I 2:6) Während der davor liegenden zwölfmonatigen praktischen Ausbildung werden die Apothekeranwärter nach einem Beschluß der 'Arbeitsgemeinschaft der Leitenden Medizinalbeamten der Länder - Ausschuß für Arzneimittel, Apotheken- und Giftwesen' als 'Pharmaziepraktikanten' bezeichnet. (ebd.:4)
Abgesehen von den Prüfungsangelegenheiten ist - nach einem Runderlaß des nordrhein-westfälischen Sozialministers vom 7. Mai 1980 wegen 'Durchführung

der Bundes-Apothekerordnung' (abgedruckt bei Ahrens 1985 C 6) - für den Antrag auf Erteilung der Approbation der Regierungspräsident zuständig und entscheidungsberechtigt, in dessen Bezirk der Apothekerberuf künftig ausgeübt werden soll.
Am Ende der Approbationsordnung von 1971 wurde folgerichtig auch die Prüfungsordnung für Apotheker von 1934 aufgehoben, die - abgesehen von der erwähnten kleinen Ergänzung 1951 über 35 Jahre fast unverändert in Geltung gewesen war. Die schon in Preußen und dem Deutschen Reich zu beobachtende Regelung, wonach die Prüfungsordnungen für Apotheker im allgemeinen etwa drei Jahrzehnte gültig waren, wurde damit auch hier bestätigt. Gleichzeitig mit der alten Prüfungsordnung wurde auch der letzte noch gültige Paragraph (§ I) der Bestallungsordnung von 1937, der das Muster der zu erteilenden Approbation enthalten hatte, gestrichen, womit auch diese Ordnung völlig aufgehoben war (§ 26 der Approbationsordnung von 1971).

12.1.3 Sonstige pharmazeutische Berufe

Die Beschreibung der Ausbildungs- und Berufszulassungsregelungen im Bund und in Nordrhein-Westfalen in diesem Kapitel bezieht sich ausdrücklich auf die Regelungen, die die Ausbildung zum 'vollwertigen' Apotheker betreffen. Der Vollständigkeit halber sollen aber kurz die **unterstützenden Berufe** in den Apotheken erwähnt werden.
Durch einen Runderlaß des Reichsinnenministers wurde 1940 zum ersten Mal die Beschäftigung von 'Apothekenhelferinnen' in Apotheken geregelt (auch heute noch wird dieser Beruf "fast ausschließlich von Personen weiblichen Geschlechts" (Pfeil/Pieck 1970:58) ausgeübt. Der Beruf ist immer noch dadurch gekennzeichnet, daß er sich auf Handreichungen und einfache mechanische Arbeiten in den Apotheken beschränkt (vgl. die Beschreibung ebd.:58f). 1972 wurde die Ausbildung zum 'Apothekenhelfer' durch die 'Verordnung über die Berufsausbildung zum Apothekenhelfer' vom 28. November (abgedruckt bei Etmer u.a. 1985: 185/3 ff) staatlich anerkannt. Die zweijährige Ausbildung soll nach § 3 der Verordnung Kenntnisse vermitteln, die für "unterstützende Tätigkeiten für das pharmazeutische Personal im Rahmen der Apothekenbetriebsordnung" qualifizieren. **Die Apothekenhelfer gehören also nicht zum pharmazeutischen Personal in der Apotheke**; dieses umfaßt nach § 2 II der Apothekenbetriebsordnung von 1968 (vgl. Kap. 12.2.2) nur **Apotheker, Pharmazeutisch-technische Assistenten** bzw. die sich in Ausbildung zu diesen Berufen befindenden Personen und **Apothekerassistenten**. Die Aufgaben dieses nichtpharmazeutischen Personals wurden allerdings bei der Neufassung der Apothekenbetriebsordnung 1987 erstmalig mit in

die Verordnung aufgenommen. Die Prüfung der Apothekenhelfer/innen ist im übrigen in Nordrhein-Westfalen Sache der beiden Apothekerkammern. Schon 1962 hatte die Bundesapothekerkammer das Muster einer Ausbildungs- und Prüfungsordnung für Apothekenhelfer erlassen, das von den meisten Landesapothekerkammern Nordrhein (September 1974) und Westfalen-Lippe (September 1973) jeweils eigene Prüfungsordnungen für die Abschlußprüfung der Apothekenhelfer erlassen, die mit der Genehmigung durch den Minister für Arbeit, Gesundheit und Soziales in Kraft gesetzt worden sind. (vgl. Ahrens 1985 C 11 bzw. C 12) Grundlegende Rechtsnorm ist bei dieser Ausbildungsform auch immer das Berufsbildungsgesetz; die für die Überwachung der Ausbildung zuständigen Stellen müssen auf seine Einhaltung achten. (Feiden 1878a:1f;60)

Neben den Apothekenhelfern gibt es als Bestandteil des pharmazeutischen Personals - den Beruf des **Pharmazeutisch-technischen Assistenten**. Die Berufsausbildung hierzu richtet sich nach dem 'Gesetz über den Beruf des pharmazeutisch-technischen Assistenten' von 1968 (PTAG); sie besteht aus einem zweijährigen Lehrgang an einer staatlich anerkannten Lehranstalt und einer daran anschließenden halbhährigen praktischen Tätigkeit in einer Apotheke (vgl. Cyran u.a. 1985:38f) Auch die Ausbildung der PTAs wurde "selbstverständlich" der bewahrten fachlichen Obhut der pharmazeutischen Beamten bei den Regierungspräsidien (oder ähnlichen Mittelbehörden) anvertraut, die so lange für die Vorprüfung der Apotheker verantwortlich gewesen waren. (Gloggengießer 1983: 1872) Zusammen mit der Reform der Apothekerausbildung und der Ausbildungsordnung für Apothekenhelfer bildet das PTAG das "Reformpaket Pharmazeutische Berufe" (Feiden 1878a:1).

Ein Überbleibsel aus den Ausbildungsbestimmungen vor dem Inkrafttreten der Approbationsordnung von 1971 sind die 'Apothekerassistenten', also Apothekeranwärter, die einen Teil der pharmazeutischen Prüfungen abgeschlossen haben und danach unter der Aufsicht eines Apothekers selbständig in einer Apotheke arbeiten durften. Da es nach der neuen Approbationsordnung keine pharmazeutische Vorprüfung und infolgedessen auch kein solches Zwischenstadium in der Berufsausbildung zum Apotheker mehr gibt, verlor der Beruf des Apothekerassistenten nach dem 31. Oktober 1974 seinen Zugang (Cyran u.a. 1985:38); die Berechtigung zur Berufsausübung bleibt aber weiterhin bestehen.

12.2 Vorschriften über die Arzneimittelabgabe und den Apothekenbetrieb

12.2.1 Arzneibuch und Arzneitaxe

Wie schon bei der Beschreibung der preußischen Apothekenaufsicht angeführt (vgl. Kap. 9.3.1) wurde die VI. Ausgabe des Deutschen Arzneibuches 1926 erlassen. Es behielt über das Ende des Deutschen Reiches hinaus Geltung und stellt bis in die sechziger Jahre hinein eine der letzten gesamtdeutschen Gemeinsamkeiten im Apothekenrecht dar, bis 1967 in der DDR ein eigenes Arzneibuch eingeführt wurde (vgl. Hickel 1973:15, Anm.36).

1968 erhielt auch die Bundesrepublik ein neues Arzneibuch: durch die 'Verordnung über das Deutsche Arzneibuch (DAB 7)' vom 1. August 1968 (BGBl. I 1968: 913) wurde mit Wirkung zum 1. Januar 1969 eine VII. Ausgabe des Deutschen Arzneibuches für den Bereich der Bundesrepublik und Berlins erlassen. Mit dem Inkrafttreten wurde das Arzneibuch für alle Apotheken verbindlich; die VI. Ausgabe trat zwar zu diesem Zeitpunkt als Rechtsverordnung außer Kraft, behielt jedoch weiterhin als "allgemein anerkannte Regel der pharmazeutischen Wissenschaft" ihre Bestimmung. (Pfeil/Pieck 1970:103)

Nach § 3 der Einführungsverordnung von 1968 handelte jeder ordnungswidrig, der Arzneimittel in den Verkehr brachte, die nicht den im Deutschen Arzneibuch vorgeschriebenen Anforderungen an "Identität, Gehalt, Reinheit oder Kennzahlen" entsprachen. § 55 I des Arzneimittelgesetzes wiederholt noch einmal diese Bedeutung des Arzneibuches, als eine "Sammlung anerkannter pharmazeutischer Regeln über die Qualität, Prüfung, Lagerung, Abgabe und Bezeichnung von Arzneimitteln", das auch Anforderungen an die Beschaffenheit von Behältnissen und Umhüllungen enthielt (zit. nach Pfeil u.a. 1980:153). Diese Definition macht-zusammen mit der vorher zitierten Bestimmung - klar, "daß der Gesetzgeber das Arzneibuch als wichtiges Hilfsmittel zur Qualitätssicherung von Arzneimitteln betrachtet" (Pfeil u.a. 1980:153). Weswegen auch § 4 der Apothekenbetriebsordnung von 1968 (vgl. Kap. 8.2.2) verordnete, daß in jeder Apotheke stets eine amtliche Ausgabe des Arzneibuches in der jeweils geltenden Fassung vorhanden sein müsse. So auch Pfeil/Pieck (1970:121): "Arzneimittel sind grundsätzlich nach den Vorschriften des Deutschen Arzneibuches in seine jeweiligen Ausgabe herzustellen."

Auch aus diesen Gründen wurde das Arzneibuch mehrmals aktualisiert. So wurden in den Jahren 1974-76 mehrere Änderungen und Nachträge zum DAB 7 erlassen und schließlich durch die 'Verordnung über das Arzneibuch' vom 25. Juli 1978 (abgedruckt bei Ahrens 1985 BR IV 2.0) das deutsche Arzneibuch in der VIII. Ausgabe (**DAB 8**) erlassen (§ 2). Gleichzeitig wurde deutlich, daß der Arzneimittelverkehr den nationalen Rahmen und die Anforderungen, die nationale Gesetze noch befriedigen können, schon gesprengt hat: das **Europäische Arzneibuch** wurde in der deutschen Fassung in drei Bänden in Geltung gebracht (§ 1).

Schon das Arzneimittelgesetz von 1961 hatte den Bundesgesundheitsminister in § 5 V ermächtigt, eine amtliches Europäisches Arzneibuch als Rechtsverordnung zu erlassen (vgl. Pfeil u.a. 1980:153). In einem Übereinkommen vom 22. Juli 1964 über die Ausarbeitung eines Europäischen Arzneibuches hatten sich die vertragschließenden Staaten verpflichtet, schrittweise eine Arzneibuch auszuarbeiten, das für die beteiligten Staaten gemeinsam gelten und den Namen 'Europäisches Arzneibuch' tragen sollte. (Ahrens 1985 BR IV 2.0 Anm.2) Diese Buch wurde 1974 in einem I. Band durch Verordnung in der Bundesrepublik eingeführt; 1975 folgte der II. Band (Pfeil u.a. 1980:154). Durch die schon erwähnte Verordnung zur Einführung des DAB 8 wurde dann 1978 das europäische Arzneibuch in der vollständigen Fassung in drei Bänden in Geltung gebracht. Arzneimittel, die den Anforderungen des neuen II. Bandes des Europäischen Arzneibuches nicht entsprachen, durften ab 1. Januar 1981 nicht mehr in den Verkehr gebracht werden (§ 6 der Verordnung).

Bereits in Kap. 9.3.1 wurde aufgezeigt, daß 1934 zum ersten Mal ein Homoöpathisches Arzneibuch erschienen war. Nach einer zweiten Auflage galt seit 1958 in der Bundesrepublik die dritte Auflage diese Werks, das ebenfalls in allen Apotheken in mindestens einem Exemplar vorhanden sein mußte. (Pfeil/Pleck 1970:103). Mit der Einführungsverordnung zum DAB 8 wurde 1978 ebenfalls eine neues Homoöpathisches Arzneibuch in der ersten Ausgabe (HAB 1) eingeführt; es war das erste Mal, daß eine Homoöpathisches Arzneibuch als förmliche Rechtsverordnung erlassen wurde. (Ahrens 1985 BR IV 2.0, Anm. 4) Nach mehreren Änderungen veröffentlichte der Bundesgesundheitsminister am 25. Oktober 1985 eine Neufassung des Homöopathischen Arzneibuches der 1. Ausgabe, die seit dem 1. Januar 1986 gilt.

Danach bestand das Arzneibuch deshalb aus:

- der **8. Ausgabe des Deutschen Arzneibuches von 1978** mit zwei Nachträgen;
- dem **Honoöpathischen Arzneibuch in der 1. Ausgabe** von 1978 ebenfalls mit vier Nachträgen in der **Neufassung** von **1985**;
- den **drei Bänden des Europäischen Arzneibuches** mit zwei Nachträgen von 1980 und 1983.

(vgl. Hügel/Spegg 1983:174f; Hügel 1986:145f)

Zum 1. Juli 1987 wurde das **Deutsche Arzneibuch in der 9. Ausgabe (DAB 9)** in Kraft gesetzt; es gilt weiterhin mit dem darin integrierten Europäischen Arzneibuch und dem Europäischen Arzneibuch (Schorn 1987:11,32).

Auch die letzte Arzneitaxe des Deutschen Reiches (**DAT**) behielt in der Bundesrepublik Gültigkeit. Sie war 1936 durch eine Bekanntmachung des Reichs- und Preußischen Ministers des Innern in Kraft gesetzt worden und wurde für die Bundesrepublik mehrmals geändert, so 1952 und 1965 (vgl. Federhen 1967:187). Zum letzten in Erfahrung zu bringenden Zeitpunkt (1980) war diese Taxe - geändert zuletzt 1977 - immer noch gültig (vgl. Pfeil u.a. 1980:147). Zuständig für die Festlegung der Arzneitaxe ist das Bundesministerium für Wirtschaft in Zusammenarbeit mit dem Bundesministerium für Arbeit und Sozialordnung. (Berger 1974:36) Es war vorgesehen, die Arzneitaxe durch eine Verordnung des Bundeswirtschaftsministeriums über die 'Preissspannen bei Fertigarzneimitteln' zu ersetzen; an der Einheitlichkeit der Verbraucherendpreise für Arzneimittel wird aber auch dabei festgehalten werden (Müller/Vogelsang 1979:303; zur Rolle der Arzneitaxe vgl. auch Kap. 14.2.2). Auch bei den aktuellen Bemühungen um eine Kostensenkung im Gesundheitswesen soll hier angesetzt werden: Geplant ist eine Ersetzung der degressiv gestalteten Preisspanne zu den Apothekereinkaufspreisen durch **einen einheitlichen Zuschlag** (vgl. Süddeutsche Zeitung, 21.11.1987, S.34).

12.2.2 Die Apothekenbetriebsordnung von 1968

In Nordrhein-Westfalen galt bis Ende der sechziger Jahre - wie in allen ehemaligen preußischen Gebieten, sofern sie sich nicht eine eigene Apothekenbetriebsordnung gegeben hatten, wie z.B. Rheinland-Pfalz 1959 - die preußische Apothekenbetriebsordnung von 1902. Die Ordnung entsprach allerdings nur noch in den Grundzügen ihrer ersten Fassung; allein zwischen 1902 und 1939 wurde sie insgesamt neunzehnmal geändert oder ergänzt. (Pfeil/Pieck 1970:36) Auch der nordrhein-westfälische Sozialminister änderte die Ordnung - die ja nur den Charakter einer Verordnung und nicht den eines Gesetzes hatte (vgl. Kap. 6.6) - mehrmals durch einfachen Runderlaß (als Beispiel M.Bl. NW. 1951:914).
Wie schon in Kap. 11.1.4 ausgeführt, gab § 21 des Apothekengesetzes von 1960 dem Bundesminister des Innern das Recht, durch eine Rechtsverordnung mit Zustimmung des Bundesrates eine Apothekenbetriebsordnung zu erlassen. Durch das Bundesministergesetz von 1964 war diese Ermächtigung dann auf den **Bundesminister für Jugend, Familie und Gesundheit** übergegangen. (vgl. Pfeil u.a. 1980:42)

Auf dieser Grundlage erarbeitete der Ausschuß für 'Arzneimittel- und Apothekenwesen' im Rahmen der **'Arbeitsgemeinschaft der Leitenden Medizinalbeamten der Länder'** einen einheitlichen Vorschlag für eine Apothekenbetriebsordnung des Bundes (Pfeil/Pieck 1970:37). Beeinflußt wurde die spätere gesetzliche Lösung natürlich auch durch die schon in den fünfziger Jahren erarbeiteten neuen Apothekenbetriebsordnungen einiger Bundesländer (Bayern 1955, Baden-Württemberg 1958, Rheinland-Pfalz 1959; vgl. Pfeil u.a. 1980:45f). Nordrhein-Westfalen hatte keine eigene Apothekenbetriebsordnung erlassen, jedoch hatte auch hier - neben den beschriebenen Änderungsanordnungen des Landessozialministers zur preußischen Apotheken-betriebsordnung von 1902 - der Innenminister die Arzneimittelabgabe und den Apothekenbetrieb durch Einzelverordnungen geregelt, etwa durch die 'Verordnung über die Abgabe stark wirkender Arzneimittel und über die Abgabegefäße in Apotheken' vom 24. Februar 1959 (GVBl. NW. 1959:39) und deren Ergänzungsverordnung von 1960 (GVBL. NW. 1960:35 ff), in denen detailliert festgelegt wurde, welche Arzneimittel nur auf Rezept abgegeben werden durften und worin solche Arzneimittel aufbewahrt werden mußten (vgl. zur Gesetzes- und Verordnungstätigkeit der nordrhein-westfälischen Landesregierung auf diesem Gebiet: Landesregierung NRW 1957:15f)

Die Apothekenbetriebsordnung wurde als **'Verordnung über den Betrieb von Apotheken'** vom 7. August 1968 (BGBl. I 1968:939 ff) veröffentlicht. Sie enthielt neben Vorschriften über die Herstellung, Aufbewahrung und Abgabe von Arzneimitteln im wesentlichen Vorschriften über:

- den **Apothekenleiter**;
- das **pharmazeutische Personal** und
- die **Apothekenbetriebsräume**;

sowie abschließende Regelungen über Strafen bei Ordnungswidrigkeiten und das Inkraft- oder Außerkrafttreten anderer Vorschriften. Diese Bestimmungen sollen - mit Ausnahme der Personal- und Ausbildungsfragen, die in Kap. 12.1 schon behandelt wurden - hier kurz angesprochen werden.
Der Betrieb einer Apotheke ist nach § 1 der Apothekenbetriebsordnung (ABO) ausdrücklich vom Apotheker persönlich zu leiten; bei dem dieser Arbeit zugrundeliegenden Regelbild einer öffentlichen Vollapotheke ist das nach § 1 II Nr.1 ABO der Inhaber der Erlaubnis. Dabei ist mit 'persönlicher Leitung' in erster Linie "die Leitung der Apotheke in gesundheitspolitischer Hinsicht gemeint" (Cyran u.a. 1985:31). Der Apotheker hat dabei u.a. jede Nebentätigkeit und jede längere Abwesenheit mit einer Vertretung der 'zuständigen Behörde' anzuzeigen. Die Bezeichnung 'zuständige Behörde' findet sich an mehreren Stellen der ABO.

Welche Behörde das in sachlicher Hinsicht ist, richtet sich nach dem jeweiligen **Landesrecht**, welche Behörde örtlich zuständig ist, nach der Lage der Apotheke. Wie vorstehend (Kap. 11.2.2) ausgeführt, untersteht der Betrieb der Apotheken der apothekenaufsichtlichen Überwachung nach § 64 I AMG. Zum sachlichen Bereich dieser Aufsicht gehört auch die Überwachung der Einhaltungen der Vorschriften der ABO (Cyran u.a. 1985:33). In allen Fällen, in denen die ABO von der 'zuständigen Behörde' spricht, ist deshalb - falls wie in Schleswig-Holstein keine besonderen Zuständigkeiten - geschaffen wurden, die Behörde gemeint, die auch nach § 64 I AMG für die Überwachung der Apotheken zuständig ist. Dies ist - abgesehen von der Regelung in Schleswig-Holstein (Sozialministerium und Vorstand der Apothekerkammer - in den Flächenstaaten (Baden-Württemberg, Hessen, Niedersachsen, Rheinland-Pfalz) jeweils die staatliche Mittelinstanz (Bezirksregierungen, Regierungspräsidenten bzw. Regierungspräsidien); nur im Saarland wurde aus der Verwaltungsstruktur des Landes heraus die Zuständigkeit 'nach oben' (Sozialministerium) verlegt. Einzige Ausnahmen unter diesen Ländern bilden Bayern (zuständig ist die Kreisverwaltungsbehörde) und Nordrhein-Westfalen (1982 ging die Zuständigkeit von den Regierungspräsidenten auf die Kreise und kreisfreien Städte über; vgl. die genaue Aufstellung bei Cyran u.a. 1985:33f;) dort sind auch die teilweise vorhandenen Nebenzuständigkeiten anderer Behörden aufgeführt).

In die ABO aufgenommen hat der Verordnungsgeber auch Vorschriften über die Apothekenbetriebsräume. Die Richtschnur für ihren Zweck wurde in § 3 VI ABO festgehalten:

> "Die Betriebsräume müssen nach Lage, Größe und einrichtung so beschaffen sein, daß ein ordnungs-gemäßer Apothekenbetrieb, insbesondere die einwandfreie Herstellung, Prüfung, Aufbewahrung und Abgabe von Arzneimitteln gewährleistet ist." (zit. nach Pfeil/Pieck 1970:72)

Damit befindet sich der Verordnungsgeber in der Tradition der Vorschriften der Apothekenbetriebsordnung von 1902 und ihrer Vorgänger, die alle den Fragen der Betriebsräume große Bedeutung beigemessen haben (vgl. Kap. 6.6 und 9.3.3). Auch schon vor Erlaß der Apothekenbetriebsordnung wurden von den zuständigen Stellen Forderungen an (besonders neu zu errichtende) Apothekenräume gestellt und deren Einhaltung überwacht. So forderte der Regierungspräsident von Arnsberg in einer Rundverfügung vom Dezember 1952 alle Baupläne für Neu- und Umbauten von Apotheken "in dreifacher Ausfertigung der Baugenehmigungsbehörde zur bauaufsichtlichen und dem Gesundheitsamt zur kreisärztlichen Prüfung" vorzulegen (vgl. Hügel 1959:29). Im Gegensatz zu den teilweise geltenden landesrechtlichen Apothekenbetriebsordnungen zählt die ABO von 1968 nur die notwendigen Apothekenbetriebsräume auf (Offizin, Laboratorium, zwei Vorratsräume, Nachtdienstzimmer, § 3 I), ohne auf die Einrichtung dieser Räume näher einzugehen; sie stellt nur "unabdingbare Mindestanforderungen" (Pfeil/Pieck 1970:73) fest. Die Einrichtung der Betriebsräume bleibt also dem einzelnen Apotheker überlassen, der sich innerhalb der gesteckten Grenzen frei entscheiden kann-, ein Zugeständnis an die "Regeln der Technik" im Apothekenbetrieb (Pfeil/Pieck 1970:73). Dabei ist auch zu berücksichtigen, daß dem Apotheker ohnehin noch genug **bautechnische Vorschriften** durch das Gift- und das Eichrecht, durch **baurechtliche und feuerpolizeiliche Vorschriften** und durch die **Bestimmungen zur Unfallverhütung** gemacht werden. (dies. 1970:74) Bei der Benennung seiner Apotheke ist der Apotheker übrigens keinen Beschränkungen unterworfen, wenn er die einschlägigen Vorschriften der Berufsordnung und der Werberichtlinien beachtet. (Pfeil/Pieck 1970:75)

Die ABO regelt auch die Tatbestände in Apotheken, die als Ordnungswidrigkeiten gewertet werden (§ 13). Ohne auf die Einzelheiten der - im übrigen mehrmals geänderten - Bestimmungen einzugehen (hier wird der Stand von 1985 nach Cyran 1985:105 zitiert), sei angemerkt, daß sich die Verstöße im wesentlichen in zwei Gruppen einteilen lassen: in Verstöße des Apothekenpersonals (Berufsausübung ohne Zulassung, falsche Abgabe von Arzneimitteln) und Verstöße des Apothekenleiters (Verletzung der Aufsichtspflichten, grundsätzliche Mängel der Apotheken oder der Arzneimittelabgabe). Solche Ordnungswidrigkeiten können nach § 25 III Apothekengesetz, falls sie vorsätzlich und fahrlässig geschehen, mit einer Geldbuße bis zu zehntausend DM geahndet werden; für die Verfolgung und Ahndung solcher Ordnungswidrigkeiten sind Verwaltungsbehörden der Bundesländer zuständig; in Nordrhein-Westfalen sind das die Kreisordnungsbehörden. Zusätzlich zu dieser Ahndung kann der Apotheker bei Vorliegen 'beruflicher Unzuverlässigkeit' wegen Nichtbeachtung der für die Ausübung des Apothekerberufs geltenden Gesetze und Verordnungen berufsgerichtlich bestraft werden. Die Apothekenbetriebsordnung trat zum 1. Januar 1969 in Kraft. Gleichzeitig traten nach § 16 II ABO verschiedene landesrechtliche Apothekenbetriebsvorschriften außer Kraft; darunter die bis dahin auch für die ehemals preußischen Gebiete Nordrhein-Westfalens geltenden Vorschriften der Zweiten Verordnung zur Durchführung der Reichsapothekerordnung von 1942, der Paragraphen 9-11 der Bekanntmachung des preußischen Ministers für Volkswohlfahrt betreffend die Abgabe stark wirkender Arzneimittel und die Bezeichnung der Arzneigläser und Standgefäße in den Apotheken und der preußischen Apothekenbetriebsordnung von 1902.

Die Aufhebung galt im übrigen nur für die Apothekenvorschriften der genannten Verordnungen: für Aufsicht über Dispensierarbeiten (Einrichtungen zur internen Versorgung eines Krankenhauses mit Arzneimitteln) gelten im ehemaligen preußischen Rechtsgebiet - und damit auch in NRW - weiterhin die §§ 45 ff der Apothekenbetriebsordnung von 1902. (vgl. Pfeil u.a. 1980:336f)

12.2.3 Die Neufassung der Apothekenbetriebsordnung von 1987

Die ABO von 1968 wurde mehrmals geändert, zuletzt 1980 (u.a. wegen der Einführung des neuen Europäischen Arzneibuches). Bei diesen Änderungen war klar geworden, daß das Gebiet der Apothekenbetriebsordnung aufgrund neuerer Entwicklungen im Apothekenwesen einer Überarbeitung bedurfte; mit einer Neuformulierung der Apothekenbetriebsordnung war deshalb zu rechnen (so schon Pfeil u.a. 1980:48). Die Gründe für die Neuformulierung lagen vor allem in

- der Neufassung des Apothekengesetzes von 1980 hinsichtlich der Bestimmungen über die Versorgung der Krankenhäuser mit Arzneimitteln (§ 14) und der Apothekenbetriebsordnung (§ 21);
- den Änderungen des Arzneimittelgesetzes in bestimmten Definitionen und der verwandten Terminologie;
- der Berücksichtigung der von der Weltgesundheitsorganisation herausgegebenen Grundregeln für die Herstellung der Arzneimittel und für die Sicherstellung ihrer Qualität (Good-Manufacturing-Practices-Richtlinie, GMP) für den Apothekenbetrieb;
- einzelnen Beschlüssen des Bundesrates anläßlich der Änderung der ABO 1968 am 18. Juli 1980.

(vgl. Schorn 1987:13)

Schon auf dem Deutschen Apothekertag 1985 in Berlin wurde ein Referentenentwurf des Bundesgesundheitsministeriums diskutiert, der als neue Apothekenbetriebsordnung in Kraft gesetzt werden sollte. In dieser neuen Apothekenbetriebsordnung wurden die beratenden Funktionen der Apotheker gegenüber den Arzneimittelkunden verstärkt herausgestellt, gleichzeitig sollte aber die stärkere Kommerzialisierung der Apotheken verhindert werden. Diese Betonung, welche die Bedeutung der Apotheker innerhalb des gesamten Gesundheitswesens verdeutlichte, wurde innerhalb der Apothekerschaft überwiegend so begrüßt (vgl. Süddeutsche Zeitung, 10.10. bzw. 14.10.1985, DAZ Nr. 51/62 vom 19.12.1985, S.2724). Die ABDA als Standesorganisation der Apothekerschaft hat den Diskussionsprozeß um die neue ABO 1987 stark geprägt und die Standesinteressen ihrer Mitglieder über die Zwischenentwürfe bis hin zur Verabschiedung der Betriebsordnung deutlich eingebracht (vgl. Pharmazeutische Zeitung Nr.39/1985, S.2449 ff, Nr. 43/1985, S.2800 ff und Nr. 37/1986, S.2167 ff). Die neue Betriebsordnung wurde schließlich als 'Verordnung über den Betrieb von Apotheken (ApBetrO)' am 9.

Februar 1987 von dem dafür nach § 21 ApoG zuständigen Bundesminister für Jugend, Familie und Gesundheit erlassen und (im BGBl. I 1987:547 ff) veröffentlicht.

Inhaltlich enthält die neue ABO unter den hier betrachteten Aspekten vor allen Dingen neue Regelungen hinsichtlich

- der krankenhausversorgenden Apotheken und der Krankenhausapotheken;
- des Einsatzes von nichtpharmazeutischen Personal in Apotheken;
- der Einrichtung mit Geräten für die Herstellung von Arzneimitteln;
- der Prüfung von Arzneimitteln auch außerhalb der Apotheken und
- der Information und Beratung in den Apotheken.

Weg fielen dafür einige Regelungen, die teils technisch überholt (Vorschriften für Energieanschlüsse etc. in Apotheken), teils anderweitig neu geregelt wurden (z.B. die Vorschriften über das Giftwesen durch das Chemikaliengesetz von 1980 und die Gefahrstoffverordnung von 1986; vgl. Schorn 1987:15,24).

Der erste Teil der ABO klärt wie bisher den Anwendungsbereich der Verordnung. Weiterhin widmet sich auch der zweite Teil der ABO dem Apothekenleiter und dem -personal, den Räumen in der Apotheke und den Hilfsmitteln. Der dritte Teil beschäftigt sich in acht Paragraphen mit dem (hier nicht zu besprechenden) Betrieb von Krankenhausapotheken; er folgt darin der Gliederung des zweiten Teils. Teil IV enthält schließlich die Ordnungswidrigkeitsbestimmungen, sowie die Übergangsvorschriften und die Modalitäten des Inkrafttretens der Verordnung.
Hinsichtlich des Apothekenleiters wurden die Vorschriften der bisherigen ABO von 1968 beibehalten. In Fortführung des Gedankens des § 1 ApoG ist der Apothekenleiter verpflichtet, den Arzneimittelversorgungsauftrag über den reinen Handel mit apothekenpflichtigen Waren zu stellen. In der amtlichen Begründung vom § 1 der ABO 1987 hat der Verordnungsgeber klar ausgeführt, daß die Apotheke nicht den Charakter eines 'drugstore' annehmen darf, "es soll vielmehr einer Entwicklung entgegengewirkt werden, die befürchten läßt, daß der Apotheker sich zunehmend anderen Geschäften zuwendet" (zit. nach Schorn 1987: 61).
Erweitert wurden gegenüber der ABO 1968 die Vorschriften, die das Personal in den Apotheken betreffen. Gegen den Willen der Apothekerschaft hinsichtlich weitergehender Gleichstellungen (vgl. Pharmazeutische Zeitung Nr. 37/1986, S.2169) wurde in die neue ABO 1987 neben dem pharmazeutischen Personal auch das **nichtpharmazeutische Personal erstmalig in einer Apothekenbetriebsordnung erwähnt**. Dieses Personal (Apothekenhelfer, Pharmakanten, Laboranten) darf zwar

keine Arzneimittel aushändigen, aber - unter Aufsicht eines Apothekers - begleitende Tätigkeiten (Umfüllen, Abpacken, Kennzeichnen) ausführen (§ 6 IV).

Die Vorschriften über Art und Größe der Räumlichkeiten in den Apotheken (§ 4) bleiben im wesentlichen die gleichen. Im Hinblick auf die verstärkte Rolle der Information und Beratung durch die Apotheken, aber auch angesichts der Erfordernisse bei der Herstellung und Prüfung von Arzneimitteln wurden in § 5 explizit die in den Apotheken unbedingt notwendigen wissenschaftlichen und sonstigen Hilfsmittel (Arzneibuch, Informationsmaterial über die Zusammensetzung und Wirksamkeit der Mittel u.a.) vorgeschrieben. Die **Information und Beratung** über Arzneimittel wurde denn auch neben der Entwicklung, Herstellung, Prüfung und Abgabe von Arzneimitteln und der (ebenfalls neu hinzugekommenen) Überprüfung der Arzneimittelvorräte in Krankenhäusern als **pharmazeutische Tätigkeit** in die Apothekenbetriebsordnung mit aufgenommen (§§ 3 IV und 20)

Abschließend noch eine Bemerkung zum Gesamtumfang staatlicher Beaufsichtigung der Apotheken: Die Apothekenaufsicht in dem hier behandelten Sinn umfaßt nur die eigentliche gesundheits- oder medizinalpolizeiliche Aufsicht. Daneben unterliegen die Apotheken natürlich - wie fast jeder Gewerbetreibende - noch einer Vielzahl anderer 'Aufsichten':

> "Die staatliche Apothekenaufsicht umfaßt neben der Aufsicht durch die Gesundheitsbehörden auch die Aufsicht nach den lebensmittelrechtlichen, den gewerbeaufsichtlichen, den feuer- und bauaufsichtlichen Vorschriften, die Aufsicht durch die Finanzverwaltung, der Berufsgenossenschaften u.a.." (Pfeil/Pieck 1970:233)

Wobei aber schon dargestellt wurde, daß die Gewerbeaufsichtsämter - jedenfalls nach Erlaß des Arzneimittelgesetzes von 1976 - keine Befugnisse über die Apotheken haben (vgl. Kap. 11.2.2 und Schiedermair/Pieck 1981:449). Auch die 'Apotheken-Literatur' beklagt, daß es keine umfassende Aufsichtsbehörde, die all diese verschiedenen Kompetenzen in sich vereinigt, zur Durchführung der staatlichen Apothekenaufsicht gibt, erkennt aber andererseits an, daß dies die bisherigen Aufsichtsbehörden, insbesondere die haupt- und ehrenamtlichen Pharmazieräte, die als beteiligte Apotheker die Aufsicht mitausführen, mit einer Verantwortung belasten würde, "die sie in der Regel mangels ausreichender fachlicher Vorbildung nicht übernehmen können":

> "Ein Vorhaben, die Apothekenaufsicht über alle Bereiche einheitlich durch eine Behörde, in diesem Falle die Gesundheitsbehörde, wahrnehmen zu lassen, wird somit nicht verwirklicht werden können. " (Pfeil/Pieck 1970:233)

13. Apothekenaufsicht in Nordrhein-Westfalen

13.1 Die Aufgaben der Apothekerkammern

Schon in Kap. 10.2 ist gezeigt worden, daß einerseits seit langem ein Teil der Staatsaufsicht über die Apotheker von deren Selbstverwaltungsorganen geleistet wird, und daß diese Aufsicht nach 1901 auf die Apothekerkammern - wenn auch nur mit geringen Kompetenzausstattungen - übertragen wurde. Da die Kammern auf der anderen Seite auch ein gewisses Maß an Interessenvertretung für die Apotheker leisten, kann man auch für die Zeit nach 1945 sagen, daß die Organisation der Apotheker in Zusammenschlüssen eine 'zweigleisige' ist: auf der einen Seite in **öffentlich-rechtlichen Kammern**, auf der anderen Seite in **privatrechtlichen Vereinen**; eine Teilung, die auf der obersten Ebene aber in einer Verschmelzung der Spitzenorganisationen endet (vgl. Kap. 13.1.2). Es scheint deshalb angebracht, in der Einleitung zu diesem Kapitel zunächst ein paar Bemerkungen zur Organisation der Apotheker in privaten Vereinen zu sagen, bevor näher auf die Form und die Aufgaben der Apothekerkammern eingegangen wird.

13.1.1 Der privatrechtliche Zusammenschluß der Apotheker in Vereinigungen

Die Organisationsform der Kammern als öffentlich-rechtliche Körperschaften bringt es mit sich, daß sie einen Teil der Interessenvertretung für die Apotheker nicht erbringen können, da den Kammern die Behandlung rein wirtschaftlicher Belange ihrer Mitglieder untersagt ist (Tauber 1969:33). Die Mitgliedschaft des einzelnen Apothekers ist also durch seine individuellen ökonomischen Interessen bestimmt: "Der Apotheker tritt dem Verein bei, um seinen Wünschen als Gewerbetreibender und Unternehmer mehr Nachdruck verleihen zu können." (Tauber 1969: 34)

Die Gründung der ersten Apothekervereine, ihr überregionaler Zusammenschluß und letztlich ihre staatliche Eingliederung in eine allgemeine Standesvertretung im Nationalsozialismus sind schon beschrieben worden (Kap. 10.2.1 und 10.2.4). Dieser Zusammenschluß in der Diktatur hatte den Apothekervereinen die Überwindung der bisherigen Zersplitterung und die organisatorische Einheit gebracht: Die einzelnen Apotheker waren Mitglieder ihrer lokalen Apothekervereine. Nach 1945 wurden auf Landesebene neue Apothekervereine gegründet. Diese Vereine wiederum schlossen sich zum **Deutschen Apothekerverein** (DAV) zusammen, der die Belange der Apotheker auf der Bundesebene vertritt; ansonsten gleichen seine

Aufgaben denen der Landesvereine. (Tauber 1969:35) Auch der DAV dient ausschließlich den wirtschaftlichen Interessen der Apotheker. Er hat die Aufgabe

> "...die Wirtschaftskraft der Apotheke zu erhalten und zu fördern und damit jedem einzelnen Apothekenleiter die bestmögliche Rendite seines Unternehmens zu gewährleisten." (Schott 1964:1575)

Seine Aufgaben lassen sich nach Schott (ebd.:1575) in mehrere Hauptbereiche zusammenfassen:

- die ständige Überarbeitung der Deutschen Arzneitaxe (DAT), die "in erster Linie für den wirtschaftlichen Erfolg der Apotheke verantwortlich ist";
- die Zusammenarbeit mit den Krankenkassen, die "in ihrer Gesamtheit der größte Geschäftspartner" der Apotheken sind;
- die Förderung der Wirtschaftsunternehmen der Apothekerschaft (der Herstellungszusammenschlüsse und Einkaufsgenossenschaften);
- die Werbung;
- eine einheitliche Tarifpolitik ("der zweitgrößte Unkostenfaktor nach dem Wareneinkauf");

dazu kommen noch kleinere Arbeitsgebiete wie die Interessenvertretung bei der EG und gegenüber der pharmazeutischen Industrie, kaufmännische Ratschläge und Rationalisierungsvorschläge und die Durchführung von Arbeitstagungen. Der DAV seinerseit ist Mitglied in der 'Bundesvereinigung Deutscher Apothekerverbände'.

13.1.2 Staatsaufsicht durch die Kammerselbstverwaltung

Nach 1945 wurden in der amerikanischen Zone Deutschlands nicht nur die Apothekenbetriebsrechte, sondern auch die Bestimmungen der Reichsapothekerordnung von 1937 faktisch aufgehoben. Das hatte zur Folge, daß - rechtlich gesehen - die Kammern als Körperschaften des öffentlichen Rechts nicht mehr existierten und auch keine Zwangsmitgliedschaft mehr in ihnen bestand. (Hornung 1955:69) Allerdings waren die amerikanischen Auflockerungsbestrebungen auch hier - wie in der Frage der Konzessionen - der Vermischung der Interessenartikulation der Apotheker mit der Beharrlichkeit deutscher Verwaltungen nicht gewachsen: "Die Behörden haben sich im allgemeinen so verhalten, als ob die Kammern im alten Sinne noch existierten." (Hornung 1955:69) Das taten die Kammern dann nach einiger Zeit auch wieder.

Den auf Landesebene in der Bundesrepublik errichteten Apothekerkammern "obliegt die Standes- und Berufsvertretung der Apotheker." (Vieten 1972:74) Zu diesem Zweck hat der Staat die Kammern "unter dem Gesichtspunkt der Subsidiarität" mit gewissen, zur Selbstverwaltung nötigen Rechten ausgestattet, so können sie z.B. Verwaltungsakte erlassen. (Tauber 1969:26) Die Kammern üben diese Rechte aufgrund der - im wesentlichen gleichlautenden - Kammergesetze der einzelnen Länder aus (zu den nordrhein-westfälischen Kammergesetzen vgl. Kap. 13.1.3).

> "Die Apothekerkammern werden in Form von öffentlich-rechtlichen Personalkörperschaften errichtet, sind also mitgliedschaftlich organisierte rechtsfähige Verbände des öffentlichen Rechts." (Tauber 1969:27)

Mitglieder in ihnen sind alle im Geltungsbereich der einzelnen Kammergesetze tätigen selbständigen und angestellten Apotheker, sowie die als Apotheker ausgebildeten Angestellten in den pharmazeutischen Herstellerbetrieben. (Vieten 1972:76) Die Kammern führen ihre Angelegenheiten mit Hilfe ihrer Kammerorgane durch. Diese wiederum unterliegen der Staatsaufsicht (ausführlicher in Kap. 13.1.3).

Zu den wichtigsten Aufgaben der Selbstverwaltung durch die Kammern gehört die Regelung der Berufspflichten der Apotheker, die durch die Kammersatzung bestimmt werden. Die so entstandenen Berufsordnungen der Apotheker verfolgen alle den gleichen Zweck: das kollegiale Verhalten der Apotheker untereinander zu sichern und die Interessen und das Ansehen der Apotheken zu wahren. Dem dient auch die in allen Berufsordnungen in § 1 angefügte Generalklausel, wonach es die Pflicht des Apothekers ist, "sich bei seinem Verhalten innerhalb und außerhalb seiner beruflichen Tätigkeit der Achtung und des Vertrauens würdig zu erweisen, die sein Beruf von ihm fordert." (zit. nach Vieten 1972:79) Bei der Erfüllung ihrer Aufsichtspflichten sind die Apothekerkammern übrigens nicht an die Verfahrensvorschriften der §§ 64 ff des Arzneimittelgesetzes von 1976 gebunden; diese binden ausschließlich die staatliche Apothekenaufsicht (Schiedermair/Pieck 1981:443).

Die einzelnen Landesapothekerkammern haben sich auf der Bundesebene zur 'Arbeitsgemeinschaft Deutscher Apothekerkammern', der **Bundesapothekerkammer**, zusammengeschlossen, die im Gegensatz zu den unteren Kammern nur nach privatem Recht in Form eines nicht rechtsfähigen Vereins organisiert ist, also **keinerlei öffentlich-rechtliche Kompetenzen** hat. Sie dient nur dem Informations- und Meinungsaustausch zwischen den einzelnen Kammern, "mit dem Ziel, letztlich einheitliche Grundsätze für den Aufgaben- und Arbeitsbereich der Kammern zu entwickeln" (Tauber 1969:33). Dazu kommt auch die Zuständigkeit für überregionale Verhandlungen für die Apothekerschaft, sei es mit Bundesbehörden und dem Bundesgesetzgeber, sei es mit der EG.

Der 'interessantere' Zusammenschluß ist aber der der Bundesapothekerkammer und des DAV zur '**Bundesvereinigung Deutscher Apothekerverbände - ABDA**'. 1950 hatten sich die Vertretungen beider Spitzenverbände zur 'Arbeitsgemeinschaft der Berufsvertretungen Deutscher Apotheker (ABDA)' zusammengeschlossen; mittlerweile ist lediglich eine Umbenennung erfolgt. In dieser Organisation verschmelzen also der öffentlich-rechtliche Zweig (Kammern) und der rein privatrechtlich-privatwirtschaftliche Zweig (Vereine) der Interessenvertretungen der Apotheker miteinander! Die ABDA hat als "oberste Standesorganisation der deutschen Apotheker" (Tauber 1969:36) insbesondere die Aufgabe, die Interessen der Apotheker - vorwiegend auf Bundesebene - zu vertreten. Dies geschieht im wesentlichen in Verhandlungen mit dem Bundesgesundheitsministerium und den Organen der Bundesgesetzgebung, sowie mit den Instituionen der EG.
Nach ihrer neuesten Satzung vom Juni 1984 (abgedruckt bei Ahrens 1985 BR 0.8) bezweckt die ABDA "die Wahrnehmung und Förderung der gemeinsamen Interessen der in ihr zusammengeschlossenen Apothekerkammern und Apothekervereinen" (§ 1 I). Innerhalb dieser Organisation bleiben sowohl die Bundesapothekerkammer als auch der DAV als Spitzenorganisationen der beiden Teilbereiche bestehen (§ 1 II). Nach § 1 III der Satzung lassen sich die selbstgewählten Aufgaben der ABDA - neben organisationsspezifischen Zielen wie der Durchführung des Deutschen Apothekertages u.ä. - so zusammenfassen:

- die **Stärkung des Zusammengehörigkeitsgefühls** der Apotheker;
- die **Erarbeitung einheitlicher Grundsätze** für die Tätigkeiten der Apotheker in allen Bereichen des Apotheken- und Arzneimittelwesens, sowie im besonderen im Verhältnis zu den Sozialversicherungsträgern;
- der **Meinungs- und Erfahrungsaustausch** unter den Mitgliedsorganisationen;
- die **Verhandlungen mit Behörden**, Körperschaften, Verbänden u.ä., sofern diese mit Fragen der Arzneimittelversorgung zu tun haben.

Auch auf der Aufgabenebene finden sich privatwirtschaftliche und öffentlich-rechtliche Tätigkeitsfelder: Während die Erarbeitung von Verhaltenskriterien und wohl auch die beratende Tätigkeit für Verwaltungen und Gesetzgebungsgremien eher aufsichtliche Elemente in sich tragen, haben die Beratungsleistungen in Zusammenhang mit den Versicherungsträgern und die direkte Einflußnahme auf Behörden und Verbände klare wirtschaftliche Gründe. Die Vermutung liegt hier nahe, daß bei einer so engen Zusammenlegung der organisatorischen Teilbereiche auch auf der Ebene der Interessendurchsetzung Vermischungen stattfinden.

13.1.3 Die Apothekerkammern in Nordrhein-Westfalen

Genau wie bei den Ärzten, Zahnärzten und Tierärzten bestehen in Nordrhein-Westfalen zwei Berufskammern für die Apotheker: die **Apothekerkammer Nordrhein** und die **Apothekerkammer Westfalen-Lippe**.
Der Aufbau und die Aufgaben dieser Kammern wurden in Nordrhein-Westfalen nach 1945 zum ersten Mal durch das 'Gesetz über die Kammern und die Berufsgerichtsbarkeit der Ärzte, Apotheker usw.' vom 5. Februar 1952 (GVBl. NW. 1952: 16 ff) geregelt. Danach wurde in jedem der beiden Landesteile eine nach Maßgabe des Gesetzes arbeitende Apothekerkammer eingerichtet. Die Kammern sind Körperschaften des öffentlichen Rechts und führen ein Dienstsiegel (§ 1). Ihnen gehören alle Apotheker an, die in den Landesteilen Nordrhein-Westfalen-Lippe ihrer Tätigkeit nachgehen, "oder, falls sie ihren Beruf nicht ausüben, ihren Wohnsitz haben." (§ 2) Die **Aufgaben der Kammern** sind nach § 5 I des Gesetzes:

- die Unterstützung des öffentlichen Gesundheitsdienstes;
- die gutachterliche Tätigkeiten für Behörden;
- die Wahrung der beruflichen Belange und Fortbildung der Kammerangehörigen;
- die Erhaltung eines "hochstehenden Berufsstandes" und Schlichtung von Streitfällen;
- und die Errichtung von Fürsorgeeinrichtungen für die Kammerangehörigen.

Dazu sollen die Staats- und Gemeindebehörden den Kammern Gelegenheit geben, "sich über Fragen ihres Geschäftsbereichs zu äußern (§ 5 II). Die Kammern unterliegen der Fachaufsicht des zuständigen Ministers, die sich auf die "Innehaltung der Gesetze und der Satzungen" erstreckt (§ 23 II); dabei kann die Aufsichtsbehörde rechtswidrige Beschlüsse und Anordnungen aufheben. Zudem muß die Kammer der Aufsichtsbehörde jährlich einen Bericht über ihre Tätigkeiten erstatten (§ 23 IV).
Die Kammern sind nach Ziff. 3.1.2 der aktuellen Verwaltungsvorschrift des nordrhein-westfälischen Ministers für Arbeit, Gesundheit und Soziales über die Aufsicht auf pharmazeutischem Gebiet (vgl. Kap. 13.2.4) auch berechtigt, bei der Eröffnung einer neuen Apotheke im Rahmen der Erlaubniserteilung eine gutachterliche Stellungnahme zu der Zuverlässigkeit des antragstellenden Apothekers, zur beabsichtigten Namensgebung und zu den mit der Betriebsaufnahme verbundenen (Kauf-, Pacht- u.ä.) Verträgen abzugeben.

Einen wesentlichen Teil der Aufsichtstätigkeiten der Kammern machen ihre Befugnisse in der Berufsgerichtsbarkeit aus. Nach § 24 des Kammergesetzes von 1952 sind die Berufsgerichte bei Verstößen gegen die Berufsordnung befugt, Strafen über die Kammerangehörigen zu verhängen, die von Warnungen und Verweisen über Geldstrafen bis hin zur "Feststellung, daß der Beschuldigte unwürdig ist, seinen Beruf auszuüben", gehen können. Die Strafen werden von einem Berufsgericht am Sitz des Landesverwaltungsgerichts verhängt und können vor einem Landesberufsgericht am Sitz des Oberverwaltungsgerichts angefochten werden. In beiden Instanzen sind neben ordentlichen Berufsrichtern als Vorsitzenden (geregelt durch § 75 des Landesrichtergesetzes vom 19. April 1976; GVBl. NW. 1976:232) auch Vertreter des jeweiligen Berufsstandes beteiligt (§§ 25 ff des Kammergesetzes von 1952). Für Ärzte, Apotheker, Zahnärzte usw. bestehen jeweils eigene Berufsgerichte und auch eigene Wahlausschüsse für die (aus der jeweiligen Berufsgruppe stammenden) Beisitzer der Berufsgerichte. Die Vorschriften des Gesetzes von 1952 wurden durch das 'Gesetz über die Kammern, die Berufsausausübung, die Weiterbildung und die Berufsgerichtsbarkeit der Ärzte, Apotheker, Tierärzte und Zahnärzte (Heilberufsgesetz)' vom 30. Juli 1975 (abgedruckt bei Etmer u.a. 1983:303 ff) wiederholt; sie blieben in den hier erwähnten Gesichtspunkten (Aufgaben, Staatsaufsicht, Berufsgerichtsbarkeit) unverändert. Lediglich in Fragen der Berufsausübung und besonders der Weiterbildung wurden neue Bestimmungen eingeführt, die aber für die hier zu bearbeitenden Fragestellungen unerheblich sind.

Zur Erledigung ihrer Arbeit haben sich die Kammern eigene Satzungen gegeben (vgl. Ahrens 1985 D5 bzw. D6). Verhaltensmaßregeln für die Apotheker werden auch in den **Berufsordnungen** der beiden Apothekerkammern aus dem Jahre 1978 (vgl. Ahrens 1985 D7 bzw. D8) festgehalten. Diese verlangen u.a. eine gewissenhafte Berufsausübung, kollegiales Verhalten gegenüber anderen Berufsangehörigen und die korrekte Zusammenarbeit mit den Personen und Institutionen der Gesundheitsverwaltung. Verboten sind der unlautere Wettbewerb und irreführende oder übertriebende Werbung. In dieser Bestimmung findet sich auch eine altbekannte Vorschrift, sozusagen der 'Urenkel' der preußischen Verordnung vom Dezember 1800, welche die Weihnachtsgeschenke der Apotheker an die Ärzte untersagte:

> "Verboten sind insbesondere ...
> 7. Zuwendungen und Geschenke, insbesondere an Kunden, Angehörige anderer Heilberufe oder nicht ärztlicher Heilberufe, Kostenträger, Kurheime, Altenheime, Krankenanstalten und ähnliche Einrichtungen sowie deren Leiter und Mitarbeiter, soweit damit der Wettbewerb beeinflußt werden kann;" (§ 8 der Berufsordnung der Apothekerkammer Westfalen-Lippe von 1978; zit. nach Ahrens 1985 D8:67)

13.2 Apothekenaufsicht durch die Behörden

13.2.1 Die Aufsicht durch die Gesundheitsämter (bis 1978)

Die Grundlage der Überwachung der Apotheken durch die Gesundheitsämter (als Instanzen des öffentlichen Gesundheitsdienstes) bildete das **Gesetz über die Vereinheitlichung des Gesundheitswesens von 1935** (GVG), mit dem einheitliche staatliche Gesundheitsämter geschaffen wurden, und die dazu erlassenen Durchführungsverordnungen, darunter insbesondere die dritte, die als Dienstordnung für die Gesundheitsämter auch die Beaufsichtigung der Apotheken regelte (Abdruck bei Wollenweber 1950:15 ff). Auf das Gesetz ist schon ausführlich eingegangen worden (vgl. Kap. 7.3.1 und die ergänzenden Bemerkungen dazu in Kap. 8.3.1), so daß seine inhaltlichen Bestimmungen hier nicht mehr besprochen werden müssen. Obwohl als entscheidener Durchbruch bei der Schaffung einer durchgängigen staatlichen Gesundheitsverwaltung gefeiert, hat das GVG das angestrebte Ziel nie ganz erreichen können: Gesundheitsämter wurden nicht in ausreichender Zahl eingerichtet und in der zur Erfüllung ihrer Aufgaben notwendigen Weise mit Personal ausgestattet (vgl. Reuter 1964:351). Zudem war ihre Organisation als eigenständige staatliche Sonderbehörden nicht von langer Dauer: Schon bald nach dem Krieg gliederten Nordrhein-Westfalen, Schleswig-Holstein, Hamburg und Hessen - also Länder der britischen und amerikanischen Zone - "im Zuge der Demokratisierung" (Hünerbein 1950:55) die staatlichen Gesundheitsämter in die kommunalen Verwaltungen ein. In Nordrhein-Westfalen geschah dies durch das 'Gesetz über die Eingliederung staatlicher Sonderbehörden in die Kreis- und Stadtverwaltungen' vom 30. April 1948 (GVBl. NW. 1948:180f), durch das die Gesundheitsämter - neben anderen staatlichen Sonderbehörden wie den Kataster- und Veterinärämtern - **in die Verwaltungen der Stadt- und Landkreise als Dienststellen eingegliedert wurden** (vgl. hierzu Rasch 1967:244). Eine Verwaltungsanordnung des nordrhein-westfälischen Innenministeriums vom 25. Oktober 1948 (M.Bl. NW. 1948:568f) übertrug die Weisungsbefugnis für die Angelegenheiten der Gesundheitsämter an den Sozialminister. In einem Runderlaß des Sozialministers vom 6. Dezember 1948 (abgedruckt bei Wollenweber 1950:52 ff) wurde diese Anordnung bestätigt und die Leitung der Gesundheitsämter staatlich geprüften 'Kreisärzten' (womit statt der Bezeichnung 'Amtsarzt' kurzzeitig wieder zur alten preußischen Benennung zurückgekehrt wurde) übertragen. Die Gesundheitsämter existierten fortan als kommunale Ämter weiter.

Das änderte aber nichts an ihren Aufgaben, auch nicht bezüglich der Apothekenüberwachung. Noch 1970 wurde in einer Aufstellung des fortgeltenden preußischen Rechts in Nordrhein-Westfalen auch das GVG mit seinen sämtlichen drei Durchführungsverordnungen aufgeführt. (vgl. RGS. NW. 1970) Weiterhin blieb also die periodische Musterung der Apotheken mit dem Ziel der Sicherstellung von Ordnung und Sauberkeit in den Apotheken eine der Aufgaben der Gesundheitsämter, die daneben natürlich noch andere Aufgaben hatten und noch haben. Die Erfüllung dieser Aufgaben fällt den Gesundheitsämtern aber immer schwerer: Überalterung und Personalabbau machen ihnen zu schaffen (vgl. Pfau 1983:419).
In Kap. 11.2.2 ist schon ausgeführt worden, daß die Überwachung der Apotheken durch die Gesundheitsämter durch die Bestimmungen des Apothekengesetzes von 1960 und des ersten Arzneimittelgesetzes von 1961 nicht eingeschränkt wurden, wohl aber durch das **Neuordnungsgesetz von 1976**, das in Art. 1 das neue AMG in Kraft und in Art. 9 die Vorschriften des Apothekengesetzes bezüglich der Apothekenaufsicht außer Kraft setzte. Nach diesen Bestimmungen ist eine Überwachung der Apotheken nach dem 1. Januar 1978 nur noch aufgrund der §§ 64 ff AMG zulässig. Folgerichtig hat der Minister für Arbeit, Gesundheit und Soziales - ähnlich wie viele seiner Kollegen in anderen Ländern - die §§ 3 bis 10 der Dritten Durchführungsverordnung zum GVG, die die Apothekenüberwachung regelten, im Januar 1978 aufgehoben (vgl. Cyran u.a. 1985:112); **die Gesundheitsämter in Nordrhein-Westfalen haben seitdem mit der staatlichen Apothekenaufsicht nichts mehr zu tun:**

> "Wenn in Einzelfällen Gesundheitsämter oder beamtete Ärzte weiterhin das Recht beanspruchen, Apotheken zu 'mustern', so gibt es hierfür keine Rechtsgrundlage mehr. Der Apothekeninhaber ist befugt, dem Arzt das Betreten der Apotheke zur Vornahme dieser Amtshandlung zu untersagen." (Pfeil u.a. 1980: 340)

Was sich selbst in Fachkreisen noch nicht überall herumgesprochen hat: So zählt Pfau (1983:411) die Apothekenüberwachung nach eben diesen Bestimmungen immer noch zum Aufgabenfeld der Gesundheitsämter.

13.2.2 Die Zuständigkeit der obersten Landesbehörden

Die Überwachung der Apotheker durch die Behörden der staatlichen Fachaufsicht soll für Nordrhein-Westfalen nicht in der gleichen Ausführlichkeit dargestellt werden, wie dies für Preußen geschehen ist, wo der Darstellung der Medizinal- und Apothekenverwaltung ein ganzes Kapitel gewidmet wurde. Dies läßt sich damit begründen, daß die preußische Apothekenverwaltung in zweieinhalb Jahrhunderten (nach 1685) immer wieder auf allen Ebenen verändert wurde, während

die Aufsichtskompetenzen in den vierzig Jahren der Existenz Nordrhein-Westfalens fast konstant bei den selben Stellen lagen - auf die eine größere Änderung wird noch eingegangen.
Es ist schon ausgeführt worden, daß die Gesetzgebung über das Gesundheits- (und Apotheken-) Wesen auf dem Wege der konkurrierenden Gesetzgebung nach dem Grundgesetz beim Bund liegt, während die **Ausführung** dieser Bundesgesetze durch die Verwaltungen der Länder erfolgt. In Nordrhein-Westfalen war mit der Durchführung dieser Gesetze und der Leitung der Gesundheitsverwaltung lange Zeit der Innenminister betraut (vgl. Federhen 1967:1123). Ihm war als Medizinalreferent ein Oberregierungs- und Obermedizinalrat und als Pharmaziedezernent ein Pharmazierat beigegeben. Die Bearbeitung der Apothekerangelegenheiten oblag einem Pharmazierat als 'Referenten für Apotheken- und Arzneimittelwesen und für lebensmittelchemische Angelegenheiten' (vgl. Apotheker-Jahrbuch 1965:599f). Nach der 'Bekanntmachung der Geschäftsbereiche der obersten Landesbehörden' vom 8. Januar 1963 (in Auszügen abgedruckt bei Ahrens 1985 B1:10f) wurde die Zuständigkeit für das Gesundheitswesen und die Heilberufe (mit Ausnahme der Tierärzte) auf den **Minister für Arbeit, Gesundheit und Soziales** übertragen. Auf die Aufsichts- und Verordnungsrechte des Ministers - insbesondere nach der Verlagerung der nordrhein-westfälischen Apothekenaufsicht auf die Kreise und kreisfreien Städte - wird in Kap. 13.2.4 gesondert eingegangen.

13.2.3 Apothekenaufsicht durch die Regierungspräsidenten (bis 1982)

Es ist schon in Kap. 11 gezeigt worden, daß die Regierungspräsidenten die Hauptträger der staatlichen Apothekenaufsicht sowohl nach dem Apothekengesetz von 1960 als auch nach den Arzneimittelgesetzen von 1961 bzw. 1976 waren. Vor dem Erlaß dieser Spezialgesetze gründete sich die Apothekenaufsicht (wie die gesamte staatliche Überwachung des Gesundheitswesens überhaupt) auf eine Generalklausel in § 14 des auch für Nordrhein-Westfalen übernommenen preußischen Polizeiverwaltungsgesetzes von 1932, wonach die Polizeibehörden ermächtigt waren, zur Erfüllung ihrer Aufgaben "die nach pflichtgemäßen Ermessen notwendigen Maßnahmen" zu treffen (Schiedermair 1954:541). Die dazu einschlägigen Runderlasse und Verordnungen der Landesminister zur Ausgestaltung dieser Aufsichtspflichten sind schon angesprochen worden, so daß sich die Darstellung in diesem Kapitel auf einen kurzen Rückblick beschränken kann. Schon die nach dem Apothekengesetz von 1960 erlassene Zuständigkeitsverordnung der Landesregierung vom 12. Dezember 1961 (GVBl. NW. 1961:377) bestimmte, daß - bis auf wenige Ausnahmen - der Regierungspräsident 'zuständige Behörde' im Sinne des Apothekengesetzes sei und die darin aufgeführten Aufsichtsaufgaben

(vgl. Kap. 11.1.4) durch ihn zu leisten seien. In der Verordnung wurde aber auch angeordnet, daß die periodischen Apothekenbesichtigungen in der Regel nicht vom zuständigen Medizinaldezernenten, sondern vom Amtsarzt des zuständigen Gesundheitsamtes durchgeführt werden sollten (§ 3). Diese Regelung wurde durch den erwähnten Runderlaß des Innenministers vom 18. Januar 1966 geändert; danach wurden diese Besichtigungen auch vom Pharmaziedezernenten in Vertretung des Regierungspräsidenten durchgeführt.
Auch nach den Bestimmungen der Zuständigkeitsverordnung zum Arzneimittelgesetz von 1961 vom 1. März 1962 (GVBl. NW. 1962:107) **oblag die Beaufsichtigung der durch das AMG 61 betroffenen Betriebe den Regierungspräsidenten.** Die in Kap. 11.2.1 ausführlich besprochenen Besichtigungserlasse vom Januar 1966 und März 1967 bestätigen diese Regelung und legten die Einzelheiten der Revisionen fest.
Zu diesen direkten Aufsichtskompetenzen kamen noch Aufgaben nach den verschiedenen Ausbildungs- und Berufszulassungsbestimmungen, die ebenfalls von den Regierungspräsidenten wahrgenommen wurden. Im Jahr 1968 - d.h. also noch vor Erlaß des neuen Arzneimittelgesetzes von 1976 - ließen sich die apothekenaufsichtlichen Aufgaben der Regierungspräsidenten nach einer Aufstellung des Innenministerium wie folgt zusammenfassen:

- die **Regelung des Ausbildungs- und Prüfungsverfahrens für Apotheker** nach den Vorschriften der Prüfungsordnung von 1934 (Anerkennung von Lehrapotheken, Entscheidung über die Zulassung zur Prüfung u.ä.);
- die **Prüfung der Unterlagen zur Bestallung** nach der Bestallungsordnung von 1937 vor der Weiterleitung an das Innenministerium;
- die **Erteilung, Überwachung und ev. Zurücknahme der Erlaubnis zum Betrieb einer Apotheke** nach den Vorschriften des Apothekengesetzes von 1960;
- die **Durchführung von Besichtigungen** nach der zitierten Verfahrensverordnung vom Januar 1966 aufgrund des Apothekengesetzes;
- die **Besichtigung von Betrieben**, die unter die Vorschriften des Arzneimittelgesetzes von 1961 fielen.

(vgl. Innenminister NRW 1968:112 ff)

Zur Erfüllung dieser Aufgaben stand dem Regierungspräsidenten Fachpersonal zur Verfügung: beim Regierungspräsidenten in **Detmold** waren das etwa 1965 **ein Regierungsmedizinaldirektor als Medizinaldezernent und ein Pharmazierat als Pharmaziedezernent**, sowie der aus Apothekern - darunter mehreren Pharmazieräten - bestehende Vorprüfungsausschuß (vgl. Apotheker-Jahrbuch 1965:600f).
Organisiert waren diese Aufgaben damals (und blieben bis in die Gegenwart) im **Dezernat 24 ('Gesundheit')**. Auch nach dem neuesten Runderlaß des Innen-

ministers betreffend die innere Organisation der Regierungspräsidenten vom 3. Juni 1981 (abgedruckt bei Ahrens 1985 B1:12a ff) waren die 'Pharmazeutischen Aufgaben' mit den vier Untergruppen
- Amtsapotheker,
- Apotheker,
- Pharmazeutisch-technische Assistenten und
- Arzneimittelangelegenheiten

in diesem Dezernat organisiert. Die **Zuständigkeit der Regierungspräsidenten für die Apothekenaufsicht** in Nordrhein-Westfalen, die seit der Zuständigkeitsverordnung vom Dezember 1961 bestanden, gingen nach mehr als zwanzig Jahren **am 31. Dezember 1981 zu Ende** (Pfeil u.a. 1980:68).

13.2.4 Die Verlagerung der Aufsicht auf die Kreisebene (ab 1982)

Am 1. Januar 1982 endete damit eine Zuständigkeit der Regierungspräsidenten, die im preußischen Rechtsgebiet Nordrhein-Westfalens seit dem Dezember 1808 bestanden hatte und damit über 173 Jahre fast uneingeschränkt in Kraft gewesen war: **Seit diesem Tag sind in Nordrhein-Westfalen die Kreise und kreisfreien Städte für die Beaufsichtigung der Apotheken zuständig.**

Übertragen wurde der Kreisebene diese Zuständigkeit durch die 'Verordnung über die Zuständigkeiten nach dem Gesetz über das Apothekenwesen, dem Arzneimittelgesetz etc.' der Landesregierung vom 8. Januar 1980 (GVBl. NW. 1980:205). In § 1 der Verordnung wurden die Kreise und kreisfreien Städte als 'zuständige Behörde' benannt im Sinne:
- des Gesetzes über das Apothekenwesen von 1960;
- der Apothekenbetriebsordnung von 1968;
- des Arzneimittelgesetzes von 1976;
- sowieder aufgrund des AMG erlassenen Rechtsverordnungen

des Betäubungsmittelgesetzes und des Gesetzes über den Beruf des pharmazeutisch-technischen Assistenten. Die Zuständigkeit über die angeführten drei Hauptnormen des Apothekenwesens trat nach § 5 am 1. Januar 1982 in Kraft. Deshalb wurden zum 31. Dezember 1981 u.a. die Zuständigkeitsverordnung nach dem Apothekengesetz von 1961 und auch verschiedene Ausbildungs- und Prüfungszuständigkeitsbestimmungen außer Geltung gesetzt. (§ 5) Landesprüfungsamt im Sinne der Approbationsordnung ist nach der Verordnung in Nordrhein-Westfalen der Minister für Arbeit, Gesundheit und Soziales.

Den Kreisen und kreisfreien Städten wurde die Apothekenaufsicht als Pflichtaufgabe zur Erfüllung nach Weisung übertragen (§ 2 I). Die Aufsichtsbehörden können sich jederzeit über die Wahrnehmung dieser Aufgaben unterrichten lassen und auch Weisungen zu ihrer Durchführung geben. Insbesondere kann der für das Gesundheitswesen zuständige Minister für Arbeit, Gesundheit und Soziales spezielle Verwaltungsvorschriften über die Erteilung von Erlaubnissen, die Durchführung von Apothekenbesichtigung und die fachliche Qualifikation des Personals erlassen (§ 5 III Nr. 1). Er kann aber auch den Aufsichtsbehörden in den Kreisen allgemeine und besondere Weisungen erteilen, "wenn das Verhalten der zuständigen Behörden zur sachgerechten Aufgabenwahrnehmung nicht geeignet erscheint oder überörtliche Interessen gefährden kann" (§ 5 II Nr. 2). Trotz der Verlagerung der Apothekenaufsicht auf eine niedrigere Verwaltungsebene **besteht also ein direkter Zugriff der obersten Landesbehörde**; ein Zugriff, der sich in den Zuständigkeitsverordnungen, die die Regierungspräsidenten betroffen hatten, nicht so deutlich ausformuliert zu finden war.
Die Zuständigkeit für die Verfolgung und Ahndung von Ordnungswidrigkeiten im Sinne der angeführten Apotheken- und Arzneimittelgesetze, soweit sie Apotheken betreffen, sind den **Kreisordnungsbehörden** übertragen. Der Regierungspräsident behielt im übrigen die Zuständigkeiten nach dem Arzneimittelgesetz von 1976 über die Herstellung und Einführung bestimmter Arzneimittel (§ 1 II), so daß damit die **Kontrollbefugnisse über pharmazeutische Unternehmer von den anderen Fragen des Arzneimittelverkehrs abgetrennt und auf einer höheren Verwaltungsebene wahrgenommen werden** (vgl. Ahrens 1985 C2:3, Anm.2). Die Bestimmungen dieser Verordnung von 1980 wurden durch eine Änderungsverordnung vom 8. September 1982 (GVBL. NW. 1982:618) in Einzelheiten ergänzt und aktualisiert, inhaltlich aber nicht verändert.

Die in den genannten Vorschriften der Landesregierung getroffene Aufgabenverteilung wird auch von der vom Bundesminister für Jugend, Familie und Gesundheit veröffentlichten 'Bekanntmachung der für den Vollzug des Arzneimittelgesetzes zuständigen Behörden' in der aktuellen Form vom 15. September 1984 (abgedruckt bei Ahrens 1985:BR IV 0.1) so aufgenommen. Dort ist zu den **Aufgaben der Regierungspräsidenten in Nordrhein-Westfalen** ausgeführt: "Überwachung der Arzneimittelhersteller, des Arzneimittelgroßhandels und der Einführer". Die **Kreise und kreisfreien Städte** hingegen sind zuständig für:

> "Überwachung der Apotheken und des sonstigen Einzelhandels mit Arzneimitteln sowie Überwachung der tierärztlichen Hausaptoheken, der Tierheilpraktiker, des Einzelhandels mit Tierarzneimitteln außerhalb der Apotheken und der Tierhalter."

Zur Durchführung der Apothekenaufsicht durch die Kreise und kreisfreien Städte veröffentliche der zuständige Minister für Arbeit, Gesundheit und Soziales in Übereinstimmung mit dem § 5 der zitierten Verordnung von 1980 am 22. Januar 1983 einen Runderlaß betr. die 'Verwaltungsvorschriften zur Durchführung der Verwaltungsaufgaben auf pharmazeutischem Gebiet' (abgedruckt bei Cyran u.a. 1985:204) In diesem Runderlaß wurde festgelegt, daß die Überwachung der Apotheken und anderen Arzneimittelbetriebe durch **hauptamtliche Amtsapotheker** durchzuführen ist. Diese Amtsapotheker müssen neben der Approbation als Apotheker auch ausreichende Kenntnisse über die Einrichtungen und Organisationen des öffentlichen Gesundheitsdienstes, sowie über die Grundzüge des Verwaltungsrechts besitzen (Ziff. 2). Mit der Einführung dieser Amtsapotheker in Nordrhein-Westfalen **wurde die Organisation der Apothekenaufsicht in der Bundesrepublik noch ein wenig unübersichtlicher:** In Bayern obliegt die Fachaufsicht weiterhin ausschließlich ehrenamtlichen Pharmazieräten, in anderen Bundesländern wird die Überwachung durch ehren- und hauptamtliche Pharmazieräte gemeinsam durchgeführt - ein deutliches Beispiel für die unterschiedliche Ausführung eines eigentlich einheitlichen Bundesgesetzes (Gloggengießer 1983:1871). Dazu ist sachlicherweise aber auch anzumerken, daß die Verlagerung der Apothekenaufsicht in Nordrhein-Westfalen auf die Kreise letzlich auch eine Zurückverlagerung auf eine noch überschaubare, aber dennoch handlungsfähige Verwaltungsgröße bedeutete: einige nordrhein-westfälische Kreise können sich an Umfang und Einwohnerzahl durchaus mit Regierungsbezirken anderer Länder messen (um nicht gleich das Saarland als Vergleichsmaßstab heranzuziehen).

Den Amtsapothekern obliegt danach die Aufsicht über die Apotheken nach:

- dem Apothekengesetz von 1960,
- der Apothekenbetriebsordnung von 1968 und
- dem Arzneimittelgesetz von 1976.

Grundlage des gesamten Verkehrs mit Arzneimitteln (innerhalb und außerhalb der Apotheken) ist dabei wie schon mehrfach ausgeführt, das Arzneimittelgesetz von 1976 in seinen §§ 64 bis 69. Zur Aufgabe des Amtsapothekers gehört danach auch die Überwachung des Arzneimittelverkehrs in Apotheken.

Wie im Rahmen dieser Untersuchung schon deutlich wurde, ist einer der Kernpunkte der Apothekenaufsicht die regelmäßige Besichtigung der Apotheken durch die zuständige Behörde. Das ist auch nach den Vorschriften des AMG nicht anders geworden, weshalb abschließend auf diese Aufsichtsmaßnahme noch einmal eingegangen werden soll.

13.2.5 Der Ablauf der Besichtigungen

Bei den Besichtigungen (vorher 'Revisionen', noch früher 'Visitationen') sind drei Arten zu unterscheiden: die **Abnahmebesichtigung** vor Eröffnung einer Apotheke, die eigentliche **routinemäßige Überwachung**, die in der Regel alle zwei Jahre erfolgt und die (kostenpflichtige) **Nachbesichtigung bei gravierenden Mängeln** (vgl. Hügel/Spegg 1983:15f).

Dabei kommt der routinemäßigen Besichtigung nach dem Wegfall der Apothekenüberwachung durch die Gesundheitsämter **die größere Bedeutung** bei der staatlichen Apothekenaufsicht zu. Sie wird in der Regel in den einzelnen Bundesländern durch Pharmazieräte im Auftrag der zuständigen Behörden (zumeist die staatliche Mittelinstanz) durchgeführt. In Nordrhein-Westfalen war das lange Zeit auch der Fall (vgl. die 1983 aufgehobene amtliche Besichtigungsanweisung vom Januar 1966); seit 1983 ist auch hierfür der Amtsapotheker zuständig. Nach der vorstehend zitierten Verwaltungsvorschrift vom Februar 1983 sind neben den Vorschriften des AMG bei der Durchführung der Überwachung auch die mit dem Ziel eines bundeseinheitlichen Vorgehens erlassenen Bestimmungen der Durchführungsvorschrift des Bundesgesundheitsministers (erlassen im August 1983) maßgebend. Bei der Besichtigung ist nach der nordrhein-westfälischen Verwaltungsvorschrift (Ziff. 5.1.3.2) insbesondere zu prüfen, ob die Apothekenbetriebsordnung eingehalten wird. Dabei muß darauf geachtet werden, daß

- der Apothekenbetrieb vom **Apothekenleiter persönlich** geleitet wird;
- das Personal nur **entsprechend seiner Ausbildung** eingesetzt wird;
- die **Betriebsräume** einen ordnungsgemäßen Betrieb erlauben;
- die Herstellung und Prüfung von Arzneimitteln mit den **vorhandenen Geräten** ordnungsgemäß erfolgen kann;
- die nach der Apothekenbetriebsordnung zu lagernden **Arzneimittel vorrätig** gehalten werden und
- das **Giftbuch**, die Giftscheine und das Abgabebuch für giftige Pflanzenschutzmittel ordnungsgemäß geführt werden.

Über die Besichtigung ist eine Niederschrift auf einem Formblatt anzufertigen, welches dem Apotheker zur Kenntnis gebracht wird und von der er eine Durchschrift erhält. Die Beseitigung der darin aufgeführten Mängel hat der Apotheker fristgemäß dem Kreis oder der kreisfreien Stadt anzuzeigen (Ziff. 5.1.3.7). Bei mehreren Mängeln werden Nachbesichtigungen auf Kosten des Apothekers durchgeführt. Bei schwerwiegenden oder wiederholten Beanstandungen ist ein Bußgeldverfahren einzuleiten; außerdem ist nach Ziff. 5.1.3.9 der Vorschrift zu prüfen, ob die betreffende Apothekenbetriebserlaubnis zu widerrufen ist.

Der Verlauf der Besichtigung ist - sowohl wegen der einheitlichen Grundvorschriften als auch aus den sachlichen Gegebenheiten heraus - in der ganzen Bundesrepublik als ungefähr gleichartig anzunehmen. Er schließt sich an die schon beschriebenen Verfahren in früheren Zeiten an und konzentriert sich auf die Besichtigung der Unterlagen über die Apotheke, der Betriebsräume und ihrer Einrichtungen. Bei den Unterlagen sind in der Regel (u.a.) zu prüfen:

- die Betriebserlaubnis;
- der amtlich beglaubigte Lageplan (da die Erlaubnis auf bestimmte, genau festgelegte Räume begrenzt ist);
- die Approbationsurkunde des Apothekers und die Befähigungs- und Ausbildungsnachweise der Mitarbeiter;
- die Niederschrift der letzten Besichtigung bzw. der Durchführungsbescheid darüber;
- die eichamtlichen Bescheinigungen über die Nachprüfung der Waagen und Gewichte;

sowie in bestimmten Fällen Versicherungs- und Herstellungsbescheinigungen für die Arzneimittelherstellung (vgl. Hügel/Spegg 1983:17 ff). Die Besichtigungen sind im übrigen kostenlos; nach der Allgemeinen Verwaltungsgebührenordnung des Landes Nordrhein-Westfalen in der Fassung vom 5. August 1980 (abgedruckt in Auszügen bei Wilson/Blanke 1981 L/4) kostet dort allerdings eine Abnahmebesichtigung 100 DM und eine Nachbesichtigung 50 DM. Generell ist es wohl nicht mehr so, daß "schon der bloße Gedanke an eine bevorstehende Apothekenbesichtigung genügt, um bei vielen Apothekern ein unangenehmes Gefühl hervorzurufen" (Hügel 1959: 46), aber in manchen Fällen gibt es sicher Probleme:

> "Die Menschen sind verschieden, und auch die Apotheker sind verschieden. Es gibt Menschen, die überhaupt keinen Blick haben für Dinge, die einem anderen sofort auffallen, z.B. wenn die Regale völlig verstaubt sind. Man könnte das als 'Betriebsblindheit' bezeichnen. Man kann sich durch den täglichen Anblick daran gewöhnen, daß z.B. Anbrüche stehen bleiben, die längst verdorben sind, daß Etiketten abgefault sind usw. Manchmal ist es ja auch die Frau des Apothekers, die dann der Engel im Haus ist und für Sauberkeit sorgt." (Hornung 1955:44)

Das Problem bei den Apothekenbesichtigungen liegen aber zumeist nicht in der Sauberkeit der Apotheken. Die häufigsten Beanstandungsgründe im Rahmen der amtlichen Besichtigung der Apotheken sind nach Hügel/Spegg (1983:45):

- die **unsachgemäße Lagerung** von Arzneimitteln;
- das Vorrätighalten von **aus dem Handel gezogenen bzw. über die Laufzeit hinaus gelagerten Arzneifertigwaren** sowie von überalterten Arzneistoffen und Arzneizubereitungen und
- die **mangelhafte Kennzeichnung** auf Vorrat hergestellter Arzneimittel, sowie unvollständige Herstellungs- und Prüfnachweise.

Gegen jede Maßnahme und jeden Bescheid bei der amtlichen Apothekenüberwachung können die betroffenen Apotheker Rechtsbehelfsmaßnahmen einlegen - ein Grundsatz, der übrigens auch schon in Preußen seit 1872 galt (vgl. Schiedermair 1954:539). Diese Rechtsbehelfe richten sich aber nicht nach apothekenrechtlichen Vorschriften, sondern - da es sich um normales Verwaltungshandeln (in Verwaltungsakten u.ä.) handelt - nach den Vorschriften des allgemeinen Verwaltungsrechts (vgl. dazu Schiedermair/Pieck 1981:126 ff).
Neben der amtlichen Apothekenbesichtigung findet auch eine solche durch die **Berufsgenossenschaft** statt; für die Apotheker ist das die 'Berufsgenossenschaft für Gesundheitsdienst und Wohlfahrtspflege' (BGWI) mit Sitz in Hamburg. Ihre Besichtigungen werden in der Regel ebenfalls durch den Pharmazierat wahrgenommen, da dieser üblicherweise Beauftragter der Berufsgenossenschaft ist (Hügel/Spegg 1983:18). Die Berufsgenossenschaft achtet besonders auf Sicherheitsbestimmungen in der Apotheke (elektrische Anlagen, Leitern und Tritte), sowie auf die Vorsorge vor Unfällen. Auch durch die Berufsgenossenschaft wird ein entsprechender Besichtigungsbericht abgefaßt, aufgrund dessen Auflagen erfolgen können.
Bei all diesen Vorschriften lassen sich zwar die einzelnen Besichtigungskriterien (und sogar die Verstöße dagegen) genau festlegen, letztlich hängt aber - und das hat sich in den nahezu sechshundert Jahren öffentlicher Apothekenaufsicht nicht geändert - viel von der Person des Prüfers ab, wobei gute Zusammenarbeit natürlich gewünscht wird (Oeser 1982:125):

> "... gibt es Wünsche seitens der Betroffenen an 'ihren' Überwachungsbeamten. Das gilt für den ehrenamtlichen Pharmazierat, der zur 'Revision' in die Apotheke kommt, wie für den Inspektor aus dem eigenen Betrieb, wie für den pharmazeutischen Überwachungsbeamten. Die Könner mit den großen Erfahrungen werden bevorzugt, wie wir erfahren haben, weil sie flexibel sind ..."

Und weil sie für die Nöte ihrer 'Kunden' in der Regel auch ein offenes Ohr haben, möchte man in Erinnerung an den zitierten Vortrag von Aye 1934 (vgl. Kap. 10.1.4) hinzufügen.

Teil IV: Apothekenaufsicht als staatliche Wirtschaftsaufsicht – Zusammenfassung und Bewertung der Ergebnisse der Untersuchung

14. Entwicklungslinien der Apothekenüberwachung

14.1 Zusammenfassung der Untersuchungsergebnisse

14.1.1 Die Entwicklung der Gesetzgebung

Die Untersuchung der frühen Beaufsichtigung der Apotheken in Deutschland hat gezeigt, daß sich dabei zwei - historisch aufeinander folgende - Perioden der öffentlichen Apothekenaufsicht unterscheiden lassen:

- die **kommunale** Apothekenaufsicht bis zum 17. Jahrhundert und
- die **staatliche** Apothekenaufsicht seit dem Beginn der Entwicklung des modernen Territorialstaates.

Aus dem thematischen Schwerpunkt 'Preußen' dieser Arbeit ergab sich, daß die kommunale Beaufsichtigung des Apothekenwesens nur im Anfangskapitel des Beschreibungsteils (Kap. 5) behandelt wurde und dies nur als Grundlage für die Darstellung der Entwicklung der staatlichen Apothekenaufsicht diente.
Hier geht es nun deshalb um die Zusammenfassung der Entwicklung der staatlichen Apothekenaufsicht am Beispiel Preußens und Nordrhein-Westfalens und dabei zu allererst um die **Verlagerung der Rechtsetzungskompetenz** für die verschiedenen Teilgebiete der Aufsichtsreform. Beginnend mit dem Churfürstlichen Medizinaledikt von 1685 läßt sich auf der Gesetzgebungsebene eine Entwicklung beobachten, die im 17. Jahrhundert mit dem Aufkommen verschiedener Apothekerordnungen **innerhalb eines Landes** (Preußen) beginnt und in der zweiten Hälfte des 20. Jahrhunderts mit einem einheitlichen Bundesgesetz für den **gesamten** deutschen Rechtsraum (die heutigen Probleme der 'Deutschen Frage' einmal außer Acht gelassen) endet. Das zeigt, daß sich in den letzten drei Jahrhunderten in der Frage der Apothekengesetzgebung eine Zentralisierung vollzogen hat: erst innerhalb Preußens (gipfelnd in der Revidierten Apotheker-Ordnung von 1801), dann innerhalb Deutschlands (mit dem Endpunkt des Bundes-Apothekengesetzes von 1960). Dabei ist neben der Tatsache, daß diese Entwicklung stattfand, allein schon ihre Dauer bemerkenswert: Da die letzten fünfundzwanzig Jahre - gemessen an der Gesamtdauer dieser Entwicklung des

Apothekenwesens - eine kaum nenneswerte Größe darstellen, kann man durchaus behaupten, daß seit es im deutschen Raum Apotheken gibt, ihre Überwachung Gegenstand öffentlicher 'Rechtsetzungstätigkeit' ist, seither die Gesetzgebung aber auch in ständiger Bewegung und immer Gegenstand öffentlicher Diskussionen war. Es ist gezeigt worden, daß es in Preußen - trotz heftiger Diskussionen- zwischen 1801 und 1932 und in Deutschland zwischen 1871 und 1958 offenkundig nicht möglich war, diese Rechtsmaterie neu bzw. überhaupt gesetzlich zu regeln, wobei in der ganzen Zeit eigentlich unumstritten war, daß es einer solchen Regelung bedurft hätte.
Dies erstaunt umso mehr, als die **Inhalte** der gesetzlichen Regelungen des Apothekenwesens im Grunde seit den Verordnungen des Staufenkaisers Friedrich II. aus dem 13. Jahrhundert in Deutschland ihrer Natur nach gleich geblieben sind. Geregelt wurden seitdem immer:

- die Trennung von Ärzten und Apothekern;
- die behördliche Überwachung der Apotheken;
- die Verpflichtung auf ein Arzneibuch und die Rezeptpflicht;
- und die Festlegung der Arzneimittelpreise durch die Obrigkeit.

Einzig die Beschränkung der Zahl der Apotheken (bzw. der staatliche Genehmigungsvorbehalt zu ihrer Neuanlage) verschwand als Teilgebiet staatlicher Apothekenaufsicht - und dies auch erst 1958. Wie in Kap. 14.1.2 gezeigt werden wird, hat auch die Organisation der Apothekenaufsicht mit Hilfe von Fachleuten innerhalb der Verwaltungsbehörden (auf der staatlichen Mittelinstanz) bzw. durch eigene Fachverwaltungen (Kreisärzte) relativ früh - ab dem Beginn des 19. Jahrhunderts - ihre endgültige Gestalt angenommen und wurde (abgesehen von dem Wegfall der Überwachung durch die Kreisgesundheitsbehörden auf der Kreisebene 1978) in den meisten Bundesländern bis heute beibehalten. Offensichtlich war diese Form der Organisation der Apothekenaufsicht im Grundsatz nie umstritten. Die Konflikte um die Apothekenaufsicht spielten sich in der Tat zumeist auf der Ebene der Gesetzgebung (oder allgemein der Rechtsetzung durch den Staat) ab, sowohl was die Diskussion um die Berechtigung des Staates zu solcher Rechtsetzung überhaupt, als auch was die Inhalte dieser Gesetzgebung anging. Das ist auch folgerichtig, denn die eigentlichen Entscheidungen fielen immer auf dieser Ebene bzw. in diesem Stadium der Apothekenüberwachung. Letztlich war es im Grundsatz nicht so interessant, ob ein Apotheker oder ein Verwaltungsbeamter oder ein Arzt das Privilegium oder die Konzesssion bei der alljährlichen Visitation prüfte, oder ob nun der Kreisphysicus oder der Regierungs- und Medizinalrat die Ausbildung der Apothekerlehrlinge überwachte. Entscheidend war, **daß** der Staat eine Betriebsberechtigung dieser oder jener Art forderte und daß die Vor- und Ausbildung der Apotheker der staatlichen Aufsicht unterlag und staatlicherseits exakt festgelegt war. Auseinandersetzungen um die **Inhalte** der Apothekenaufsicht überlagerten deshalb immer die Auseinandersetzungen um die Form dieser Aufsicht. Und ein hundert- oder hundertdreißigjähriger Stillstand bei der Apothekengesetzgebung bei einem gleichzeitigen deutlichen Regelungsbedarf ist eben ein sichtbares Zeichen für solche Auseinandersetzungen.

Dabei war die **grundsätzliche Kompetenz des Staates**, die Überwachung des gesamten Apothekenwesens (einschließlich der Ausbildung etc.) gesetzlich zu regeln, nie umstritten. Wenn auch Robert v. Mohl betonte, daß es bei keinem Teil der Polizei-Wissenschaft nötiger sei "als bei der Medicinal-Polizei, die obersten Grundsätze über Recht und Pflicht zur polizeilichen Thätigkeit und über das Eintreten und die Ausdehnung von Zwangsmaßregeln im Auge zu behalten" (da die Verantwortung für die Gesundheit in erster Linie beim Einzelnen läge; v. Mohl 1844:132), galt die Zuständigkeit des Staates für das Medizinalwesen als Ganzes - und sei es nur ergänzend zur Verantwortung des einzelnen - auch in der zeitgenössischen Literatur über das preußische Staatswesen immer als selbstverständlich. In diesem Zusammenhang soll die Stellung des Medizinalwesens innerhalb des preußischen Staats- und Verwaltungsrechts (Unterteilung in die Medizinal- und Sanitätspolizei bzw. in das Sanitätswesen und das Heil- oder Medizinalwesen) nicht näher behandelt werden (vgl. zu dieser Unterteilung u.a. v. Sarwey 1884:78 ff; v.Schulze-Gaevernitz 1890:330 ff; Bornhak 1914:209f). Es sollte aber darauf verwiesen werden, daß die Apothekenaufsicht einen Bestandteil des **Medizinalwesens** bildete, welches ganz allgemein um die Wende vom 17. zum 18. Jahrundert in den deutschen Territorialstaaten als "Pflicht für die Wohlfahrt (der) Unterthanen" (v.Schulze-Gaevernitz 1890:332) erkannt und dementsprechend auch gesetzlich normiert wurde.

Diese Veränderung ist auch für Preußen zu beobachten. Das **Churfürstlich-Brandenburgische Medizinaledikt von 1685** kann - wie in Kap. 6.1 aufgezeigt - als Grundstein der preußischen Medizinalverwaltung gelten. Es führte als zentrales Gremium dieser Medizinalverwaltung das 'Collegium Medicum' ein und übertrug diesem die Aufsicht über die Apotheker. Die Städte in Preußen verloren damit am Ende des 17. Jahrhunderts das seit dem 14. Jahrhundert ausgeübte Besichtigungsrecht. Diese organisatorischen Neuerungen heben das Medizinaledikt über die gleichzeitig oder früher anderen preußischen Provinzen entstandenen Medizinalordnungen hinaus. 1693 inhaltlich - auch um eine eigene Apothekerordnung - erweitert, wurde es zum Kern des für das gesamte damalige Preußen geltenden **Medizinaledikts von 1725**. Dieses Edikt brachte mit der Errichtung der

Provinzial-Medizinalkollegien eine funktionale Differenzierung der Medizinalverwaltung mit sich. Das Collegicum Medicum übernahm im System eine zentrale Lenkungsfunktion; eine Entwicklung, die in seiner Ernennung zum 'Ober-Collegium Medicum et Sanitatis' 1799 schon ihren Höhe- und Endpunkt erreicht hatte (vgl. zur weiteren Organisationsentwicklung Kap. 14.1.2).
Die Bestimmungen des Edikts von 1725 wurden dann in die allgemeine Kodifizierung des preußischen Rechts, das **Allgemeine Landrecht von 1794** aufgenommen. Mit dem ALR ging auch die Konzessionsvergabe für die Apotheken auf den Staat über. Damit lag das Apothekenwesen in Preußen am Ende des 18. Jahrhunderts **voll in staatlicher Hand**.

Ihren Abschluß fand die preußische Apothekengesetzgebung schon wenige Jahre später, als 1801 die Revidierte Apotheker-Ordnung verkündet wurde. In ihr wurde zum ersten (und letzten Mal) in Preußen ein umfassendes Spezialgesetz ausschließlich für das Apothekenwesen erlassen. Die Revidierte Apotheker-Ordnung blieb bis in die sechziger Jahre des 20. Jahrhunderts hinein die grundlegende gesetzliche Norm für die Ausbildung und Berufszulassung der Apotheker und den Betriebsablauf in den Apotheken im (ehemals) preußischen Rechtsgebiet). Es ist aber auch gezeigt worden, daß insbesondere in den Bereichen 'Ausbildung' und 'Berufszulassung' (Privilegien/Konzessionen) die Vorschriften der Ordnung von 1801 durch verschiedene Spezialgesetze (Gewerberecht) und Spezialverordnungen (Ausbildungsfragen) ersetzt und abgelöst worden sind. Während der Ausbildungsbereich recht schnell nach der Entstehung des Deutschen Reiches von 1871 auf die Reichsebene übertragen und dort geregelt worden ist, blieb neben der Frage der Konzessionserteilung auch die Ordnung des Betriebsablaufes bis 1932 (und sogar darüber hinaus) der preußischen Rechtsetzung überlassen. Zur Regelung des letzteren Problems wurde **1902** die **preußische Apothekenbetriebsordnung** erlassen, die nach 1801 einzige allgemeine preußische Norm zur Ordnung des Apothekenswesens nach staatlichem Willen.
Berücksichtigt man zudem die in Kap. 6.5 und 9.2.3 gemachten Ausführungen zur regional begrenzten Geltung der Revidierten Apotheker-Ordnung, wonach erst **1894** mit der Einführung der reinen Personalkonzession für ganz Preußen ein einheitliches 'Berufszulassungrecht' geschaffen wurde, so kann man durchaus sagen, daß zwar schon zu Beginn des 19. Jahrhunderts das Apothekenwesen in Preußen in staatliche Hände übergegangen ist, tatsächlich aber erst **zu Beginn des 20. Jahrhunderts** die volle Verfügungsmacht des Staates über dieses Apothekenwesen durchgesetzt wurde! Vorher wurde (durch den privaten Privilegienverkauf) ein entscheidender Teil der Verfügungsmacht vom Apothekerstand selbst ausgeübt.

Die 'gesamtdeutsche' Vereinheitlichung und den vollen Durchgriff des Staates auf das Apothekenwesen (wenn auch nicht auf den beiden wichtigen Gebieten des Konzessions- und des Apothekenbetriebsrechts) brachte dann der NS-Staat mit sich. Der Zugriff des Staates erstreckte sich nun vor allem auf die Apotheker als **Berufsstand**, ihre wirtschaftlichen Organisationen und Vereine und ihre Selbstverwaltung. Ein Teil dieser Vereinheitlichung wurde durch die Anpassung der Apothekennormen der anderen Länder an das preußische Rechtssystem erreicht, was durch die Personalunion des Reichs- und Preußischen Ministers des Innern und dessen Weisungsbefugnis an die Verwaltungen der anderen Länder erleichtert wurde. Eine gesetzliche Vereinheitlichung des **gesamten** Apothekenwesens kam aber weder während der NS-Diktatur noch in den ersten anderthalb Jahrzehnten des Bestehens der Bundesrepublik zustande. Eine solche Reform wurde erst durch das **Bundes-Apothekengesetz von 1960** erreicht, das - gedrängt durch die Rechtsprechung des Bundesverfassungsgerichts - insbesondere eine Umgestaltung des Konzessionsrechts mit sich brachte (auf diesem Themenbereich wird in Kap. 14.1.3 näher eingegangen). Da für das nordrhein-westfälische Apothekenwesen auch nach 1945 preußisches Recht weitergegolten hatte, wurde für dieses Rechtsgebiet damit **159 Jahre** nach dem Erlaß der Revidierten Apotheker-Ordnung wieder eine neue gesetzliche Grundlage für die Anlage und den Betrieb von Apotheken geschaffen.
Eine weitere sachliche Vereinheitlichung hinsichtlich der Überwachung bewirkte das **Arzneimittelgesetz von 1961**. Es trug dem Umstand Rechnung, daß der Verkauf und die Herstellung von Arzneien in Apotheken nur noch einen Teil des gesamten Arzneimittelverkehrs ausmacht und deshalb die Überwachung der Apotheken (zusätzlich) in die allgemeine Überwachung des Arzneimittelverkehrs zu integrieren ist. Der Endpunkt dieser Entwicklung war erreicht, als 1976 mit dem neuen **Arzneimittelgesetz** die gesonderte Überwachung der Apotheken nach dem Apothekengesetz die gesonderte Überwachung der Apotheken nach dem Apothekengesetz und der (von 1935 stammenden) Dienstordnung für die Gesundheitsämter abgeschafft und vom Januar 1978 an nur noch die einheitliche Überwachung aller von diesem Gesetz betroffenen Betriebe nach den Vorschriften des AMG durchgeführt wurde (bei Beibehaltung der für die Überwachung der Apotheken traditionell zuständigen Stellen; vgl. Kap. 14.1.2).
Die Vereinheitlichung war also eine dreifache:

- eine **regionale** (erst innerhalb Preußens, dann innerhalb (West-) Deutschlands;
- eine **sachliche** (Anpassung der Inhalte der Apothekenaufsicht innerhalb Deutschlands);
- eine **branchenmäßige** (Unterordnung der Apothekenaufsicht unter die Beaufsichtigung des gesamten Arzneimittelverkehrs - dies allerdings nur auf der rechtlichen, nicht aber der personellen Ebene).

Offensichtlich war dabei die regionale Angleichung leichter zu erreichen als die sachliche: die Reichs- und Bundeskompetenz zur gesetzlichen Regelung des Apothekenwesens war relativ früh unumstritten. Auch innerhalb der sachlichen Vereinheitlichung waren einige Bereiche (Ausbildung, Apothekenbetriebsrecht) leichter aneinander anzupassen, als andere (Konzessionsrecht). Da eine angestrebte Reform aber immer erst dann durchgeführt wurde, wenn alle Bereiche 'unter einen Hut' gebracht worden waren bzw. ihre Regelung unumgänglich wurde, verzögerte sich die Einführung neuer Rechtsnormen oftmals. Das galt für die preußische Reform von 1901/02 (Kreisarztgesetz, Apothekenbetriebsordnung) genauso, wie für das Bundes-Apothekengesetz von 1960 und die darauf gegründete Apothekenbetriebsordnung von 1968. Es wurde schon angesprochen (Kap. 10.1.4), wie vieles darauf hindeutet, daß diese Entwicklung sich auf **europäischer Ebene** wiederholt.

14.1.2 Die Aufsichtsbehörden und -personen

Die untere Ebene der apothekenaufsichtlichen Überwachung in Preußen war gleichzeitig die älteste: die Kreisphysiker (Kreisärzte) in den preußischen Stadt- und Landkreisen gingen letztlich auf die Einrichtung von Physikatsstellen in den deutschen Reichsstädten zurück, die sich im 16. Jahrhundert durchgesetzt hatte. Zu den Aufgaben dieser Kreisärzte gehörte über vier Jahrhunderte lang auch die Überwachung der Apotheken. Die spezielle Apothekenaufsicht hat sich in Preußen dann aus der allgemeinen Medizinalverwaltung herausdifferenziert: Sie blieb aber organisatorisch immer in diese integriert, wenn sie auch auf der (entscheidenden) mittleren Verwaltungsebene seit dem 19. Jahrhundert (in Preußen) bzw. seit 1935 (im Deutschen Reich nach der Übernahme des preußischen Systems) erst beratend, danach gleichberechtigt, letztlich in alleiniger Verantwortung, durch Apotheker wahrgenommen wurde.
Innerhalb dieser Überwachung sind zwei Bereiche zu unterscheiden:

- die regelmäßigen, allerdings nur der allgemeinen Musterung dienenden Besuche der Kreisphysiker in den Apotheken (ab 1901 der Kreisärzte, 1935 der Gesundheitsämter; 1978 eingestellt);
- die ebenfalls in regelmäßigen Abständen durchgeführten speziellen Revisionen durch Beamte der Apothekenaufsicht auf der mittleren Verwaltungsebene (Regierungen), ab 1982 in Nordrhein-Westfalen auf der Kreisebene.

Als eigentliche Apothekenaufsicht im Sinne einer **regelmäßigen, durch Fachleute vorgenommenen, umfassenden Prüfung der rechtlichen Grundlagen, des Personals, der Ausstattung und des Betriebsablaufs der Apotheken** ist dabei nur die zweite

Form, die Überwachung durch die Regierungs- und Medizinalräte und später durch die Pharmazieräte der einzelnen Regierungen, zu sehen. Die Überwachung durch die Kreisgesundheitsbehörden hatte demgegenüber immer nur eine ergänzende, unterstützende Funktion.
Die Entwicklung der preußischen Medizinalverwaltung läßt sich in drei Phasen einteilen:

- die Errichtung **beratender**, wissenschaftlicher Gremien, erst auf der zentralen (Collegium Medicum), dann auch auf der regionalen Ebene (Provinzial-Medizinalkollegien);
- die Umwandlung dieser Gremien in Behörden und ihre Betrauung mit **Verwaltungsfunktionen;**
- und letztlich die Auflösung bzw. Integration dieser Gremien in die Verwaltung mit der Übertragung ihrer Aufgaben auf die **allgemeinen Verwaltungsbehörden.**

Dieser Prozeß wurde in Gang gesetzt mit der Errichtung des Collegium Medicum 1685 und spielte sich vom Ende des 17. Jahrhunderts bis zur Wende zum 19. Jahrhundert ab. Er kann als abgeschlossen gelten, als 1808 die Medizinalverwaltung in der Zentralinstanz auf das Ministerium des Innern und in der Provinzialinstanz auf die einzelnen Regierungen übertragen wurde. Alle darüber hinaus bestehenden technisch-wissenschaftlichen Fachgremien hatten von da an nur noch beratenden Charakter. Die Entscheidung, die Medizinalverwaltung - und damit die Apothekenaufsicht - innerhalb der allgemeinen Landesverwaltung anzusiedeln, wurde im Grundsatz auch durch die mehrmalige Verschiebung der Ministerialverwaltung des Medizinalwesens nicht beeinträchtigt, da bei diesen Verschiebungen an der Zusammenfassung der Kompetenzen in einer abgeschlossenen Medizinalabteilung innerhalb eines Ministeriums mit Ausnahme der Jahre 1824-1849 immer festgehalten wurde. Auch in der Provinzial-Ebene wurde diese Grundsatzentscheidung bei organisatorischen Änderungen (1817/1883) nicht mehr in Frage gestellt; desgleichen auf der unteren Verwaltungsebene, wo ja - neben der fachlichen Zuständigkeit der Landräte und Kreisphysiker bei präventiven Maßnahmen - die eigentlichen polizeilichen Anordnungen (repressive Strafverfolgung) immer von den Ortspolizeibehörden durchgeführt wurde.

So klar wie die Ansiedlung der Apothekenaufsicht (innerhalb der Medizinalverwaltung) auf den verschiedenen Gebieten bei der allgemeinen Landesverwaltung war, so klar setzte sich auch von Beginn an deren tatsächliche Durchführung durch ausgebildete **Fachleute** durch. Apothekenaufsicht war zu einem großen Teil immer **präventive Aufsicht** durch Auflagen, spezielle Regelungen und Anordnungen, Revisionen etc., deren Einhaltungskontrolle oder Durchführung Sachkenntnis voraussetzte. Repressive Maßnahmen machten hingegen immer nur einen kleinen Teil der Aufsicht aus: Zu ihrer Durchführung war in der Regel keine Sachkenntnis notwendig und sie konnten deshalb - von dem Sonderfall medizinal-polizeilicher Maßnahmen bei 'Gefahr im Verzug' abgesehen - durch die allgemeinen Polizeibehörden wahrgenommen werden. Die 'naturgemäße' Aufsichtsform gegenüber Apotheken war deshalb seit dem Mittelalter die **Beaufsichtigung durch Fachleute vor Ort**, in der Regel also durch die Kreisphysiker. Mit der Notwendigkeit der regionalen und sachlichen Vereinheitlichung der Aufsicht wurden auch auf der nächsthöheren Verwaltungsebene (Regierungen) Fachbeamte eingesetzt. Wie gezeigt, wurden sie im allgemeinen aus den Reihen der Kreisphysiker berufen. Auf der obersten Verwaltungsebene, der Ministerialverwaltung, setzt sich diese 'Spezialisierung' erst viel später, zum Teil sogar erst im 20. Jahrhundert durch. Generell wurden die Leitungsfunktionen in den Verwaltungen in den deutschen Bundesstaaten weit weniger an technische Beamte übertragen, als in anderen europäischen Ländern (vgl. Rapmund 1901:50). Es wurde auch aufgezeigt, daß diese Spezialbeamten gegenüber den normalen Regierungs- und Ministerialbeamten manche wirtschaftlichen und sozialen Nachteile erleiden mußten und daß ihre Rechte im normalen Verwaltungsalltag geringer waren als die ihrer Kollegen; dies auch innerhalb der Medizinalverwaltung:

> "Während man keine Bedenken trägt, den Polizei- und Verwaltungsbeamten, denen meist jede Vorbildung für eine Tätigkeit im Gesundheitsdienste fehlt, mit entsprechenden Machtbefugnissen auszustatten, werden alle möglichen Befürchtungen und Widersprüche erhoben, sobald die Vollmächte der technischen Gesundheitsbeamten etwas erweitert werden sollen." (Rapmund 1901: 49f)

Diese Situation besserte sich im wesentlichen erst in den Jahren nach 1919.
Neben der

- **Spezialisierung der Beamtenschaft** (wobei 'Spezialisierung' nicht ganz der richtige Ausdruck ist, denn eigentlich existierten die Spezialisten ja schon lange, bevor es eine staatliche Medizinalverwaltung gab) und
- der **Emanzipation dieser Beamten**, die ja durchweg Ärzte waren, in der allgemeinen Medizinalverwaltung, kommt für den speziellen Bereich der Apothekenaufsicht auch noch die
- **Integration von Apothekern** in den Verwaltungsbereich als Beobachtungsaspekt hinzu.

Die Integration nahm dort ihren Anfang (und setzt sich auch dort am umfassendsten durch), wo die Sachkenntnis der Apotheker am meisten gefragt war: bei den direkt mit dem Aufsichtsobjekt 'Apotheken' befaßten Stellen der mittleren Verwaltungsebene, den Regierungen und den Fachkommissionen des Ministeriums. War die Formulierung von allgemeinen Aufsichtszielen auf der Ministerialebene und die 'allgemeine Musterung' von Ordnung und Sauberkeit in den Apotheken noch ohne größere pharmazeutische Sachkenntnis möglich und konnte so auch noch von Ärzten und Juristen - teilweise mit der beratenden Unterstützung von Apothekern - geleistet werden, so waren die gründlichen Revisionen der Apotheken durch die Regierungs- und Medizinalräte ohne die Beteiligung von Apothekern ab einem relativ frühen Zeitpunkt nicht mehr möglich. Wie aufgezeigt (Kap. 10.1.2), war dieser Zeitpunkt schon mit der Revisionsanweisung von 1820 in der Folge der Revidierten Apotheker-Ordnung gekommen. Bis aus dem unterstützenden pharmazeutischen 'Commissarius' letztlich der (ehrenamtliche) Pharmazierat wurde, dauerte es allerdings noch mehr als ein Jahrhundert. Beinahe noch ein halbes Jahrhundert später wurde in Nordrhein-Westfalen in logischer Fortführung dieser Entwicklung der 'Amtspotheker' geschaffen. Die Emanzipation der Apotheker in der Apothekenaufsicht blieb damit in Preußen hinter der Entwicklung in den anderen deutschen Ländern zurück, die ja schon zum Teil seit der Mitte des 19. Jahrhunderts ihre Apotheken ausschließlich durch beamtete Pharmazeuten überwachen ließen (vgl. Kap. 10.1.4). Als die preußische Lösung (hauptamtlicher Regierungsrat plus ehrenamtlicher Pharmazierat) 1935 zum deutschen Reichsstandard erhoben wurde, war das für den Apothekerstand als Ganzes wohl eher ein Rückschlag - jedenfalls formell: Tatsächlich war auch die Macht der ehrenamtlichen Überwachungsbeamten nicht zu unterschätzen, wie etwa dem Vortrag von Aye (1934) zu entnehmen ist. Und in den Gebieten, die das preußische Recht beibehalten haben, ist diese Selbstkontrolle durch aktive Angehörige des betroffenen Standes immer noch zu finden: So etwa in Rheinland-Pfalz, wo bis heute vom Ministerpräsidenten Apotheker zu Pharmazieräten berufen werden, um als Ehrenbeamte für fünf Jahre an der Apothekenaufsicht mitzuwirken. Ihre Aufgaben umfassen weiterhin die Teilnahme an Besichtigungen der Apotheken und die Beurteilung von Apotheken als Weiterbildungsstätten (vgl. Rheinpfalz, 20.11.1987)

Es wäre ein Fehler, bei der Beurteilung der Integration von Apothekern in die Apothekenaufsicht nur auf die Träger des Vollzuges zu achten: wenn diese aufgrund von Gesetzen und Verordnungen Aufsicht ausübten, war ein großer Teil der Aufsichtsleistung eben schon durch die **Formulierung der Normen** erbracht worden (weswegen es auch dort die heftigsten Auseinandersetzungen gab; vgl. Kap. 14.1.1). Die Beteiligung von Apothekern auf der Ebene der Formulierung solcher Normen und bei der Setzung von für die eigentliche Aufsicht verbindlichen Überwachungsstandards ist deshalb ebenfalls zu berücksichtigen. Es ist deutlich geworden, daß die Integration von Apothekern auf der Ministerialebene weit langsamer als bei den Regierungen von sich ging, technisch-wissenschaftlichen Gremien vertreten waren. Aber auch deren Einfluß sollte nicht unterschätzt werden, wurde doch z.B. durch solche Kommissionen die Arzneitaxe erarbeitet, die für den wirtschaftlichen Erfolg der Apotheken entscheidend war.

Zur Einflußnahme der Apotheker in den Verwaltungen gehört auch der Bereich der Apothekenaufsicht durch die Selbstverwaltungsorgane der Apotheker. Anfang des 20. Jahrhunderts sowohl zur Vertretung der Interessen der Apotheker als auch zur Übernahme von Verwaltungsmaßnmahmen (Berufsaufsicht) gegründet, im NS-Staat vor allem zur einheitlichen Organisation und Disziplinierung der Apothekerschaft umgewandelt, nimmt die Selbstverwaltung der Apotheker heute noch eine gewichtige Stellung bei der staatlichen Apothekenüberwachung, insbesondere im Bereich der Berufsausbildung von Apothekenhilfskräften, ein.
Eine Gesamtbewertung des Einflusses der Apotheker auf die Apothekenaufsicht und in der Apothekenaufsicht verlangt nun aber zuerst eine zusammenfassende Betrachtung der Veränderungen im Inhalt der Beaufsichtigung.

14.1.3 Die Spezialisierung des Berufes und der Schutz der Betriebsrechte

In dieser Untersuchung sind für die Apothekenaufsicht Preußens und Nordrhein-Westfalens die drei grundsätzlichen Aufsichtsgebiete aufgezeigt und in ihrer Entwicklung verfolgt worden: die Ausbildung der Apotheker, ihre individuelle Berufszulassung und die Regelung des Apothekenbetriebs mit den Bestimmungen über den Arzneimittelverkehr. Alle anderen Aufsichtsgebiete lassen sich im Prinzip diesen drei Gruppen unterordnen, bzw. fallen quantitativ und qualitativ kaum ins Gewicht - wohlgemerkt immer im Sinne der Entwicklungsanalyse der Apothekenaufsicht, nicht bezogen auf ihre tatsächliche wissenschaftliche oder technische Bedeutung für die Apotheken. Die Bestimmungen über den Betrieb der Apotheken betreffen wohl den 'technischsten' Bereich der Apothekenaufsicht und ihre Entwicklung hängt deshalb natürlich eng mit der Gesamtentwicklung der pharmazeutischen Wissenschaft und deren Umsetzung in praktikable Handlungsanweisungen für die Apotheker zusammen (etwa in bezug auf neue Arzneimittel, neue Herstellungs- und Aufbewahrungsvorschriften etc.). Eine Analyse der Entwicklung dieser Vorschriften kann deshalb nicht isoliert von dieser Gesamtentwicklung betrieben werden. Da es aber hier um die aufsichtsspezifischen (organisatorischen, personellen) Momente der Apothekenüberwachung geht, kann auf eine solche inhaltliche Analyse im wesentlichen verzichtet werden. Unter diesen Einschränkungen sollen hier nur spezifische Aspekte des technischen Teils der Apothekenüberwachung festgehalten werden:

- technische Vorschriften über den Apothekenbetrieb und den Arzneimittelverkehr gehören zu den **ältesten** Vorschriften der Apothekenaufsicht;
- in der Regel wurden diese Vorschriften **immer detaillierter** (wohl zumeist bedingt durch den pharmazeutisch-naturwissenschaftlichen Fortschritt), in wenigen Bereichen aber auch allgemeiner und offener gefaßt (etwa bei den Vorschriften über die Ausstattung der Apothekenräume);
- die technische Orientierung gerade dieser Vorschriften ist in erster Linie für die **Einbeziehung von Fachleuten** in die Apothekenaufsicht verantwortlich.

Obwohl dieser fachbezogene Teil der Apothekenaufsicht den eigentlichen Kern der öffentlichen Überwachung im Sinne einer dauernden Beobachtung und Korrektur des Apothekenbetriebs ausmacht, ist er in bezug auf die Apothekenaufsicht als Teil der Wirtschaftsaufsicht der relativ uninteressanteste Bereich: daß die in den Verkehr gebrachten Arzneimittel im Interesse der Sicherheit und Gesundheit der Bevölkerung öffentlich kontrolliert und ihre Ausgabe beaufsichtigt werden muß, ist leicht einsehbar und auch international unumstritten.
Im hier besprochenen Gesamtzusammenhang 'Wirtschaftsaufsicht' sind aber die beiden anderen Aufsichtsgebiete 'Ausbildung' und 'Regulierung der Berufszulassung' interessanter, weil sie über den (im engeren Sinn) **fachaufsichtlichen Teil hinausgehen** und - als qualitative und quantitative Regulierungsmechanismen verstanden - Einfluß auf die **ökonomischen Bereiche** des Apothekenswesens nehmen. Mit anderen Worten: Allgemeine Bestimmungen über den Arzneimittelverkehr setzen technische Rahmenbedingungen und definieren den 'Kuchen', aber die Ausbildungs- und Berufszulassungsbestimmungen legen fest, wer von diesem Kuchen ein Stück abbekommt. Wie groß das Stück des einzelnen Apothekers ist, hängt dann in einem gewissen Rahmen (Verbot des Mehr- und Fremdbesitzes von Apotheken) von der Kreativität, dem Fleiß usw. des einzelnen Apothekers ab - dies unterscheidet die Aufsicht auch von der Wirtschaftslenkung (vgl. Kap. 1.2.1).

Aus diesem Zusammenhang heraus sollen die beiden zentralen 'nichttechnischen' Aufsichtsgebiete, die staatliche geförderte und kontrollierte Spezialisierung des Apothekerberufes mit einer stufenweisen Höherqualifizierung und der individuelle Schutz der Betriebsrechte gemeinsam betrachtet und bewertet werden.
Die Informationen über die Eingliederung der Apotheker in die Zünfte der mittelalterlichen Städte sind nicht ganz einheitlich (vgl. Kap. 5.2.1 und 9.2.1), treffen sich aber in dem Punkt, daß die Zunftorganisation auf Dauer nicht in der Lage war, die wirtschaftlichen Schutzinteressen der Apotheker zu befriedigen. Daß die Apotheker aus dieser Situation heraus neue, möglichst individuelle Schutzrechte suchten und daß die öffentliche Hand im Interesse der Sicherung der Arzneimittelversorgung der Bevölkerung auch bereit war, ihnen Schutzrechte zu

geben, ist ebenfalls deutlich geworden. So kam es zum Schutz der Betriebsrechte durch das 'Apothekenprivilegialrecht': der **externe** Schutz vor Konkurrenz entstand - im Gegensatz zum **internen** Schutz durch Ausbildungsregelungen, der verhinderte, daß jedermann den extern geschützten Beruf des Apothekers ergriff. (Die Termini 'externer' und 'interner' Schutz tauchen in der Literatur nicht auf, dort werden die beiden Aufsichtsbereiche allerdings auch nicht in einem Zusammenhang betrachtet.)

Die vierhundert oder vierhundertfünfzig Jahre, in denen das zuerst städtische, danach landesherrliche Privilegium die allgemeine Grundlage für die Anlage und den Betrieb von Apotheken bildete, stellen insoweit keine Besonderheit dar, als zu dieser Zeit die Regulierung und Beaufsichtigung durch die Erteilung von Privilegien die normale Grundlage für die Ausübung eines Gewerbes war, Apothekenprivilegien also keine besondere Ausnahme darstellten. Entscheidender für die Beurteilung dieser Art der Regulation des Apothekenwesens ist deshalb die Zeit zwischen 1810 (Einführung der Gewerbefreiheit in Preußen) und 1894 (Durchsetzung der reinen Personalkonzession für die Apotheker). Die nach 1810 neu eingeführte, durch irrtümliche Verwaltungsentscheidungen vererblich und veräußerlich gewordene Personalkonzession für die Apotheker stellte eine Besonderheit dar, da damals - in einer Zeit, in der die anderen Gewerbe von staatlicher Bevormundung, aber auch von staatlichem Schutz befreit wurden - das Apothekergewerbe durch Sonderregelungen geschützt wurde. Es war nun nicht mehr eines unter vielen regulierten Gewerben, sondern war eigenen Bestimmungen unterworfen, die die Prinzipien der Gewerbefreiheit von ihrem fernhielten. Besser gesagt: Das Apothekenzulassungsrecht änderte sich nicht, sondern wurde von den grundsätzlichen Änderungen seiner wirtschaftlichen Umwelt ferngehalten, was den Apothekern von da an bis zum Ende des 19. Jahrhunderts besondere Schutzrecht gab.

Schutzrechte, die sie - nachdem sie sie einmal erhalten hatten - mit Nachdruck verteidigten: Die in Kap. 9.2.3 geschilderten Vorgänge in den Jahren 1844/46, als die preußische Verwaltung versuchte, den Zugriff auf das Zulassungrecht wiederzuerhalten, und damit kläglich scheiterte, sind ein typisches Beispiel dafür, wie eine Verwaltung dem **Druck einer Interessengruppe** unterliegen kann. Die Niederlage blieb so nachhaltig haften, daß die Medizinalverwaltung praktisch ein halbes Jahrhundert wartete, bis sie einen neuen Versuch zur Rückgewinnung ihrer Rechte unternahm. Apothekenaufsicht wurde in dieser Periode in diesem Teilbereich maßgeblich durch die Apotheker - genauer: die **Apothekenbesitzer** - ausgeübt: Sie bestimmten, ob und an wen Apotheken verkauft wurden und kontrollierten - als Ganzes gesehen - damit den Zugang zum Apothekergewerbe, übten also die externe Kontrolle aus.

Nach 1894 gelang es zwar mit der Einführung der unvererblichen und unveräußerlichen reinen Personalkonzession in Preußen, dieses Monopol zu durchbrechen. Die Durchbrechung bezog sich aber nur auf die Neuanlage von Apotheken, der Besitzstand der Apotheken mit Sonderrechten wurde nicht angetastet. Die Betriebe verloren einen Teil ihres wirtschaftlichen Wertes, nicht jedoch ihre rechtlichen Grundlagen. In der Folge gelang es weder in Preußen, noch in der NS-Diktatur dem Reich, dieses Berufszulassungsrecht zu reformieren.

Und ähnlich wie Napoleons Reformen 140 Jahre zuvor, waren auch die Öffnungsbestrebungen der amerikanischen Besatzungsmacht nach dem II. Weltkrieg nur von kurzer Dauer: Sofern sich die Verwaltungen überhaupt an die von den neuen Machthabern eingeführte Gewerbefreiheit hielten, wurde die Entscheidung schon kurz nach der Wiedererlangung der deutschen Souverätität zurückgenommen. - Wobei sich nun wirklich eine Analogie zu anderen Rechtsgebieten anbietet, etwa in dem Sinne, daß 'Verfassungsrecht vergeht, Apothekenrecht besteht'. Es bedurfte schon der rechtlich und wirtschaftlich nicht mehr haltbaren und nun auch nicht mehr verfassungskonformen Situation des Apothekenwesens der fünfziger Jahre in der Bundesrepublik, damit aufgrund von Verfassungsgerichtsentscheidungen die besonderen Berufszulassungsbestimmungen für die deutschen Apotheker (und damit gleichzeitig die Bindung der Zulassung an besondere Bedarfskriterien) durch das Apothekengesetz von 1960 abgeschafft wurden. Mit 150jähriger Verspätung wurden nun auch den Apothekern die Segnungen (oder Flüche?) der Gewerbefreiheit zuteil. Diese Öffnung blieb natürlich nicht ohne ökonomische Folgen: Legten die Bedürfniskriterien für die Neuerrichtung einer Apotheke vor Erlaß des Apothekengesetzes noch ein zur wirtschaftlichen Existenz notwendiges Einzugsgebiet von 7000 bis 8000 Einwohner zugrunde, so kamen beispielsweise 1974 im Durchschnitt nur noch schätzungsweise 4000 Einwohner auf jede Apotheke, Ende 1982 waren es noch 3750 (Müller/Vogelsang 1979:299; Hügel 1986:54). Die von den Apothekerverbänden befürchteten Apothekenkonkurse sind trotzdem nicht eingetreten - wie sie wohl auch nicht durch die aktuellen Bemühungen um eine Kostendämpfung im Gesundheitswesen eintreten werden, obwohl die gegenteilige Entwicklung, also das "Aus" für "einige tausend Apotheken" in der Bundesrepublik, auf dem Bayerischen Apothekertag 1987 in Nürnberg schon befürchtend angekündigt wurde (vgl. Süddeutsche Zeitung, 06.07.1987).
Mit dem Verbot des Mehr- und Fremdbesitzes von Apotheken und der Approbationspflicht blieben zudem auch nach 1960 wichtige Elemente der externen Kontrolle auch weiterhin in Kraft. Durch beides wurde verhindert, daß berufsfremde Personen Eigentümer von Apotheken wurden, um diese dann von angestellten Apothekern leiten zu lassen. (vgl. Berger 1974:42 ff)

Zu diesem Zeitpunkt, also am Ende der eigentlichen externen Regulierung des Apothekenwesens in der bisherigen Form, strebte die interne Regulierung ihrem vorläufigen Höhepunkt, der Einführung des vollakademischen Studiums zu. Dann (1926:1120) hat die beste Beschreibung des Ausbildungsweges der deutschen Apotheker gegeben, als er ihn als Entwicklung vom "handwerksmäßigen Vertreter seines Faches zum Akademiker" beschrieb. Er hätte hinzufügen können, daß - zumindest nach heutigen Maßstäben - der Zugang zum Akademikerberuf wesentlich schwieriger ist, als der zum handwerklichen Beruf. Natürlich soll hier nicht verkannt werden, daß die Pharmazie alleine schon aufgrund des naturwissenschaftlich-technischen Fortschritts heute wesentlich größere Anforderungen an den Apothekerberuf stellt, als dies in den Kräuterböden der mittelalterlichen Apotheke oder in den 'Laboratorien' den 19. Jahrhunderts der Fall war. Andererseits ist es eine Tatsache, daß der weitaus größte Teil der Arzneimittelherstellung (ca. 95%; Müller/Vogelsang 1979:297) gar nicht mehr in den Apotheken stattfindet und die dazu nötige Fachkenntnis also eigentlich von den Apothekern kaum noch verlangt werden müßte. Und:

> "Es wäre eine Utopie, anzunehmen, daß sich diese Umwandlung (*zur industriellen Arzneimittelherstellung; der Verf.*) jemals wieder im Sinne einer Rückentwicklung zur Arzneimittelherstellung in den Apotheken ändern wird." (Häussermann 1966:739)

Der große inhaltliche Anspruch an die Apothekerausbildung - und damit die Erfordernis eines akademischen Studiums - läßt sich nur in der Beteiligung des Apothekers an der öffentlichen Gesundheitsvorsorge in Deutschland (Beratung, freier Arzneimittelverkauf) erklären. Daß diese Beteiligung von den Apothekern aufmerksam verteidigt wird und durchaus auch neuen Gegebenheiten angepaßt werden kann, zeigen die Bestrebungen der Apotheker und ihrer Verbände, an den aktuellen Versuchen zur Kostendämpfung im Gesundheitswesen durch eigenständige Beiträge beteiligt zu werden (vgl. Süddeutsche Zeitung, 05.03.1986 und 09.04.1987), um dem eben angesprochenen wirtschaftlichen Druck zu entgehen. Von seiten der Apothekerverbände wird denn auch darauf hingewiesen, daß der Anteil der Apotheken an den Gesamtausgaben der Krankenversicherung gegenwärtig nur 3,7 % und der der Arzneimittel 14,7 % ausmache (vgl. Süddeutsche Zeitung, 10.10.1987). Diese Beteiligungen an Kostendämpfungsmaßnahmen dürfen allerdings nicht wirklich zu Lasten der Apotheker gehen oder gar deren historisch gewachsene ökonomische Schutzrechte antasten; in diesem Fall wird der Widerstand der Apothekerverbände beträchtlich sein.

Daß die Beteiligung der Apotheker an der Gesundheitsfürsorge sachlich nicht unbedingt gerechtfertigt ist, zeigt andererseits der Vergleich mit anderen Ländern, in denen es eine solche Kompetenz nicht gibt (vgl. Kap. 14.2.2). Dennoch bezeichnete die Bundesgesundheitsministerin Rita Süssmuth auf dem Deutschen Apothekertag 1985 in Berlin die Wettbewerbsfreiheit für Apotheker als "Danaer-Geschenk" und kennzeichnete bei der gleichen Veranstaltung ein Jahr später in Düsseldorf den Apotheker als Arzneimittelfachmann "mit originären Aufgaben, gleichberechtigt neben dem therapierenden Arzt" hinsichtlich der Arzneimittelberatung (vgl. DAZ Nr. 51-52/1985, S. 2726 und Nr. 51-52/1986, Suppl. 4, S. 21). Ist die Beteiligung von Apothekern an verantwortlicher Stelle in der Gesundheitsvorsorge aber kein 'Naturgesetz', so muß sich die relative Herausgehobenheit letztlich auf das Vorhandensein und die Durchsetzung von Interessen - von denen hier unterstellt werden soll, daß es in erster Linie ökonomische sind - zurückführen lassen. Liegen solche Interessen vor, dann ist es logischerweise das Ziel der Begünstigten, Vorrechte dauerhaft aufrecht zu erhalten und wenn möglich auch rechtlich zu begründen. Zudem ist es auch für sie vorteilhaft, den Kreis der Begünstigten durch die **Erhöhung der Zugangsvoraussetzungen** möglichst gering zu halten ('interne Kontrolle'). Noch einmal: Die Erhöhung ist auch sachlich begründet, aber eben nur unter der Bedingung, daß das Apothekenwesen so organisiert wird, wie das in Deutschland der Fall war und ist - und dies ist eine gewollte Entwicklung.
Die Entwicklung vollzog sich im wesentlichen im 19. und - die akademische Bildung des Apothekerstandes betreffend - im 20. Jahrhundert. Die frühen preußischen Apothekenregelungen (1685 und 1725) enthielten keine näheren Bestimmungen über die Vorkenntnisse - im Prinzip stand die Ausbildung damit jedermann offen! Erste Regelungen wurden auf der Ebene der Examensprüfungen eingeführt. Genauere organisatorische Vorschriften zur Ausbildung (Abschlußprüfung nach der Lehrzeit, Gesellenprüfung, auch schon über einen fakultativen Hochschulbesuch) tauchten in der Revidierten Apotheker-Ordnung von 1801 auf. Hier fand eine sachliche Vereinheitlichung statt, als 1853 die Unterteilung in Apotheker I. Klasse und Apotheker II. Klasse (nur für kleinere Orte zugelassen) aufgehoben wurde. Bis zur Prüfungsordnung von 1875 blieb die akademische Ausbildung dabei fakultativ, erst mit dieser Regelung - die die Reichweite regionale Vereinheitlichung mit sich brachte - wurde ein 3-semestriges Universitätsstudium obligatorisch. Die Regelung von 1875 behielt dabei aber genau wie ihre Nachfolgerin von 1904 die Dreiteilung der Apothekerausbildung bei:

- eine dreijährige praktische Ausbildung mit der pharmazeutischen Vorprüfung als Abschluß;
- einjährige praktische Tätigkeit;

- und als Abschluß (nach 1904) ein mindestens zweijähriges Studium.

Gleichzeitig wurden die Eintrittsvoraussetzungen zu diesem Beruf ständig erhöht: Gab es nach 1801 und 1875 schon (zeitliche) Vergünstigungen für Absolventen höherer Schulen, so wurde 1904 die Primareife zum Ausbildungsbeginn erforderlich; schließlich wurde 1920 die Reifeprüfung zur Eintrittsvoraussetzung.
1934 wurde das sechssemestrige vollakademische Studium eingeführt. Mit der Bundes-Apothekerordnung von 1968 und der Approbationsordnung von 1971 legte man endgültig das Schwergewicht der Apothekerausbildung auf das pharmazeutische Studium und betrachtete praktische Ausbildungsteile nur noch als Ergänzung. Gleichzeitig wurden in den Jahren 1968 bis 72 auch neue bzw. ergänzende Berufsordnungen für das Hilfspersonal in den Apotheken geschaffen (vgl. Kap. 12.1.3).
Mit dem fast vollständigen Wegfall der externen Kontrolle nach 1960 hat natürlich die interne Regulierung des Apothekenwesens an Bedeutung gewonnen. Das ist auch an der Diskussion um Zulassungsbeschränkungen für Studienplätze abzulesen (vgl. Müller/Vogelsang 1979:300). Interessant kann diese Entwicklung werden, wenn unter den Apothekern die Arbeitslosigkeit zunimmt: allein in Bayern sind zur Zeit (Juli 1986) fast 900 Apotheker arbeitslos gemeldet. Sie werden es bleiben müssen, wenn die etablierten Apotheker auf ihren Marktanteilen beharren - eine Ausweitung (größere Absatz von Arzneimitteln) ist hier nicht abzusehen und wohl auch nicht wünschenswert. Die Bereitschaft zum Teilen scheint hier aber nicht groß zu sein: Die Lösung der Probleme erhofft man sich eher von der Einführung eines staatlichen 'Numerus clausus' für das Fach Pharmazie, der sich nach den Vorstellungen der Apothekerverbände "an den zukünftigen Beschäftigungsmöglichkeiten orientierten müsse" (Bauer 1986). Denn schon jetzt ist nach Auffassung der ABDA die jährliche Zahl der Neugründungen von Apotheken in der Bundesrepublik (ca. 150) "sowohl unter dem Aspekt der Rendite als auch unter dem einer geordneten Versorgung vollkommen ausreichend" (Süddeutsche Zeitung, 21.11. 1987, S.34)

Die Entwicklung der Apothekerausbildung ist also gekennzeichnet durch:

- eine stetige **Erhöhung der Eintrittsvoraussetzungen**;
- eine ständige **Höherbewertung der akademischen Ausbildung** gegenüber praktischen Ausbildungsteilen;
- und - ergänzend dazu - die Integration von **pharmazeutischem Hilfspersonal** in den Apothekenbetrieb.

14.2 Aspekte eines 'besonderen' Berufes

14.2.1 Vorrechte der Apotheker

Über die im vorigen Unterkapitel zusammengefaßten Aufsichtsgebiete hinaus genossen die Apotheker in Preußen immer auch besondere wirtschaftliche und rechtliche Sonderbehandlungen und eine herausgehobene Stellung in der Gesellschaft. Während die rechtlichen Vorteile nach 1919 und 1945 kaum noch erkennbar sind, hält sich die gesellschaftliche Sonderrolle bis heute: noch 1964 legte der baden-württembergische Verwaltungsgerichtshof in einem Urteil fest, daß, wer "sittlich nicht zuverlässig" sei, nicht die Voraussetzungen für die den Apothekern im Dienst an der öffentlichen Gesundheit zufallenden öffentlichen Aufgaben erfülle und mithin nicht zu diesem Beruf zugelassen werden könne (vgl. Apotheker-Jahrbuch 1965:553). Die grundsätzlichen Vorrechte der Apotheker in Preußen faßte Loening (1884:377) zusammen. Während

- die ausschließliche Befugnis der Apotheker zur Zubereitung und zum Verkauf von Arzneimitteln,

noch zum Kern der beaufsichtigen Tätigkeit zu zählen ist, gingen die anderen Vorrechte über diesen Bereich hinaus:

- Apotheker, die keinen Gehilfen hatten, durften die Berufung zum Schöffenamt ablehnen (§ 35 Gerichtsverfassungsgesetz);
- die zum Betrieb einer Apotheke unentbehrlichen Waren unterlagen nicht der Pfändung (§ 715 Zivilprozeßordnung);
- Forderungen der Apotheker aus dem Verkauf von Waren hatten im Konkurs Vorrang (§ 14 Konkursordnung).

Solche Vorrechte überdauerten auch Zeiten politischer Umbrüche und wirtschaftlicher Not: In einem Schreiben vom 29. Juni 1920 (Volkswohlfahrt 1920:161 ff) an die Demobilisierungsausschüsse in den einzelnen Ländern bat der Reichsminister des Innern, im Interesse des "arzneibedürftigen Publikums" die Apotheken ausdrücklich von den wirtschaftlichen Demobilisierungsmaßnahmen (Neueinstellung von Erwerbslosen anstelle von bisherigem Apothekenpersonal) auszunehmen.
Auch die herausgehobene Stellung der Apotheker im preußisch-deutschen Militärwesen war ein Teil dieser Sonderrolle. Apotheker wurden direkt in den Offiziersrang übernommen und konnten bis zum Obersten aufsteigen. Zuweilen konnten sie dabei auch Fußnoten in der Weltgeschichte setzen:

"In diesem Zusammenhang sei...darauf verwiesen, daß der nie gebrochene Widerstand der deutschen Schutztruppe in Ostafrika während des ersten Weltkrieges ohne die Tätigkeit des deutschen Militärapothekers Schulze unmöglich gewesen wäre, dem es gelang, aus den im Usambarabezirk angebauten Cichonakulturen Chinin in genügend reinem Zustand und in hinreichenden Mengen behelfsmäßig herzustellen." (Urdang/Dieckmann 1954:73f)

Diese Rechte allein erklären aber noch nicht den hohen sozialen Status, den die Apotheker in Deutschland inne hatten und haben. Daß dieser Status historisch in der Spezialisierung des Berufes begründet ist, hat sich schon in Kap. 5.2. gezeigt. Für seine Weiterentwicklung machen Urdang/Dieckmann drei Faktoren verantwortlich:

- der Apotheker gehörte meist zum **wohlhabenden Teil** der Bevölkerung;
- sehr oft gehörte er auch **Apothekerdynastien** an, die durch Generationen an ererbtem Besitz wirkten;
- er betrieb eine "volkstümliche Wissenschaft", die - im Vergleich zu anderen wissenschaftlichen Berufen - dem **Schau- und Bildungsbedürfnis der Bevölkerung** unmittelbare Befriedigung bot.

(vgl. Urdang/Dieckmann 1954:72)

Mit diesen Vorgaben besaß die Apothekerschaft die Grundlage für einen sozialen Aufstieg, der allen Kriterien der modernen Professionalisierungstheorie entspricht:

- ein **systematisiertes, theoretisches Wissen**, dessen Nutzen im Interesse der Gesellschaft liegt;
- **professionelle Fachverbände** und ein festgelegtes Ausbildungswesen;
- den **Monopolanspruch** auf bestimmte, genau festgelegte Tätigkeiten.

(vgl. Lenhardt 1984:310)

Auch die in Zusammenhang mit der in der Einleitung aufgestellten 'Kaper-Hypothese' in Kap. 15.2.3 zu treffenden Bewertungen hinsichtlich der Professionalisierung der Apotheker durch den Staat und der damit zusammenhängenden, zunehmenden Selbstkontrolle passen genau in dieses Raster. (vgl. Lenhardt 1984:310f; Rüschemeyer 1973:250; Krüger 1983:514 ff)
Vielleicht ist dies aber alles doch viel einfacher zu erklären:

"Die deutsche Pharmacie ist viel complicirter, als die französische, weil die deutschen Aerzte der Polypharmacie ergeben sind und die Deutschen nicht wie die Franzosen vor dem Nehmen widerwärtig schmeckender Mittel einen Abscheu haben." (Phillippe/Ludwig 1858:1024)

14.2.2 Die Apotheke als Wirtschaftsunternehmen

Diese Arbeit ist in ihrer Grundlinie darauf angelegt, die Apotheken in erster Linie als Wirtschaftssubjekte zu betrachten; als Wirtschaftssubjekte, die zwar objektiv eine wichtige Funktion in der Gesellschaft erfüllen (Arzneimittelversorgung), die andererseits aber auch nie ihren privatwirtschaftlich-gewerblichen Charakter verloren haben.

Diese Betonung des Unternehmenscharakters der Apotheken ist berechtigt, wenn man bedenkt, welchen Umfang die wirtschaftlichen Transaktionen in den Apotheken heute haben; um 1985 betrug der Gesamtumsatz aller Apotheken in der Bundesrepublik und 22 Milliarden DM, davon wurden 20%, also fast viereinhalb Milliarden DM mit frei verkäuflichen (ohne ärztliches Rezept) oder ähnlichen Arzneimitteln umgesetzt (Süddeutsche Zeitung, 10.10.1985). 1986 wurden in den deutschen Apotheken sogar **24,5 Milliarden DM** umgesetzt; auch in jenem Jahr wurde rund ein Fünftel des Umsatzes, rund **4,7 Milliarden DM**, durch nicht erstattungsfähige Rezepte und (selbstbezahlte) Arzneimittel zur Selbstmediktion erzielt (vgl. Hoffmann 1987:39). Der durchschnittliche Gewinn der momentan 17.500 Apotheken in der Bundesrepublik beträgt - nach Angaben der ABDA - vor Steuern 9,5 % bei einer durchschnittlichen Umsatzgröße von einer Million Mark (vgl. Süddeutsche Zeitung, 21.11.1987, S.34). Den Apothekern fehlen andererseits aber wesentliche Elemente einer allgemeinen kaufmännischen Tätigkeit (so die Freiheit des Warensortiments, der Kalkulation, des Betriebsablaufes und der Werbung; vgl. Häussermann 1966:740).

Der weitaus größte Teil des Apothekenumsatzes wird mit Waren gemacht, die durch das Arzneimittelgesetz ausschließlich den Apotheken zum Verkauf zugewiesen sind. Diese Apothekenpflicht gibt den Apothekern "ein wirtschaftliches Warenmonopol als Gegenleistung für eine ausreichende Versorgung der Bevölkerung." (Müller/Vogelsang 1979:292) Auf der anderen Seite wird dieser Teil des Apothekenumsatzes weitgehend der Preisfestlegung der Deutschen Arzneitaxe unterworfen, was dem Schutz des Verbrauchers dienen soll. Mit dieser Bindung verfolgt die staatliche Gesundheitspolitik aber auch noch andere Ziele, die sich nach Berger (1974:25) so zusammenfassen lassen:

- Sicherung einer genügenden Zahl von Arzneimittelabgabestellen;
- ausreichende regionale Verteilung der Apotheken;
- zweckdienliche Lagerung bestimmter, eventuell kurzfristig benötigter Arzneimittel samt Qualitätskontrollen;
- Einschränkung des gesundheitsschädigenden Verbrauchs von Medikamenten.

Gleichzeitig wird durch die staatlichen Eingriffe aber ein 'Markt' konzentriert, der die Ausgleichfunktion von Angebot und Nachfrage völlig verloren hat und in dem das 'Unternehmen' Apotheke fast wie ein Fremdkörper wirkt. Dieser 'Markt' ist gekennzeichnet durch:

- eine **preisunelastische Nachfrage** (wegen der Rezeptbindung; dies gilt also für vier Fünftel aller Arzneimittel);
- **mangelnde Markttransparenz** (vor allem für den Endverbraucher);
- die **Trennung von Verbraucher und Kostenträger** (Krankenkassen);
- zahlreiche **Staateingriffe** in den Markt (Apothekenmonopol, Höchstpreis- und Sortimentsvorschriften u.ä.);
- die Selbstverwaltung der Apotheker mit der **Standesaufsicht** (und das damit geförderte, wettbewerbsfeindliche 'Standesdenken').

(vgl. Berger 1974:49)

Dies alles verhindert marktwirtschaftliche oder auch nur marktähnliche Austauschbeziehungen (wobei auf die sachlichen Einschränkungen solcher Beziehungen, wie etwa das Fehlen freier 'Verbraucherentscheidungen' bei Kranken und Verletzten, noch gar nicht eingegangen wird.) Letztlich ist es das Ziel des Staates, durch 'ausreichende' Apothekereinkommen deren gesundheitspolitische Verantwortung auszugleichen. Die dahinter stehende Vorstellung hat der frühere nordrhein-westfälische Ministerpräsident Karl Arnold in bezug auf die Ärzte einmal so formuliert:

> "Wir brauchen zufriedene Ärzte, denn nur zufriedene Ärzte können ihren wichtigen Dienst an der Volksgesundheit erfolgreich ausüben." (zit. nach Reuter 1964:364)

Wirtschaftspolitisch ist diese Ansicht schon von Milton Friedman - Jahre vor Arnolds Ausspruch - als bloße Interessendurchsetzung entlarvt worden:

> "Es ist unsinnig, daß führende Mediziner öffentlich erklären sollten, sie und ihre Kollegen müßten dafür bezahlt werden, daß sie ethisch handeln. Und wenn es so wäre, dann zweifle ich daran, daß der Preis irgendeine Grenze hätte." (M.Friedman 1962, zit. nach Berger 1974:74f)

Aber auch innerhalb dieser Prämisse ist die Regulierung der Apothekereinkommen über die Arzneimittelpreise fragwürdig. Berger (1974:78 ff bzw. 60 ff) hat nachgewiesen, daß die Apotheker zum einen durch die Orientierung der staatlichen Preiskalkulation an den Grenzeinkommen der (zumeist ländlichen) 'ärmeren' Apotheken und zum anderen durch die Nichtweitergabe von Preisnachlässen der

Großindustrie in Teilen oder als Ganzes zusätzliche Gewinne erwirtschaften, die in keine Kalkulation der Arzneitaxe auftauchen.
Es geht in dieser Arbeit um die Beschreibung der staatlichen Apothekenaufsicht als Gesamtheit, einschließlich ihrer ökonomischen Regelungen; deshalb kann hier auf spezielle Lösungs- oder Veränderungsvorschläge verzichtet werden. In diesem Unterkapitel sollte aber klar geworden sein, daß die staatliche Beaufsichtigung, so lästig sie den Apothekern in ihrer technischen oder rechtlichen Ausprägung sein mag, die **Grundbedingung für die ökonomische Existenz der Apotheken** bildet.
Dies ist keine 'naturgesetzlich' entstandene Konstellation. Die Monopolisierung des Arzneimittelverkaufs durch Apotheken in Deutschland steht nicht ohne Alternative da: In Belgien und in England können beispielsweise auch berufsfremde Personen oder Organisationen in den pharmazeutischen Einzelhandel eindringen (vgl. Berger 1974:44,101); die Mechanismen der externen Kontrolle fehlen dort. Das ist historisch bedingt: Enge Regulationen (Approbationsvoraussetzung, Bedürfnisprüfung bei der Neuanlage von Apotheken) gab es in Europa im 19. Jahrhundert nur im Deutschen Reich, in Österreich und in einigen skandinavischen Ländern. In Belgien, Holland und der Schweiz (ab 1877) herrschte Niederlassungsfreiheit für geprüfte Apotheker. In den USA, England und Italien fanden in dieser Zeit überhaupt keine amtlichen Revisionen der Verkaufsstellen statt (vgl. Pistor 1881:124 ff).
Zusammengefaßt läßt sich also sagen, daß die staatliche Beaufsichtigung der Apotheken in Deutschland:

a) in ihrem Umfang **nicht ausschließlich aus der Sache** (Sicherung der Arzneimittelversorgung) **heraus begründet** werden kann;

b) kein historischer Zufall, sondern **Resultat der Bemühungen** der Beaufsichtigten um die Beibehaltung und die Absicherung der Beaufsichtigung - und damit des staatlichen Schutzes - war;

c) in ihren beiden Komponenten ('technischer' und 'ökonomischer' Aufsichtsbereich) **weder historisch noch systematisch getrennt** werden kann.

15. Die staatliche Apothekenaufsicht in Preußen und Nordrhein-Westfalen - Eine Bewertung der Untersuchungsergebnisse

15.1 Apothekenaufsicht unter den Aspekten der Theorie der Wirtschaftsaufsicht

Schon in Teil I dieser Untersuchung ist bei der Darstellung der Ansätze der Wirtschaftsaufsichtstheorie immer wieder auf Fragen der Apothekenaufsicht eingegangen worden. Nach der Beschreibung der Grundlagen, Träger und Formen der Apothekenaufsicht in Preußen und Nordrhein-Westfalen sollen hier abschließend noch einmal die wesentlichen Ansätze dieser Aufsichtstheorie (Aufsichtsmaßstäbe, Aufsichtsziele etc.) auf diese konkrete Aufsichtsform bezogen werden.

Schon am Anfang der Besprechung der Aufsichtstheorie ist deutlich gezeigt worden, daß sich der Charakter der Aufsicht - mit dem Wandel des Staatsverständnisses insgesamt - gewandelt hat: An die Stelle eines allumfassenden, rechtlich kaum begrenzten staatlichen Überwachungs- und Zugriffsrechts trat eine rechtlich fundierte, auf spezielle Bevölkerungsgruppen oder Wirtschaftssubjekte bezogene Staatsaufsicht. Dieser Wandel vollzog sich auch in der Apothekenaufsicht, die als eine der ältesten Formen staatlicher Wirtschaftsaufsicht schon lange vor dieser Wandlung existierte. Deutlichstes äußeres Zeichen für den veränderten Charakter der Beaufsichtigung der Apotheken in Preußen - der sich gerade in der Veränderung des direkten Verhältnisses von Beaufsichtigten und Beaufsichtigungsorganen widerspiegelte - ist wohl die Zulassung des Verwaltungsgerichtswegs gegen Akte der staatlichen Apothekenaufsicht nach 1872 (Schiedermair 1954:539). Diese Änderung der Rahmenbedingungen der Aufsicht zusammen mit der **Beteiligung von Standesangehörigen als Fachleuten** trugen dazu bei, der modernen Apothekenaufsicht ein anderes Gesicht zu geben:

> "Die apothekenrechtliche Staatsaufsicht alter Prägung beschränkte sich auf das 'Einschreiten gegen Mißstände'. In dieser Weise kann die behördliche Überwachung als Maßnahme neuzeitlicher öffentlicher Verwaltung nicht gehandhabt werden. Die Behörden, denen Überwachungsaufgaben obliegen, sind vielmehr in erster Linie gehalten, den Trägern öffentlicher Aufgaben - also hier den Apotheken - als sachkundige und verständnisvolle Berater gegenüberzutreten, ihnen Hinweise zu geben, aufklärend zu wirken und zum Verständnis sowie zur richtigen Auslegung komplizierter Rechts- und Verwaltungsvorschriften beizutragen." (Schiedermair 1981:698; genauso Hügel/Spegg 1983:13)

Dies bezieht sich wohlgemerkt auf die Formen der Apothekenüberwachung und auch dort wohl am ehesten auf die Lösung 'technischer' Probleme! Am generellen wirtschaftlichen Schutzcharakter der Apothekenaufsicht, wie er in Kap. 14.1 zusammengefaßt dargestellt wurde, ändern solche veränderten 'Umgangsformen' substantiell nichts.

In dem eben angesprochenen Unterkapitel 14.1 sind damit auch die Fragen nach dem Verhältnis der Apothekenaufsicht zur **Wirtschaftslenkung** und zur **branchenweiten Regulierung** beantwortet worden: Regulierung ja, weil der Zugang zu diesem Beruf und seine wirtschaftlichen Rahmenbedingungen aus gesundheitspolitischen Gründen staatlich geregelt werden, Wirtschaftslenkung nein, weil die unternehmerische Einzelentscheidung und der gewerbliche Charakter des Berufes als ganzes innerhalb dieser Grenzen frei bleiben.

Die **Maßstäbe**, nach denen diese Aufsicht durchgeführt wird, sind **durchweg rechtlicher** Art; weswegen sich - wie in Kap. 14.1.1 dargestellt - die Auseinandersetzungen um Fragen der Apothekenaufsicht im wesentlichen auf diese rechtlichen Fragen konzentrierten. Die gängige Form der Überwachung der Apotheken bildeten immer **automatische** und **präventive Überwachungsmaßnahmen** (vgl. Kap. 3.1.1). Die automatische Überwachung fand und findet durch die turnusmäßigen Revisionen mit ihren Stichproben, Rundgängen etc. statt. Als präventive Überwachung ist hier die lange geübte Konzessionierung des Berufes zu nennen. Im Sinne des **Funktionsschutzes** des Apothekenswesens lassen sich aber auch all die Kontrollmaßnahmen unterordnen, die in Kap. 14.1.3 als 'interne Kontrolle' bezeichnet worden sind (Ausbildungsregelungen u.ä.).

Wie schon in Kap. 3.2.2 auf der theoretischen Ebene, hat sich auch bei der Beschreibung der Revisionen der Überwachungsbehörden in Preußen und Nordrhein-Westfalen gezeigt, daß der einfache Rat ein sehr gewichtiges Berichtigungsmittel darstellt (dies wird auch durch das Zitat von Schiedermair (1981) bestätigt). Ansonsten finden auf der Ebene der **Berichtigung** auch noch Anordnungen und im Extremfall sogar die Schließung des Unternehmens bzw. das Verbot der Berufsausübung statt. Die Bedeutung von **Sanktionen** ist aber gering, Zwangsmittel wie Zwangsgelder oder berufsgerichtliche Verfahren bilden eher die Ausnahme. Werden Verfahren gegen Apotheker vor ordentlichen Gerichten eröffnet, geht es in der Regel um 'normale' Wirtschaftskriminalität (Betrug durch falsche Rezeptabrechnungen, u.ä.; vgl. Rhein-Zeitung, 18.07.1986; Süddeutsche Zeitung, 11.09.1986). In Richtung auf diese "Weiße-Kittel-Kriminalität" (Süddeutsche Zeitung, 19.11.1987) wird sich vielleicht in Zukunft auch der Schwerpunkt der Apothekenaufsicht wandeln müssen: die Manipulation von Rezepten durch Absprachen von Ärzten und Apothekern erreichen immer größere Dimensionen. Nach einer Aufstellung des Bundesarbeitsministeriums verursachen solche Manipulationen - von denen zur Zeit mehrere Tausend Fälle in Verfahren anhängig sind - zum Teil Schäden bis zu 1,2 Millionen DM (Rhein-Zeitung, 19.07. 1986); allein in Nordrhein-Westfalen wurden seit Ende 1981 in 122 Fällen Ermittlungsverfahren gegen Apotheker eingeleitet. (Süddeutsche Zeitung, 24.06.1986)

15.2 Bewertung der Untersuchungsergebnisse

Der letzte Abschnitt der Besprechung der Aufsichtstheorie in Teil I dieser Arbeit ging von dem Defizit dieser theoretischen Ansätze in bezug auf die personelle und organisatorische Ausgestaltung der Aufsichtsfunktionen aus: die Veränderungen, die mit der Eingliederung von Fachleuten in die Aufsicht ergaben, werden in der Aufsichtstheorie gar nicht oder nur am Rande behandelt. Darauf aufbauend wurden drei Untersuchungshypothesen formuliert (vgl. Kap. 4.2.2), deren Überprüfung den Abschluß der Untersuchung bilden soll.

15.2.1 Zur Spezialisierungshypothese

Die Spezialisierungshypothese lautete:

> **"I. Die Apothekenaufsicht in Preußen-Deutschland hat sich immer spezialisiert. Wurde die Aufsichtstätigkeit zu Beginn der staatlichen Beaufsichtigung noch von Fachfremden ausgeführt, so setzte sich später eine Beaufsichtigung durch Fachleute (zunächst Ärzte) durch. Auf dem Umweg über beratende Gremien wurden auch die Betroffenen in die Aufsicht integriert."**

Diese Hypothese hat sich in der Untersuchung eindeutig bestätigt. Schon in Kap. 14.1.2 wurde gezeigt, daß die (personelle) Spezialisierung der Aufsichtsträger (Ärzte) den ersten Teil einer Entwicklung bildete, in deren Folge dann auch die vollständige Eingliederung dieser Ärzte und letztlich auch die Beteiligung von Apothekern bei der Apothekenaufsicht stand. Außerdem wurde deutlich, daß die Eingliederung der Apotheker damit begann, sie in beratende Gremien auf der Ministerialebene des preußischen Medizinalministeriums zu berufen; um die Wende zum 20. Jahrhundert folgte die vollständige Integration in diese oberste Verwaltungsebene. Die Integration erfolgte schnell auf der mittleren Verwaltungsebene, den Regierungen, wo schon im 19. Jahrhundert Apotheker an der Aufsicht beteiligt wurden. Endgültig gleichberechtigt wurden sie aber auch dort erst in den dreißiger Jahren dieses Jahrhunderts. Die Schaffung von 'Amtsapothekern' in Nordrhein-Westfalen in der Folge der Verschiebung der nordrhein-westfälischen

Apothekenaufsicht auf Kreisebene 1980/82 bildet den Endpunkt dieser Entwicklung.
Ihre Grundlage hatte diese Spezialisierung im fachbezogenen Teil der Aufsicht, also dem Teil, der hier immer als 'technische' Aufsicht bezeichnet wurde. Dort war offensichtlich schon zu einem recht frühen Zeitpunkt ein Stadium erreicht worden, in dem ohne umfassende fachliche Kenntnisse keine Aufsicht von seiten des Staates mehr möglich war. Durch die Eingliederung von Fachleuten, erst von Ärzten, dann von Apothekern, hat sich der preußische Staat diese Fachkenntnis zu eigen gemacht.

15.2.2 Zur Zentralisierungshypothese

Die Zentralisierungshypothese lautete:

> **"II. Die Apothekenaufsicht im preußisch/nordrhein-westfälischen Rechtsgebiet ist im historischen Ablauf immer stärker zentralisiert worden, sowohl was die Rechtsetzungskompetenz, als auch was die Überwachung der beaufsichtigten Apotheken angeht. Diese Entwicklung verlief parallel zu der zunehmenden fachlicheren Ausrichtung der Apothekenaufsicht."**

Die Zentralisierung auf der Rechtsetzungsebene wurde in Kap. 4.1.1 umfassend dargestellt. Als Fazit ist deutlich geworden, daß eine Zentralisierung der Rechtsetzung - zuerst innerhalb Preußens, dann innerhalb Deutschlands - unzweifelhaft stattgefunden hat. Diese Zentralisierung verlief für die einzelnen Aufsichtsgebiete der Apothekenüberwachung unterschiedlich schnell und erreichte beispielsweise im Ausbildungswesen und in der Frage der Arzneibücher schon um 1870 einen Endpunkt, wohingegen das Konzessionswesen noch 90 Jahre länger auf landesgesetzlichen Vorschriften beruhte. Eindeutig bleibt aber festzuhalten: Nach 1801 gab es in Preußen - mit geringen Ausnahmen im Konzessionswesen durch die napoleonischen Reformen - keine regional- oder provinzspezifischen Apothekenvorschriften mehr, seit 1960 gibt es in (West-) Deutschland kein landesspezifisches Apothekenswesen mehr.

Die Zentralisierung zeigt sich nicht so deutlich auf der organisatorischen Ebene der Apothekenaufsicht. Der einzige Schritt in diese Richtung wurde in Preußen nach 1808 gemacht, als die jahrhundertealten Pflichten der Stadt- und Kreisphysiker in der Apothekenüberwachung auf die neu geschaffenen Regierungen übertragen wurden. Seitdem blieben diese Aufgaben in Preußen auf der mittleren Verwaltungsebene; in den Ländern der Bundesrepublik ist diese Organisationsform der Apothekenüberwachung die Regel. Die nordrhein-westfälische Lösung (Apothekenaufsicht auf der Kreisebene) ist eher eine Ausnahme und wohl in erster

Linie verwaltungsspezifisch (Größe der Kreise) bedingt. Faktisch wurde aber auch in der Bundesrepublik die Zentralisierung vorangetrieben: die in der Folge des Arzneimittelgesetzes von 1976 ergangene, im Januar 1984 in Kraft getretene 'Allgemeine Verwaltungsvorschrift' des Bundesministers für Jugend, Familie und Gesundheit zur Durchführung des Arzneimittelgesetzes (vgl. Kap. 11.2.2) gibt die wesentlichen Verfahrensschritte bei der Apothekenüberwachung (durch Besichtigungen u.ä.) weitgehend vor. Lediglich in diesem Rahmen können die Länder die Apothekenaufsicht noch landesrechtlich ausgestalten. Über einen solchen 'Durchgriff von oben' kann auch die Verlagerung der Aufsicht 'nach unten' in Nordrhein-Westfalen nicht hinwegtäuschen.
Die Zentralisierungshypothese hat sich also sowohl auf der rechtlichen, als auch auf der organisatorischen Ebene bestätigt.

15.2.3 Zur 'Kaper'-Hypothese

Die 'Kaper'-Hypothese lautete:

> **"III. Die Gestaltung, der Inhalt und die Durchführung der staatlichen Apothekenaufsicht sind von den Apothekern beeinflußt worden. Die Einengung des 'öffentlich gebundenen' Unternehmens Apotheke wurde von den Betroffenen immer auch als Chance zur Wahrung von Privilegien und Vorrechten genutzt."**

In den Kapiteln 14.1.3 und 14.2.2 wurde versucht, deutlich zu machen, daß Apotheken Unternehmen mit gewerblichem Charakter sind, daß sie von ihrem Umsatz leben und daß die vom Staat gesetzten rechtlich-wirtschaftlichen Rahmenbedingungen - die mit ihrem Schutzrechten das notwendige Pendant zu den Belastungen der 'technischen' Vorschriften bilden - eben diesen Umsatz und damit das wirtschaftliche Wohl des gesamten Apothekenwesens in entscheidender Weise beeinflussen. Die Versorgung der Bevölkerung mit Arzneimitteln muß nicht zwangsläufig nach dem System organisiert werden, wie es in der Bundesrepublik praktiziert wird. Aber **wenn** sie so organisiert wird (hochspezialisierte Abgabestellen mit Beratungsfunktion etc.), brauchen diese Apotheken wirtschaftliche Schutzrechte, um existieren zu können. Der Präsident der Bundesvereinigung Deutscher Apothekerverbände (ABDA), Klaus Stürzbecher, machte denn auch auf dem Deutschen Apothekertag 1987 in Berlin kein Hehl daraus, daß nach Meinung der Apothekerverbände der Apotheker kein reines Fachgeschäft im herkömmlichen Sinne betreibe, sondern eine notwendige Einrichtung des Gesundheitswesen sei und daß dies die Existenz wettbewerbseinschränkender Regelungen im Apothekenwesen durchaus rechtfertige (Süddeutsche Zeitung, 10.10.1987). Eine Freigabe der vom Bundeswirtschaftsministerium festgelegten Preise für Arzneimittel -

mit der Folge eines Wettbewerbes zwischen den Apotheken -, wie sie der Bundesverband der Pharmazeutischen Industrie als Beitrag zur Senkung der Kosten im Gesundheitswesen vorgeschlagen hatte (vgl. Süddeutsche Zeitung, 30.09.1987), wurde von der ABDA deshalb auch mit "Überraschung und Empörung" (Süddeutsche Zeitung, 01.10.1987) aufgenommen und mit Entschiedenheit zurückgewiesen. Darin spiegelt sich das Grundinteresse der Apotheker wider, sich die ihnen mit der öffentlichen Aufgabe übertragenen Belastungen durch wirtschaftliche Schutzrechte entgelten zu lassen. Das war in der mittelalterlichen Stadt des 15. Jahrhunderts nicht anders, als es im Territorialstaat des 20. Jahrhunderts ist. Ob die Schutzrecht auch in einer Zeit, in der der aufwendigste Teil der Arzneimittelversorgung nicht mehr bei den Apotheken, sondern - fast gänzlich - bei der pharmazeutischen Industrie liegt, noch zeitgemäß ist, ist wohl zu einem gewissen Maß Ansichtssache und damit letztlich eine Frage der effektiveren Interessendurchsetzung. Daß bei dieser Interessendurchsetzung die Integration der Apotheker in die Überwachung der Apotheken eine Rolle gespielt hat, ist zugegebenermaßen Spekulation. Daß sich aber im 'täglichen Einsatz' der Überwachungsbeamten ein - sagen wir 'kooperatives' - Verhältnis zu den Beaufsichtigten herausgebildet hat und darauf auch besonderer Wert gelegt wurde und wird, zeigen die Darlegungen von Aye (1934) und Oeser (1982). Der aus der Regulierungstheorie übernommene Begriff der 'Kaperung' von Aufsichtsorganen soll hier nicht unterstellen, daß es um die bewußte, zielgerichtete, womöglich gesteuerte Übernahme der Aufsicht durch Vertreter der Beaufsichtigten ginge. Aber in den drei zu unterscheidenden Bereichen

- **Normenformulierung** auf der Ministerialebene;
- **Interessenvertretung** durch Standesorganisationen und Verbände in parlamentarischen u.ä. Verfahren;
- und **Normenvollzug** auf der mittleren (und teilweise unteren) Verwaltungsebene;

waren und sind Apotheker und ihre Interessenverbände vertreten. Dies und ihr vergleichsweise enges Berufsbild mit gewerblichem Charakter (und mit dem Idealbild des selbständigen Apothekers in seiner Apotheke) unterscheidet diese Berufs- und Wirtschaftsgruppe von anderen.

Viel Spekulation und nur ein paar Indizien: die langanhaltenden Auseinandersetzungen um die Konzessionen der Apotheken in Preußen und der Frühphase der Bundesrepublik, die zitierten Einschätzungen der als Apotheker ausgebildeten Medizinalbeamten, der offenkundige Widerspruch zwischen den tatsächlichen Aufgaben der Apotheker und ihren Schutzrechten. In jedem Fall spricht einiges für die Richtigkeit der dritten Untersuchungshypothese. Und ebenfalls klar geworden ist - und hier schließt sich der Kreis zu Teil I dieser Untersuchung -, daß bei der Beurteilung staatlicher Wirtschaftsaufsicht in Deutschland das Verhältnis von Beaufsichtigten und Aufsichtsträgern (oder genauer: die vielen kleinen 'Sonderverhältnisse' in den einzelnen Aufsichtsgebieten) eine wichtige Rolle spielt, jedenfalls eine wichtigere Rolle, als sie diesem Verhältnis in der Literatur zugewiesen wird.

Literaturverzeichnis

A) Aufsichtstheorie (Teil I)

Anschütz 1930	Anschütz, G.: **Die Reichaufsicht** in: Anschütz, G./Thoma, R. (Hg.): **Handbuch des Deutschen Staatsrechts** **Erster Band** Tübingen 1930, **S. 363-377**
Badura 1985	Badura, P.: **Wirtschaftsverwaltungsrecht** in: von Münch, I. (Hg.): **Besonderes Verwaltungsrecht** (7. Aufl.) Berlin/New York 1985, **S. 255-328**
Battis/Gusy 1983	Battis, U./Gusy, Chr.: **Öffentliches Wirtschaftsrecht** Heidelberg 1983
Becker 1983	Becker, W.-D.: **Regulierungsprobleme im Bankgewerbe** in: Thiemeyer, Th. u.a. (Hg.): **Öffentliche Bindung von Unternehmen** Baden-Baden 1983, **S. 309-323**
v. Brauchitsch 1963	von Brauchitsch, M.: **Verwaltungsgesetze des Bundes und der Länder** neu hg. von C.H. Ule **Bd. VIII, Erster Halbband:** Wirtschafts- verwaltungsrecht I Köln u.a. 1963
Breit 1937	Breit, G.: **Staatsaufsicht über Privatunternehmen** Diss. Erlangen 1936 (Zeulenroda 1937)
Bullinger 1965	Bullinger, M.: **Staatsaufsicht in der Wirtschaft** in: Veröffentlichungen der Vereinigung Deutscher Staatsrechtslehrer **(VVDStRL)** Heft 22, Berlin **(1965)**, **S. 264-328**

Bullinger 1978

Bullinger, M.:
Wettbewerbsgefährdung durch präventive Wirtschaftsaufsicht
in: Neue Juristische Wochenschrift (NJW) 31.Jg. (1978), Nr. 42, S. 2121-2127 und S. 2137-2181

Ellwein 1983

Ellwein, Th.:
Das Regierungssystem der Bundesrepublik Deutschland
(5. Aufl.) Opladen 1983

Enderling 1957

Enderling. G.:
Kommunale Ordnungsverwaltung
in: Peters, H. (Hg.):
Handbuch der Kommunalen Wissenschaft und Praxis
Bd. II: Kommunale Verwaltung
Berlin u.a. 1957, S. 667-722

v. Eynern 1958

von Eynern, G.:
Das öffentlich gebundene Unternehmen
in: Archiv für öffentliche und freigemeinwirtschaftliche Unternehmen (AöfU) Bd. 4 (1958), Heft 1, S. 1-59

Forsthoff 1973

Forsthoff, E.:
Lehrbuch des Verwaltungsrechts
Bd. I: Allgemeiner Teil
(10. Aufl.) München 1973

Frick 1962

Frick, H.:
Die Staatsaufsicht über die kommunalen Sparkassen
Berlin 1962

Fröhler 1957

Fröhler, L.:
Die Staatsaufsicht über die Handwerkskammern
München und Berlin 1957

Golodetz 1905

Golodetz, M.:
Die Staatsaufsicht über die Hypothekenbanken
(Teil I)
Diss. Berlin 1905

Häberlin 1797
Häberlin:
Handbuch des Teutschen Staatsrechts
Zum gemeinnützigen Gebrauch der gebildetern Stände in Teutschland
Berlin 1797

Haenel 1892
Haenel, A.:
Deutsches Staatsrecht
Erster Band: Die Grundlagen des deutschen Staates und die Reichsgewalt
Leipzig 1892

Hamm 1978
Hamm, W.:
Staatsaufsicht über wettbewerbspolitische Ausnahmebereiche als Ursache ökonomischer Fehlentwicklungen
in: **Ordo**,
Bd.29 (1978), S. 156-172

Ipsen 1965
Ipsen, H.-P.:
Diskussionsbeitrag zu M. Bullinger
in: **VVDStRL**, Bd. 22 (1965), S. 331-334

Ipsen 1985
Ipsen, H.-P.:
Einleitung
in: ders.:
Öffentliches Wirtschaftsrecht
Entwicklungsbeiträge unter dem Grundgesetz
Tübingen 1985, S. 7-15

Ipsen 1985a
Ipsen, H.-P.:
Staatsaufsicht in Verwaltung und Wirtschaft
in: **Öffentliches Wirtschaftsrecht**
Tübingen 1985, S. 301-303

Ipsen 1985b
Ipsen, H.-P.:
Der Stadtstaat als Unternehmer und Träger der Fachaufsicht
in: **Öffentliches Wirtschaftsrecht**
Tübingen 1985, S. 531-548

Ipsen 1985c

Ipsen, H.-P.:
Rechtsstaatliche Grenzen der Versicherungsaufsicht
in: **Öffentliches Wirtschaftsrecht**
Tübingen 1985, S. **382-401**

Kaufer 1981

Kaufer, E.:
Theorie der öffentlichen Regulierung
München 1981

Kaufmann 1927

Kaufmann, J.:
Die Beaufsichtigung des laufenden Geschäftsbetriebes der Privatversicherungsunternehmen
Diss. Köln 1927

Kiefer 1909

Kiefer, H.:
Das Aufsichtsrecht des Reiches über die Einzelstaaten
Breslau 1909

Köttgen 1956

Köttgen, A.:
Staatsaufsicht
in: von Beckerath, E. u.a. (Hg.):
Handwörterbuch der Sozialwissenschaften
Neunter Band
Stuttgart u.a. 1956, S. **738-740**

Krüger 1966

Krüger, H.:
Allgemeine Staatslehre
(2.Aufl.) Stuttgart u.a. 1966

Krüger 1983

Krüger, W.:
Professionalisierung durch den Staat
in: **Soziale Welt**
(1983), Nr. **4**, S. **514 ff**

Kühne 1983

Kühne, K.:
Die Regulierungsdebatte in den USA in ihrer Bedeutung für die Bundesrepublik Deutschland
in: Thiemeyer, Th. u.a. (Hg.):
Öffentliche Bindung von Unternehmen
Baden- Baden 1983, S. **97-138**

Lange 1985
Lange, Th.:
Staatliche Regulierung
in: Grosser, D. (Hg.):
Der Staat in der Wirtschaft der Bundesrepublik
Opladen 1985, S. 161-218

Lehnert u.a. 1983
Lehnert, F./Schubert, K./Geile, B.:
Die strukturelle Rationalität regulativer Wirtschaftspolitik
in: Politische Vierteljahresschrift (PVS)
24. Jg. (1983), Heft 4, S. 361-384

Lenhardt 1984
Lenhardt, G.:
Klassenverhältnis und Staat als Strukturelemente des Professionalisierungsprozesses
in: Jürgens, U./Naschold, F. (Hg.):
Arbeitspolitik
Opladen 1984, S. 307-323

Maunz 1957
Maunz, Th.:
Wirtschaftsrecht
Reihe: Die Verwaltung, Heft 18
(4.Aufl.) Braunschweig 1957

Maurer 1983
Maurer, H.:
Allgemeines Verwaltungsrecht
(3.Aufl.) München 1983

Mitchell/Müller 1978
Mitchell, B.M./Müller, J.:
Auswirkungen staatlicher Regulierung auf die Elektrizitätsversorgung
in: von Weizsäcker, C.-Chr. (Hg.):
Staat und Wirtschaft
Schriften des Vereins für Socialpolitik
N.F., Bd. 102
Berlin 1978, S. 625-650

Moldenhauer 1903
Moldenhauer, P.:
Die Aufsicht über die privaten Versicherungsunternehmungen auf Grund des Reichsgesetzes vom 12. Mai 1901
Leipzig 1903

Müller/Vogelsang 1979
Müller, J./Vogelsang, I.:
Staatliche Regulierung
Regulated Industries in den USA und Gemeinwohlbindung in wettbewerblichen Ausnahmebereichen in der Bundesrepublik Deutschland
Baden-Baden 1979

Müller/Vogelsang 1982
Müller, J./Vogelsang, I.:
Ist eine Effizienzsteigerung der öffentlichen Verwaltung durch Anwendung des Instrumentariums der amerikanischen 'Public Utility Regulation' möglich?
in: Blankart, Ch.B./Faber, M. (Hg.):
Regulierung öffentlicher Unternehmen
Königstein/Ts. 1982, S. 147-160

Rinck 1974
Rinck, G.:
Wirtschaftsrecht
(4. Aufl.) Köln u.a. 1974

Rittner 1979
Rittner, F.:
Wirtschaftsrecht
Heidelberg/Karlsruhe 1979

Ronge 1979
Ronge, V.:
Bankpolitik im Spätkapitalismus
Politische Selbstverwaltung des Kapitals?
(Starnberger Studien, Bd.3)
Frankfurt a.M. 1979

Roth 1966
Roth, G.:
Das Auskunftsrecht der Wirtschaftsverwaltung
in: **Verwaltungsarchiv**
Bad. 57 (1966), S. 225-239

Rüschemeyer 1973
Rüschemeyer, D.:
Professions. Historisch und kulturell vergleichende Überlegungen
in: Albrecht, G. u.a. (Hg.):
Soziologie
Opladen 1973, S.250 ff

Schäffer 1978/79 — Schäffer, H.:
Wirtschaftsaufsicht
in: **Österreichische Zeitschrift für Wirtschaftsrecht**
5. Jg. (**1978**), Nr. 2, S. **33-43**
Nr. 3, S. **65-75**
6. Jg. (**1979**), Nr. 1, S. **1-5**

Schoenborn 1906 — Schoenborn, W.:
Das Oberaufsichtsrecht des Staates im modernen deutschen Staatsrecht
Heidelberg 1906

Scholz 1971 — Scholz, R.:
Wirtschaftsaufsicht und subjektiver Konkurrentenschutz
Insbesondere dargestellt am Beispiel der Kartellaufsicht
Berlin 1971

Schüle 1954 — Schüle, A.:
Die staatliche Intervention im Bereich der Wirtschaft
Rechtsformen und Rechtsschutz
in: **VVDStRL**, Heft 11, **(1954)**, S. **75-112**

Schulze 1912 — Schulze, L.:
Die Staatsaufsicht über das deutsche Hypothekenbankwesen
Diss. Greifwald 1912

Stein 1967 — Stein, E.:
Die Wirtschaftsaufsicht
Tübingen 1967

Stein 1972 — Stein, E.:
Wirtschaftsaufsicht
in: Verlag Th. Gabler (Hg.):
Lexikon des Wirtschaftsrechts
Wiesbaden 1972, **Sp. 2004-2006**

Steindorff 1985 Steindorff, E.:
Einführung in das Wirtschaftsrecht der Bundesrepublik Deutschland
(2. Aufl.) Darmstadt 1985

Stober 1976 Stober, R.:
Wirtschaftsverwaltungsrecht
Stuttgart u.a. 1976

Stober 1980 (2.Aufl.) von **Stober 1976**
Stuttgart u.a. 1980

Thieme 1984 Thieme, W.:
Verwaltungslehre
(4.Aufl.) Köln u.a. 1984

Triepel 1917 Triepel, H.:
Die Reichsaufsicht
Untersuchungen zum Staatsrecht des Deutschen Reiches
Berlin 1917
(unveränderter Nachdruck Darmstadt 1964)

Vogelsang 1978 Vogelsang, I.:
Ein Erklärungsansatz für staatliche Eingriffe in der Energiewirtschaft mit Hilfe einer positiven Theorie der Regulierung
in: v. Weizsäcker, C.-Chr. (Hg.):
Staat und Wirtschaft, a.a.O., **S. 601-623**

Weber 1961 Weber, W.:
Die Versicherungsaufsicht in der gegenwärtigen Rechtsentwicklung
in: **Zeitschrift für die gesamte Versicherungswissenschaft**
Bd.50 **(1961), S. 333-350**

Weber 1961a Weber, W.:
Versicherungsaufsicht
in: von Beckerath, E. u.a. (Hg.):
Handwörterbuch der Sozialwissenschaften Elfter Band
Stuttgart u.a. 1961, **S. 205-208**

Weimar/Schimikowsky 1983 — Weimar, R./Schimikowsky, P.:
Grundzüge des Wirtschaftsrechts
München 1983

v. Weizsäcker 1982 — von Weizsäcker, C.-Chr.:
Staatliche Regulierung - positive und normative Theorie
in: **Schweizerische Zeitschrift für Volkswirtschaft und Statistik**
118. Jg. (1982), Heft 1, S. 325-343

Wolff 1970 — Wolff, H.J.:
Verwaltungsrecht II
(Organisations- und Dienstrecht)
(3.Aufl.) München 1970

Zachariä 1842 — Zachariä, H.A.:
Deutsches Staats- und Bundesrecht
Zweite Abteilung: Das Regierungsrecht der deutschen Bundesstaaten
Göttingen 1842

B) Apothekenaufsicht (Teile II, III und IV):

b1) Monographien und Aufsätze

Adlung 1927 — Adlung, A.:
Die Apothekenbetriebsrechte in den deutschen Ländern
Berlin 1927

Adlung 1927a — Adlung, A:
Die deutschen Arzneibücher seit dem Jahre 1546
in: **Pharmazeutische Zeitung**
72. Jg. (**1927**), Nr. 72, S. **1101-1107**

Adlung 1929 — Adlung, A.:
Die Entwicklung des brandenburgisch-preussischen Apothekenwesens bis zum Erlass der Revidierten Apotheker-Ordnung vom 11. Oktober 1801
in: **Pharmazeutische Zeitung**
74. Jg. (**1929**), Nr. 72, S. **1159-1163**
Nr. 97, S. **1557-1559**
Nr. 98, S. **1573-1577**
Nr.100, S. **1611-1614**
Nr.102, S. **1641-1644**
Nr.104, S. **1673-1777**

Adlung 1931 — Adlung, A.:
Vergleichende Zusammenstellung der ältesten deutschen Apothekerordnungen
hg. von der Gesellschaft für Geschichte der Pharmazie
Mittenwald 1931

Adlung 1931a — Adlung, A:
Das Apothekenwesen im ehemaligen Königreich Hannover
in: **Apotheken-Zeitung**
51. Jg. (**1931**), Nr. 38, S. **596-600**
Nr. 39, S. **620-622**
Nr. 40, S. **635-637**
Nr. 42, S. **670-673**

Adlung 1934	Adlung, A.: **Zur Wirksamkeit alter Gesetze auf dem Gebiete des preußischen Apothekenwesens** in: **Pharmazeutische Zeitung** 79. Jg. **(1934)**, Nr. 96, **S. 1209-1211** Nr. 97, **S, 1228-1230**
Adlung/Urdang 1935	Adlung, A./Urdang, G.: **Grundriß der Geschichte der deutschen Pharmacie** Berlin 1935
v. After 1865	von After: **Die allgemeine Gewerbe-Ordnung vom 17. Januar 1845** zusammengestetllt mit Gesetzen und Verordnungen Berlin 1865
Ahrens 1985	Ahrens, F.: **Apotheken-Vorschriften für das Land Nordrhein-Westfalen** **Bd. I-III** (Loseblattsammlung; Stand: September 1984/Januar 1985) Stuttgart 1985
Apotheker-Jahrbuch 1965	**Apotheker-Jahrbuch 1965** Zugleich 50. Jahrgang des Handbuchs des Deutschen Apothekervereins Stuttgart 1965
Arends 1931	Arends, G.: **Die geschichtliche Entwicklung des Arzneimittelwesens in Deutschland** in: **Pharmazeutische Zeitung** 76. Jg. **(1931)**, Nr.70, **S. 972-978**
Augustin 1818	Augustin, F.L.: **Die Königlich Preußische Medicinalverfassung** **Bd. I:** A-H **Bd. II:** I-Z Potsdam 1818

Aye 1934

Aye:
Apothekenrevisionen
in: **Apotheker-Zeitung**
54. Jg. (1934), Nr. 41, S. 639-642

Bauer 1986

Bauer, R.:
Apotheker setzen auf Selbstheilungskraft
in: **Süddeutsche Zeitung**
42. Jg. (1986), vom 07.07.1986

Berendes 1907

Berendes, J.:
Das Apothekenwesen
Seine Entstehung und geschichtliche Entwicklung bis zum XX. Jahrhundert
Stuttgart 1907

v. Berg 1806

von Berg, G.H.:
Handbuch des teutschen Policeyrechts
Sechster Theil
Erster Band
(2.Aufl.) Hannover 1806

Berger 1974

Berger, M.J.:
Die Arzneimittelversorgung durch Apotheken
Volkswirtschaftliche Überlegungen zur staatlichen Gesundheitspolitik
Berlin 1974

Bernhardt 1953

Bernhardt, F.:
Das 'Apotheken-Stopp-Gesetz'
in: Die öffentliche Verwaltung (DÖV)
6. Jg. (1953), S. 370-373
(Nachdruck Glashütten/T. 1971)

Bernhardt 1967

Bernhardt, F.:
Das Gesundheitswesen und das Grundgesetz
in: **Federhen 1967**, a.a.O., S. 1-9

Betschart 1941

Betschart, P.I.:
Theophrastus Paracelsus
Einsiedeln/Köln 1941

v. Bitter 1906 — von Bitter, R.:
Handwörterbuch der preußischen Verwaltung
Bd. II
Berlin/Leipzig 1906

Blanke 1950 — Blanke, G.:
Die Gemeindeapotheken und der Frankfurter Gesetzentwurf
in: **Der Deutsche Apotheker in Hessen**
2. Jg. **(1950), S. 1-2**

Böttger 1880 — Böttger, H.:
Die Apothekengesetzgebung des Deutschen Reichs und der Einzelstaaten
Bd. I: Reichsgesetzgebung
Berlin 1880

Böttger 1880a — Böttger, H.:
Die Apothekengesetzgebung des Deutschen Reichs und der Einzelstaaten
Bd. II: Landesgesetzgebung
Berlin 1880

Böttger 1882 — Böttger, H.:
Geschichte der Apothekenreformbewegung in Deutschland von 1862-1882
Berlin 1882

Böttger/Urban 1910 — Böttger, H.:
Die Preußischen Apothekengesetze mit Einschluß der reichsgesetzlichen Bestimmungen über den Betrieb des Apothekergewerbes
fortgeführt von E. Urban
(4. Aufl.) Berlin 1910

Bornhak 1886 — Bornhak, C.:
Geschichte des Preußischen Verwaltungsrechts
Bd. III: Bis zur neuesten Verwaltungsreform
Berlin 1886

Bornhak 1890 — Bornhak, C.:
Preußisches Staatsrecht
Dritter Band
Freiburg/Br. 1890

Bornhak 1914 (2. Aufl.) von **Bornhak 1890**
Breslau 1914

Brefeld 1863 Brefeld, F.:
Die Apotheke - Schutz oder Freiheit?
Breslau 1863

Brepohl 1950 Brepohl, W.:
Bäuerliche Heilkunde in einem Dorfe des Mindener Landes um die Jahrhundertwende
Ein Beitrag zur Volkskunde von Minden-Ravensberg
Minden 1950

BVerfGE VII 1958 **Entscheidungen des Bundesverfassungsgerichts**
hg. von den Mitgliedern des Bundesverfassungsgerichts
Bd. 7
Tübingen 1958

Crea 1890 Crea, A.:
Preußisches Verwaltungsrecht
(3.Aufl.) Berlin 1890

Cyran 1963 Cyran, W.:
Der Apothekenleiter
in: **Deutsche Apotheker-Zeitung**
103.Jg. (**1963**), Nr. 33, **S. 1033-1034**

Cyran u.a. 1985 Cyran, W./Luckenbach, W./Hügel, H.:
Apothekenbetriebsordnung - Kommentar
(Loseblattsammlung; Stand: 15. Mai 1985)
(3. Aufl.) Stuttgart 1985

Dadder 1964 Dadder, H.:
Entwicklungen in der Frage der Entschädigung alter Apothekerrechte
in: **Deutsche Apotheker-Zeitung**
104. Jg. (**1964**), **S. 1128-1229**

Dadder 1965

Dadder, H.:
Historische Elemente im Apothekenbetriebsrecht
in: **Pharmazeutische Zeitung**
110. Jg. (1965), Nr.47, S. 1617-1621

Dann 1926

Dann, G.E.:
Der Bildungsgang des preußischen Apothekers im Wandel der Zeit
Zum 125jährigen Jubiläum der 'Revidierten Apothekerordnung'
in: **Apotheker-Zeitung**
41. Jg. (1926), Nr. 81, S. 1117-1120

Dann 1960

Dann, G.E.:
Zur Geschichte der Pharmakopöen des deutschen Sprachgebiets im 16. Jahrhundert
in: **Deutsche Apotheker-Zeitung**
100 Jg. (1960), Nr. 51, S. 1491-1499

Decker 1794

Decker, G. J. (Druck):
Allgemeines Landrecht für die Preussischen Staaten
Zweyter Theil
(2. Aufl.) Berlin 1794

Deichmann 1913

Deichmann, Ph.:
Preußische Apothekenbesitzverhältnisse
Berlin 1913

Deutscher Bundestag 1978

Deutscher Bundestag/Wissenschaftliche Dienste:
Sicherheit und Wirksamkeit von Arzneimitteln
Eine rechtsvergleichende Studie über das Arzneimittelrecht der Vereinigten Staaten von Amerika und der Bundesrepublik Deutschland
Bonn 1978

Dittrich 1964

Dittrich, St.:
Die neueste Entwicklung des Apothekenrechts
in: Neue Juristische Wochenschrift (NJW)
17. Jg. (1964), Nr. 23, S. 1049-1952

Druffel 1907
Druffel, P.:
Das Münsterische Medizinalwesen von 1750 bis 1818
in: **Zeitschrift für vaterländische Geschichte und Altertumskunde**
Bd. 65 (1907), S. 44 ff

Eberhard 1955
Eberhard, A.:
Die Gemeinde-Apotheke - kein Ruhmesblatt
in: **Deutsche Apotheker-Zeitung**
95. Jg. (1955), S. 175-178

Etmer u.a. 1985
Etmer, F./Lundt, P.V./Schiwy, P.:
Arzneimittelgesetz
Kommentar sowie Sammlung des gesamten Arzneimittel- und Apothekenrechts des Bundes und der Länder
Bd. I-V
(Loseblattausgabe; Stand: 15. August 1985)
Percha/Starnberger See 1985

Eulenberg 1874
Eulenberg, H.:
Das Medizinalwesen in Preußen
Nach amtlichen Quellen bearbeitet
(3. umgearb. Aufl. von W.v.Horn's Preußischem Medizinalwesen)
Berlin 1874

Federhen 1967
Federhen, L.:
Der Arzt des öffentlichen Gesundheitsdienstes
Das grüne Gehirn 1967
Stuttgart 1967

Feiden 1978
Feiden, K.:
Die Neuordnung des Arzneimittelrechts
Frankfurt a.M. 1978

Feiden 1978a
Feiden, K.:
Einführung in die bundeseinheitliche Ausbildungsordnung für Apothekenhelfer
(2. Aufl.), Bonn 1978

Feldhaus 1891

Feldhaus, S.:
Die Apotheker-Gesetze in Preußen
nebst Anweisungen über die Visitation der Apotheken
Münster i.W. 1891

Fischer 1933

Fischer, A.:
Geschichte des Deutschen Gesundheitswesens
Bd. I: Vom Gesundheitsamt der alten Deutschen zur Zeit ihres Anschlusses an die Weltkultur bis zum Preußischen Medizinaledikt
Berlin 1933
(Nachdruck Hildesheim 1965)

Frey 1934

Frey:
Tätigkeit der Preußischen Medizinalabteilung vom 1. März 1933 bis 31. März 1934
in: **Zeitschrift für Medizinalbeamte**
(1934), Nr. 5, **S. 155-165**

Ganzinger 1961

Ganzinger, K.:
Über einige Neuerungen in den Pharmakopöen seit dem Ende des 18. Jahrhunders
in: **Zur Geschichte der Pharmacie**
13. Jg. **(1961)**, Nr. 4, **S. 25-28**

Gelder 1927

Gelder, H.:
Die älteste Brandenburgische Arzneitaxe vom Jahre 1574
in: **Pharmazeutische Zeitung**
72. Jg. **(1927)**, Nr. 37, **S. 548-549**

Gesetzessammlung 1822

Sammlung der für die Königlich Preußischen Staaten erschienenen Gesetze und Verordnungen von 1806 bis zum 27ten Oktober 1810
Berlin 1822

Gittner 1950

Gittner, H.:
Drei alte Apothekerordnungen
in: **Pharmazeutische Zeitung**
86. Jg. (1950), Nr. 51, S 787-790

Gloggengießer 1983 | Gloggengießer, F.:
Aufgaben der Pharmaziebeamten an den Bezirksregierungen
in: **Pharmazeutische Zeitung**
128. Jg. (**1983**), Nr. 35, **S. 1869-1873**

v. Gneist 1925 | von Gneist, K.:
Die Apothekergesetze des Deutschen Reiches und Preußens
Berlin 1925

de Grais 1882 | de Grais, H.:
Handbuch der Verfassung und Verwaltung in Preußen und dem Deutschen Reiche
Berlin 1882

de Grais 1930 | (25. Aufl.) von **de Grais 1882**
hg. von Hue de Grais und Hans Peters
Berlin 1930

Grotefend 1890 | Grotefend, G.A.:
Lehrbuch des preußischen Verwaltungsrechts
Erster Teil
Berlin 1890

Grotefend 1892 | Grotefend, G.A.:
Lehrbuch des preußischen Verwaltungsrechts
Zweiter Teil: Das innere Verwaltungsrecht
Berlin 1892

Grotefend/Cretschmar 1904 | Grotefend, G.A./Cretschmar, C.:
Preussisch-deutsche Gesetz-Sammlung 1806-1904
Bd. II: Die Verwaltung
(4. Aufl.) Düsseldorf 1904

Grunwald 1937 | Grunwald:
Die Bestallungsordnung für Apotheker
in: **Deutsche Apotheker-Zeitung**
(1937), Nr. 83, **S. 1299-1301**

Günzel 1905 | Günzel, F.:
Das Deutsche Apothekergewerbe
insbesondere: Die Errichtung von Apotheken
Diss. Leipzig 1905

Guttstadt 1890 — Guttstadt, A.:
Deutschlands Gesundheitswesen
Organisation und Gesetzgebung des Deutschen Reiches und seiner Einzelstaaten
Erster Teil
Leipzig 1890

Hahnenfeld 1956 — Hahnenfeld, G.:
Rechtsprechung des BVerfG zum Apotheken-stoppG
in: NJW, 9. Jg. (1956), Nr. 28, S. 1025-1026

Häussermann 1966 — Häussermann, H.:
Ein Bild des modernen Apothekers und seiner heutigen Aufgaben
in: Pharmazeutische Zeitung
106. Jg. (1966), Nr. 21, S. 739-743

Handwörterbuch der Preußischen Verwaltung 1911 — **Handwörterbuch der Preußischen Verwaltung Bd.1**
(2. Aufl.) Leipzig 1911

Hein/Sappert 1957 — Hein, W.-H./Sappert, K.:
Die Medizinalordnung Friedrichs II.
Eine pharmaziehistorische Studie
Eutin 1957

Hellwig 1906 — Hellwig, F.:
Alte Taxen und Medizinalordnungen
in: Apotheker-Zeitung
(1906), Nr. 13, S. 119-121
Nr. 14, S. 128-120
Nr. 16, S. 148-150

Hickel 1973 — Hickel, E.:
Arzneimittel-Standardisierung im 19. Jahrhundert
in den Pharmakopöen Deutschlands, Frankreichs, Großbritanniens und der Vereinigten Staaten von Amerika
Stuttgart 1973

Hickel 1976 — Hickel, E.:
Die Apotheker - Beruf der verpaßten Gelegenheiten
in: **Pharmazeutische Zeitung**
121. Jg. (1976), Nr. 32, S. 1185-1192

Hirt 1876 — Hirt, L.:
System der Gesundheitspflege
Breslau 1876

Hoffmann 1961 — Hoffmann, H.:
Gesetz über das Apothekenwesen
Kommentar
München und Berlin 1961

Hoffmann 1987 — Hoffmann, W.:
Pillen gegen den Arzt
in: **Die Zeit**
42.Jg. (1987), Nr. 22, S. 39

Horn 1863 — Horn, W.:
Das Preussische Medicinalwesen
Aus amtlichen Quellen dargestellt
Erster (allgemeiner) Theil
(2. Aufl.) Berlin 1863

Horn 1863a — Horn, W.:
Das Preussische Medicinalwesen
Aus amtlichen Quellen dargestellt
Zweiter (specieller) Theil
(2. Aufl.) Berlin 1863

Hornung 1955 — Hornung, H.:
Apotheken- und Arzneimittelgesetzeskunde
Mit geschichtlicher Rückschau
Stuttgart 1955

Hügel 1959 — Hügel, H.:
Einrichtung und Revision der Apotheken
(9. Aufl.) Stuttgart 1959

Hügel 1986
Hügel, H.:
Apotheker-Jahrbuch 1986
zugleich 71. Jahrgang des Handbuchs des Deutschen Apotheker-Vereins
Stuttgart 1986

Hügel/Spegg 1983
Hügel, H./Spegg,H.:
Apothekenbesichtigung
Ein Leitfaden für die Praxis mit Hinweisen für die Einrichtung
(12. Aufl.) Stuttgart 1983

Hünerbein 1950
Hünerbein:
Das Gesundheitsamt
in: **Wollenweber 1950**, a.a.O., **S. 55-82**

Innenminister NRW
Der Innenminister des Landes Nordrhein-Westfalen (Hg.):
Aufgabenkatalog für die Behörden der Regierungpräsidenten
nach dem Stand vom 1. März 1968
Abteilung 2
Düsseldorf 1968

Kahler 1937
Kahler, W.:
Das Apothekenwesen
Handbücherei für den öffentlichen Gesundheitsdienst, Bd. 5
Berlin 1937

Kahler 1937a
Kahler, W.:
Reichsapothekerordnung vom 18. April 1937
nebst amtlicher Begründung sowie Erläuterung
Berlin 1937

Kletke 1874
Kletke, G.M.:
Die Medicinal-Gesetzgebung des Preussischen Staates
Band III: Die Medicinalbehörden und beamteten Medicinalpersonen
Berlin 1874

Kloesel/Cyran 1962

Kloesel, A./Cyran, W.:
Arzneimittelgesetz
Kommentar
Stuttgart 1962

Kloesel u.a. 1985

Kloesel, A./Cyran, W./Feiden, K./Pabel, H.:
Arzneimittelrecht
Kommentar mit amtlichen Bergründungen etc.
Bd. I-V
(Loseblattsammlung; Stand: 1. Juni 1985)
(3. Aufl.) Stuttgart 1985

Knaut 1966

Knaut, M.:
Geschichte der Verwaltungsorganisation
unter besonderer Berücksichtigung Preußens
und der rheinisch-westfälisch-lippischen Lande
Stuttgart 1966

Knopp 1974

Knopp, G.:
Die preußische Verwaltung des Regierungsbezirks Düsseldorf in den Jahren 1899-1919
Köln und Berlin 1974

Koch 1833

Koch, C.F.:
Vollständige systematische Sammlung der Preußischen Medicinalgesetze
Magdeburg 1833

Köhnlechner 1954

Köhnlechner, M.:
Das deutsche Apothekenrecht vor einer bundeseinheitlichen Regelung
in: Die öffentliche Verwaltung (**DÖV**)
6. Jg. (**1954**), **S. 484-486**

Kommissionsbericht 1983

Kommission zur Gesetzes- und Verwaltungsvereinfachung NW/Ellwein, Th. (Hg.):
Gesetzes- und Verwaltungsvereinfachung in Nordrhein-Westfalen
Berichte und Vorschläge
Köln 1983

Kuhn 1907

Kuhn:
Die Rechtsverhältnisse der Apotheker in Preußen bezüglich der Stellvertretung, der Verpachtung der Apotheken und des Haltens von Lehrlingen
in: **Verwaltungsarchiv**
Bd. 15 (1907), S. 60-110

Laband 1895

Laband, P.:
Das Staatsrecht des Deutschen Reiches
Zweiter Band
(3. Aufl.) Freiburg i. Br./Leipzig 1895

Landé/Hermes 1905

Landé/Hermes:
Das Allgemeine Landrecht für die Preußischen Staaten
in dem seit dem 1. Januar 1900 gültigen Umfang
Zweiter Theil
Berlin 1905

Landesregierung NRW 1957

Landesregierung von Nordrhein-Westfalen (Hg.):
Sammlung des bereinigten Landesrechts NordrheinWestfalen - GS.NW. - 1945-1956
Sonderband des Gesetz- und Verordnungsblattes für das Land Nordrhein-Westfalen
Düsseldorf 1957

v. Landmann/Rohmer 1917

von Landmann, R./Rohmer, G.:
Kommentar zur Gewerbeordnung für das Deutsche Reich
Erster Band
(7. Auf.) München 1917

Laux 1922

Laux, W.:
Preußische Apothekerordnung
für Apotheker und Medizinal-Beamte zusammengestellt
(5. Aufl.) Berlin 1922

Lewinsky 1917

Lewinsky, H.:
Die Apothekenbetriebsrechte in Preußen
(2. Aufl.) Berlin 1917

Lindes 1836	Lindes, A.W. (Hg.): **Vollständige Sammlung aller Gesetze und Verordnungen, welche in Bezug auf das Apothekenwesen für die Kgl. Preußischen Staaten erlassen sind** Berlin 1836
Linz 1953	Linz, A.: **Entwicklung der Arzneimittelgesetzgebung bis 1947** in: **Pharmazeutische Zeitung** 89. Jg. (**1953**), Nr. 20, **S. 508-512**
Lion 1862	Lion, A.: **Handbuch der Medicinal- und Sanitätspolizei** für Ärzte und Verwaltungsbeamte Iserlohn 1862
Loening 1884	Loening, E.: **Lehrbuch des Deutschen Verwaltungsrechts** Leipzig 1884
Maaßen/Merklinghaus 1887	Maaßen, J./Merklinghaus, P.: **Die allgemeine staatliche Verwaltung in Preußen** Köln 1887
Magazin für Med. Polizey 1784	**Magazin für gerichtliche Arzneikunde und Medizinische Polizey** **Bd. II** Berlin 1784
Mandt 1962	Mandt, P.: **Dokumentation zur Bundesgesetzgebung über das Apothekenwesen** Von 1949 bis 1960 Frankfurt a.M. 1962
Marcetus 1961	Marcetus, K.: **Bedeutung und wesentlicher Inhalt des Arzneimittelgesetzes** in: **NJW**, 14. Jg. (**1961**), **S. 1143-1148**

Martens 1955	Martens, H.: **Die Entwicklung des Deutschen Apothekenwesens im Zeichen der Gewerbefreiheit** Diss. Freiburg i.Br. 1955
Meyer 1893	Meyer, G.: **Lehrbuch des Deutschen Verwaltungsrechts** **Teil I:** Allgemeine Lehren, Innere Verwaltung (2. Aufl.) Leipzig 1893
Min. für Volkswohlfahrt 1921	Ministerium für Volkswohlfahrt (Bearb.): **Das Gesundheitswesen des Preußischen Staates in den Jahren 1914 bis 1918** Berlin 1921
Min. für Volkswohlfahrt 1922	Ministerium für Volkswohlfahrt (Bearb.): **Das Gesundheitswesen des Preußischen Staates in den Jahren 1919/20** Berlin 1922
Min. für Volkswohlfahrt 1927	Ministerium für Volkswohlfahrt (Hg.): **25 Jahre Preußische Medizinalverwaltung seit Erlaß des Kreisarzt-Gesetzes 1901 bis 1926** Berlin 1927
Min. für Volkswohlfahrt 1929	Ministerium für Volkswohlfahrt: **10 Jahre Preußisches Ministerium für Volkswohlfahrt 1919-1929** in: **Volkswohlfahrt** 10. Jg. **(1929)**, Nr. 21, **S. 897 ff**
Min. für Volkswohlfahrt 1932	Ministerium für Volkswohlfahrt: **Das Gesundheitswesen des Preußischen Staates im Jahre 1930** Berlin 1932
Möller 1929	Möller, W.: **Das preußische Beamten- und Besoldungswesen 1870-1928** Diss. Frankfurt 1929

Möllers 1930 Möllers, B. (Hg.):
Gesundheitswesen und Wohlfahrtspflege im Deutschen Reich
(2. Aufl.) Berlin/Wien 1930

Mönch 1783 Mönch:
Ein Versuch, die Visitationen der Apotheken betreffend
in: Scherf, J.Chr.F. (Hg.):
Archiv der medizinischen Polizey und der gemeinnützigen Arzneikunde
Bd. I
Leipzig 1783, S. **187-200**

v. Mohl 1844 von Mohl, R.:
Die Polizei-Wissenschaft nach den Grundsätzen des Rechtsstaates
Erster Band
(2. Aufl.) Tübingen 1844

Müller-Hester 1952 Müller-Hester, H.:
Über die Entstehung und Entwicklung der Apotheken im deutschen Sprachgebiet im 13. und 14. Jahrhundert
in: **Pharmazeutische Zeitung - Nachrichten**
88. Jg. (**1952**), Nr. 36, **S. 943-948**

Mylius 1740 (C.C.M.V) Mylius, Chr. O.:
Corporis Constitutionum Marchicorum (C.C.M.)
Fünffter Theil (Tom. V)
Vierdte Abtheilung, Berlin 1740

Nicolai 1838 Nicolai, A.H.:
Grundriß der Sanitätspolizei
Zweiter Theil: Die Medicinal- und Veterinair-Polizei
Berlin 1838

Niemann 1828 Niemann, Joh. F.:
Taschenbuch der civil-medicinischen Polizei
für Ärzte und Wundärzte, Medicinal- und Sanitätsbeamte
Leipzig 1828

Norddeutscher Apotheker-Verein 1868
Das Direktorium des Apotheker-Vereins in Norddeutschland:
Ist der Grundsatz der Gewerbefreiheit auch auf Apotheken anwendbar oder nicht?
Halle 1868

Oeser 1978
Oeser, W.:
Und weitere Änderungen ...
Anmerkungen zur Auswirkung des AMG 76 auf die Apothekenüberwachung
in: **Pharmazeutische Zeitung**
123. Jg. (1978), Nr. 4, S. 144-147

Oeser 1982
Oeser, W.:
Selbstinspektion und Inspektion
Stuttgart 1982

Opitz 1932
Opitz, K.:
Homöopathische Prüfung der Ärzte und ihre Hausapotheken
Leipzig 1932

OVG-Entscheidungsband XXXIII 1899
Entscheidungen des Königlich Preußischen Oberverwaltungsgerichts
hg. von Freytag u.a.
Bd. 33
Berlin 1899

Parey 1887
Parey, K.:
Handbuch des Preußischen Verwaltungsrechts
Erster Band: Der Verwaltungsprozeß
Berlin 1887

Pfau 1983
Pfau, E.:
Gesundheitsverwaltung
in: Püttner, G. (Hg.):
Handbuch der kommunalen Wissenschaft und Praxis
Bd. IV: Die Fachaufgaben
(2. Aufl.) Berlin u.a. 1983, S. 406-421

Pfeil u.a. 1968 Pfeil, D./Vevera, E./Pieck, J.:
Apothekenbetriebsordnung
Kommentar mit Textsammlung zur Verordnung über den Betrieb von Apotheken
Frankfurt a.M. 1968

Pfeil/Pieck 1970 (2. Auf.) von **Pfeil u.a. 1968**
Frankfurt a. M. 1970

Pfeil u.a. 1980 Pfeil, D./Pieck, J./Steinbach, D.:
Apothekenbetriebsordnung
Kommentar mit Textsammlung zur Verordnung über den Betrieb von Apotheken
(4. Aufl. von **Pfeil u.a. 1968**)
Frankfurt a.M. 1980

Phillippe/Ludwig 1858 Phillippe, A./Ludwig, H.:
Geschichte der Apotheker
bei den wichtigsten Völkern der Erde
o.O. 1858
(Nachdruck Wiesbaden 1966)

Pistor 1881 Pistor, M.:
Apothekenwesen und Arzneimittelpolizei
in: Eulenberg, H.:
Handbuch des öffentlichen Gesundheitswesens
Erster Band
Berlin 1881, S. **124-145**

Pistor 1890 Pistor, M.:
Deutsches Gesundheitswesen
Festschrift zum X. internationalen medizinischen Kongreß Berlin 1890
Berlin 1890

Pistor 1894 Pistor, M.:
Das Apothekenwesen in Preußen
nach deutschem Reichs- und preussischem Landesrecht
Berlin 1894

Pistor 1908/09

Pistor, M.:
Geschichte der preußischen Medizinalverwaltung
in: **Deutsche Vierteljahresschrift für öffentliche Gesundheitspflege**
Bd. 40, (**1908**), **S. 225-250** und **500-554**
Bd. 41, (**1909**), **S. 173-265**

Radeke 1912

Radeke, H.:
Das deutsche Apothekenprivilegienrecht
Diss. Würzburg 1912

Räuber 1910

Räuber, H.:
Zusammenstellung der gesetzlichen Bestimmungen, Erlasse und Verfügungen für das Medizinalwesen in Preußen
(2. Aufl.) Leipzig 1910

Rapmund 1901

Rapmund, O.:
Das öffentliche Gesundheitswesen
Allgemeiner Teil
Leipzig 1901

Rasch 1967

Rasch, E.:
Die staatliche Verwaltungsorganisation
Allgemeines - Rechtliche Grundlagen - Aufbau
Köln u.a. 1967

Rausch 1978

Rausch, U.:
Das Medizinal- und Apothekenwesen der Landgrafschaft Hessen-Darmstadt und des Großherzogtums Hessen unter besonderer Berücksichtigung der Provinz Starkenburg
(Quellen und Forschungen zur hessischen Geschichte; Bd. 33)
Darmstadt und Marburg 1978

Rehbein/Reincke 1894

Rehbein, H./Reincke, O.:
Allgemeines Landrecht für die Preußischen Staaten nebst den ergänzenden und abändernden Bestimmungen der Reichs- und Landesgesetzgebung
Dritter Band: Theil II, Titel 1-8
(5. Aufl.) Berlin 1894

Reidel 1927 Reidel, E.:
Apotheken und Apothekerverordnungen im alten Konstanz
in: **Pharmazeutische Zeitung**
72. Jg. (**1927**), Nr. 72, **S. 1114**

Reuter 1964 Reuter, H.:
Situation und Aspekte des öffentlichen Gesundheitsdienstes
in: **Der öffentliche Gesundheitsdienst**
26. Jg. (**1964**), **S. 350-364**

Riemerschmid 1952 Riemerschmid, A.:
Das Realrecht
in: **Deutsche Apotheker-Zeitung**
92. Jg. (**1952**), Nr. 24, **S. 419-421**

Riemerschmid/Sigl 1952 Riemerschmid, A./Sigl, R.:
Bayerisches Apothekengesetz
vom 16. Juni 1952
München 1952

v. Rönne 1864 von Rönne, L.:
Das Staatsrecht der Preußischen Monarchie
Bd. II (Erste Abtheilung)
(2. Aufl.) Leipzig 1864

v. Rönne 1871 (3. Aufl.) von **v. Rönne 1864**
Leipzig 1871

v. Rönne 1883 von Rönne, L.:
Das Staatsrecht der Preußischen Monarchie
Bd. III: Verwaltungsrecht (Erste Abtheilung)
(4. Aufl.) Leipzig 1883

v. Rönne 1884 von Rönne, L.:
Das Staatsrecht der Preußischen Monarchie
Bd. IV: Verwaltungsrecht (Zweite Abtheilung)
(4.Aufl.) Leipzig 1884

v. Rönne/Simon 1844 von Rönne, L./Simon, H.:
Das Medicinal-Wesen des Preußischen Staates
Erster Theil
Breslau 1844

Rust 1838	Rust, Joh.Nep.: **Die Medicinal-Verfassung Preußens, wie sie war und wie sie ist** Actenmäßig dargestellt und kritisch beleuchtet Berlin 1838
Sander/Köbner 1985	Sander, A./Köbner, H.E.: **Arzneimittelrecht** Kommentar für die juristische und pharmazeutische Praxis **Bd. I-II** (Loseblattsammlung; Stand: März 1985) Stuttgart 1985
v. Sarwey 1884	von Sarwey, O.: **Handbuch des öffentlichen Rechts** **Erster Band**: Allgemeiner Teil Zweiter Halbband: Allgemeines Verwaltungsrecht Freiburg i.Br./Tübingen 1884
Schaefer 1980	Schaefer, M.: **Zur Geschichte des Gesundheitswesens in der Stadt Leer/Ostfriesland unter besonderer Berücksichtigung der Apotheken von den Anfängen bis zum Jahre 1900** Diss. Marburg 1980
Scheer 1954	Scheer, Fr.: **Warum ist der vom Bundesinnenminister ausgearbeitete Entwurf eines Gesetzes über das Apothekenwesen unverantwortlich?** Marburg o.J. (1954)
Schelenz 1904	Schelenz, H.: **Geschichte der Pharmacie** Berlin 1904 (Nachdruck Hildesheim 1962)
Scherf 1786	Scherf, J.Chr.F. (Hg.): **Archiv der medizinischen Polizey und der gemeinnützigen Arzneikunde** **Bd. V** Leipzig 1786

Schering 1863 | Schering (Hg.):
Nachtrag zum Allgemeinen Landrecht für die Preußischen Staaten
Bd. I: 1527-1836
Berlin 1836

Schiedermair 1954 | Schiedermair, R.:
Die staatliche Apothekenaufsicht
in: **Pharmazeutische Zeitung**
90. Jg. (**1954**), Nr. 21, **S. 539-543**

Schiedermair 1960 | Schiedermair, R.:
Zweifelsfragen bei der Handhabung der staatlichen Apothekenaufsicht
in: **Pharmazeutische Zeitung**
105. Jg. (**1906**), Nr. 16, **S. 411-420**

Schiedermair 1981 | Schiedermair, R.:
Die Apotheke und ihre Überwachungsbehörde
Eine rechtliche Betrachtung
in: **Pharmazeutische Zeitung**
126.Jg. (**1981**), Nr. 14, **S. 695-700**

Schiedermair/Pieck 1981 | Schiedermair, R./Pieck, J.:
Apothekengesetz
Kommentar und Materialien zum Bundesgesetz über das Apothekenwesen
(3.Aufl.) Frankfurt a.M. 1981

Schlegel 1960 | Schlegel, M.:
Gesetz über das Apothekenwesen
erläutert für Apotheker und Richter
Stuttgart 1960

Schlegtendal 1914 | Schlegtendal:
Der Eid der Apotheker in Preußen
in: **Medico - Medizinische Wochenrundschrift**
(**1914**), **S. 175-183** und **331-340**

Schmidt 1927 | Schmidt, A.:
Über den Ursprung der Apotheken
in: **Pharmazeutische Zeitung**
72. Jg. (**1927**), Nr. 72, **S. 1107-1109**

Schmitz 1961

Schmitz, R.:
Über deutsche Apotheken des 13. Jahrhunderts
in: **Sudhoffs Archiv**
für Geschichte der Medizin und der Naturwissenschaften
Bd. 45 (1964), S. 289-302

Schmitz 1964

Schmitz, R.:
Das Verhältnis von Arzt und Apotheker in historischer und aktureller SIcht
in: **Pharmazeutische Zeitung**
104. Jg. (1964), Nr. 51, S. 1911-1915

Schnitzer 1832

Schnitzer, A.:
Die Preußische Medizinalverfassung
Handbuch zum Gebrauche
Berlin 1832

Schorn 1987

Schorn, G.:
Apothenbetriebsordnung 1987
Ergänzung zum Kommentar von
Cyran ua. 1985
Stuttgart 1987

Schott 1964

Schott, W.:
Aufgaben und Organisation des Deutschen Apotheker-Vereins
in: **Pharmazeutische Zeitung**
109. Jg. (1964), Nr. 42, S. 1575-1576

Schürmayer 1848

Schürmayer, J.H.:
Handbuch der medizinischen Polizei
für Ärzte und Juristen
Erlangen 1848

Schulze 1906

Schulze, E.F.:
Zur Reform der Betriebsordnung
in: **Pharmazeutische Zeitung**
51.Jg. (1906), Nr. 20, S. 219

v. Schulze-Gaevernitz 1890
von Schulze-Gaevernitz, H.:
Das Preußische Staatsrecht
Auf der Grundlage des Deutschen Staatsrechts
Zweiter Band
(2. Aufl.) Leipzig 1890

Schwalbe 1906
Schwalbe, J. (Hg.):
Reichs-Medizinal-Kalender für Deutschland auf das Jahr 1907
Teil II
Leipzig 1906

Schwarz 1977
Schwarz, G.-W.:
Zur Entwicklung des Apothekerberufs und der Ausbildung des Apothekers vom Mittelalter bis zur Gegenwart
Diss. Frankfurt o.J. (1977)

v.Schwerin/Mang 1939/40
von Schwerin, D. Frhr./Mang, J.:
Gesundheitsrecht
Fortlaufende Sammlung der Gesetze etc.
Bd. I - III (Loseblattsammlung)
München 1939/40

Seele 1985
Seele, G.:
Die neuen Kreise im Organisationsgefüge der Kreisstufe
in: **Der Kreis - Ein Handbuch**
hg. vom Verein für die Geschichte der Deutschen Landkreise e.V.
Bd. III: Strukturen und Perspektiven der neuen Kreise
Köln/Berlin 1985, **S. 247-330**

Simon 1844
Simon, A.H.:
Das preußische Staatsrecht
Erster Theil
Breslau 1844

Solbrig/Frickhinger 1927
Solbrig, O./Frickhinger:
Organisation des öffentlichen Gesundheitswesens im Deutschen Reich und in den Ländern
(Handbücherei für Staatsmedizin, Bd. I)
Berlin 1927

Solbrig u.a. 1927 — Solbrig, O./Liedke, A./Lemke, R.:
Apothekenwesen
(Handbücherei für Staatsmedizin, Bd. IV)
Berlin 1927

Springfeld 1896 — Springfeld:
Zur Entwicklungsgeschichte der Apothekenreform
Leipzig 1896

Staas 1891 — Staas, W.:
Die Apotheker-Gesetze nach Deutschem Reichs- und Preußischen Landes-Recht
neu bearbeitet von C. Zander
(5. Aufl.) Berlin 1891

v. Stengel 1884 — von Stengel, K. Frhr.:
Die Organisation der Preussischen Verwaltung nach den Neuen Reformgesetzen
Historisch und dogmatisch dargestellt
Leipzig 1884

v. Stengel 1894 — von Stengel, K.Frhr.:
Das Staatsrecht des Königreichs Preußen
(2. Aufl.) Freiburg i.Br./Leipzig 1894

Stoll 1975 — Stoll, Cl.:
Der Apotheker in der deutschen Stadt des Mittelalters
Seine berufliche und gesellschaftliche Stellung
Diss. Marburg 1975

Tauber 1969 — Tauber, M.:
Gesetzliche und vertragliche Ausgestaltung der Rechtsbeziehungen zwischen Apotheker und Krankenkasse
Diss. Würzburg 1969

Urban 1927 — Urban, E.:
Apothekengesetze
Nach deutschen Reichs- und preußischem Landesrecht
Berlin 1927

Urdang/Dieckmann 1954

Urdang, G./Dieckmann, H.:
Einführung in die Geschichte der deutschen Pharmazie
Frankfurt a.M. 1954

Valentin 1928

Valentin, H.:
Die Entwicklung des ostpreußischen Apothekenwesens
Ein Beitrag zur Kulturgeschichte Ostpreußens
Berlin 1928

Vieten 1972

Vieten, K.:
Der Beruf des Apothekers
Die Rechtsstellung des Apothekers im Spannungsfeld zwischen freiem und gewerblichen Beruf
Diss. Würzburg 1972

Walther/Zeller 1830

Walther, Joh.A./Zeller, Ph.:
Die Medizinalpolizei in den Preußischen Staaten
Zweiter Theil
Quedlinburg und Leipzig 1830

Wernich 1887

Wernich, A.:
Medizinalkalender für den preußischen Staat auf das Jahr 1887
Zweite Abteilung: Zusammenstellung der gültigen Medizinalgesetze Preußens
Berlin 1887

Wernicke 1902

Wernicke, E.:
Zur älteren Geschichte des Apothekenwesens in Brandenburg und Preußen
in: **Pharmazeutische Zeitung**
67. Jg. **(1902)**, Nr. 75, **S. 734-735**
Nr. 76, **S. 743-746**
Nr. 78, **S. 766-767**
Nr. 82, **S. 801-803**
Nr. 83, **S. 801-803**
Nr. 84, **S. 822-824**

Wieland 1935

Wieland, E.:
Untersuchungen über rechtliche, wirtschaftliche und standespolitische Probleme des deutschen Apothekenwesens
Diss. Würzburg 1935

Wilson/Blanke 1981

Wilson, O./Blanke, G.:
Apotheken- und Arzneimittelrecht
Bundesrecht/Landesausgabe Nordrhein-Westfalen
Bd. I- III
(Loseblattsammlung; Stand: 31. März 1985)
Frankfurt a.M. 1981

Wirtz 1938

Wirtz, H.:
Der Apothekerstand in der ständischen Gliederung des deutschen Volkes
Diss. Köln 1938

Wolff 1873

Wolff, E.:
Die Einrichtung, Verwaltung und Revision der Apotheken in den deutschen Bundesstaaten
Breslau 1873

Wollenweber 1950

Wollenweber, N.:
Der Arzt des öffentlichen Gesundheitsdienstes 1950
Stuttgart 1950

Zimmermann 1968

Zimmermann, H.:
Arzneimittelwerbung in Deutschland von Beginn des 16. bis Ende des 18. Jahrhunderts
Diss. Marburg 1968

Ziurek 1855

Ziurek, O.A.:
Sammlung der Gesetze und Verordnungen welche im Preußischen Staate für den Verkehr mit Arzneien und Giften in Geltung begriffen sind
Berlin 1855

b2) Zeitungen und Zeitschriften

Archiv der deutschen Medizin — **Archiv der deutsche Medicinalgesetzgebung und öffentlichen Gesundheitspflege** für Ärzte, Apotheker und Beamte Erlangen, 1. Jg. (1857) - 3. Jg. (1859)

DAZ — **Deutsche Apotheker-Zeitung** Stuttgart, ab 49. Jg. (1934) (vorher: Apotheker-Zeitung, Wiesbaden, 1. Jg. (1886) - 49. Jg. (1934)

Pharmazeutische Zeitung — **Pharmazeutische Zeitung** Zentralorgan für den deutschen Apothekerstand Frankfurt, ab 1. Jg. (1856)

Rheinpfalz — **Die Rheinpfalz** Ludwigshafen, ab 1. Jg. (1945)

Rhein-Zeitung — **Rhein-Zeitung** Koblenz, ab 1. Jg. (1946)

Süddeutsche Zeitung — **Süddeutsche Zeitung** München, ab 1. Jg. (1945)

b3) Gesetzes- und Verordnungssammlungen

Amtsblatt Minden — **Amtsblatt der Königlichen Regierung zu Minden** Minden, Jg. 1816 - Jg. 1850

Bundes-GBl. Norddt. Bund — **Bundes-Gesetzblatt für den Norddeutschen Bund** Jg. 1867 - Jg. 1870

BGBl. I — **Bundesgesetzblatt Teil I** hg. vom Bundesminister der Justiz ab Jg. 1949; seit 1951 in zwei Teilen

Central-Blatt für das Deutsche Reich	**Central-Blatt für das Deutsche Reich** (später: Zentralblatt ...) 1. Jg. (1873) - 50. Jg. (1922) danach: **Reichsministerialblatt**
G.S.	**Gesetz-Sammlung für die Königlichen Preußischen Staaten** Jg. 1810 - Jg. 1945 (ab 1907: Preußische Gesetz-Sammlung)
GVBl. NW.	**Gesetz- und Verordnungsblatt für das Land Nordrhein-Westfalen** Düsseldorf, ab 1. Jg. (1947)
M.Bl. der Handels- und Gewerbeverwaltung	**Ministerial-Blatt der Handels- und Gewerbeverwaltung** hg. vom Preuß. Ministerium für Handel und Gewerbe 1. Jg. (1901) - 32. Jg. (1932)
M.Bl. für die innere Verwaltung	**Ministerial-Blatt für die gesamte innere Verwaltung in den königlichen preußischen Staaten** hg. im Bureau des Ministers des Innern (ab 1915: **Ministerial-Blatt für die preußische innere Verwaltung**; hg. im Ministerium des Innern) 1. Jg. (1840) - 96. Jg. (1935) (danach: **Ministerial-Blatt des Reichs- und Preußischen Ministers des Innern**; bis 106.Jg. (1945)
M.Bl. für Med.-Angelegegenheiten	**Ministerial-Blatt für Medizinal- und medizinische Unterrichts-Angelegenheiten** hg. im Ministerium der geistlichen, Unterrichts-und Medizinalangelegenheiten 1. Jg. (1901) - 11. Jg. (1911)
M.Bl. NW.	**Ministerial-Blatt für das Land Nordrhein-Westfalen** ab 1. Jg. (1948)

RGBl. I — **Reichsgesetzblatt**
Teil I
hg. vom Reichsminister des Innern
Jg. 1871 - Jg. 1945; seit 1922 in zwei Teilen

RGS. NW. — **Sammlung des als Landesrecht fortgeltenden ehemaligen Reichsrechts - RGS.NW. -**
(Sonderband des Gesetz- und Verordnungsblattes für das Land Nordrhein-Westfalen)
Düsseldorf 1970

R.M.Bl. — **Reichsministerialblatt**
51. Jg. (1923) - 73. Jg. (1945)
(vorher: Zentralblatt für das Deutsche Reich)

Volkswohlfahrt — **Amtsblatt des Preußischen Ministeriums für Volkswohlfahrt**
1. Jg. (1920) - 13. Jg. (1932)

FSC
www.fsc.org
MIX
Papier | Fördert gute Waldnutzung
FSC® C083411

Kolibri 360 GmbH
Ferdinand-Jühlke-Straße 7
99095 Erfurt, Deutschland
produktsicherheit@kolibri360.de